# HERMENÊUTICA DA FÉ

**Dados Internacionais de Catalogação na Publicação (CIP)**
**(Câmara Brasileira do Livro, SP, Brasil)**

Oliveira, Thadeu Lopes Marques de
Hermenêutica da fé : método e natureza da teologia segundo Joseph Ratzinger / Thadeu Lopes Marques de Oliveira ; [sob a coordenação de Waldecir Gonzaga]. – Petrópolis, RJ: Vozes ; Rio de Janeiro: Editora PUC-Rio, 2024. – (Série Teologia PUC-Rio)

ISBN 978-85-326-6942-1

1. Fé 2. Hermenêutica 3. Ratzinger, Joseph, 1927-2022 4. Teologia I. Gonzaga, de Waldecir. II. Título. III. Série.

24-221802 CDD-210

Índices para catálogo sistemático:

1. Hermenêutica teológica : Religião 210

Cibele Maria Dias – Bibliotecária – CRB-8/9427

**Thadeu Lopes Marques de Oliveira**

# HERMENÊUTICA DA FÉ
## Método e natureza da teologia segundo Joseph Ratzinger

SÉRIE **TEOLOGIA PUC-RIO**

Rua Frei Luís, 100
25689-900 Petrópolis, RJ
www.vozes.com.br
Brasil


Rua Marquês de São Vicente, 225
7º. andar do prédio Kennedy
Campus Gávea / PUC-Rio
Rio de Janeiro, RJ
CEP: 22451-900
Tel.: +55 21 3736-1838
edpucrio@puc-rio.br
www.editora.puc-rio.br



---

*Editoração*: Israel Vilas Bôas
*Diagramação*: Victor Mauricio Bello
*Revisão gráfica*: Fernanda Guerriero Antunes
*Capa*: Editora Vozes

ISBN 978-85-326-6942-1 (Vozes)
ISBN 978-85-8006-321-9 (PUC-Rio)

Este livro foi composto e impresso pela Editora Vozes Ltda.

*À minha esposa Thiene e aos meus filhos Sofia e Théo.*

# Sumário

# Agradecimentos

Em primeiro lugar, a Deus, o dom da vida e todas as oportunidades de crescimento que me proporcionou.

À minha esposa Thiene e minha filha Sofia, que acompanharam toda a minha caminhada acadêmica e sempre me apoiaram incondicionalmente.

Ao meu orientador Prof. Dr. Dom Antônio Luíz Catelan Ferreira, que, além de um excelente e competente orientador, sempre teve a atuação de um amigo, fato que tornou esse percurso mais leve.

A toda a minha família, em especial a meus pais. Para além desses, sou eternamente grato aos familiares que sempre me apoiaram em tudo. Agradeço também à minha sogra e toda a família da minha esposa, que me tratam como um consanguíneo.

Aos professores Prof. Dr. André Luiz Rodrigues da Silva e Professora Dra. Maria de Lourdes Corrêa Lima, que acompanharam o desenvolvimento do projeto de pesquisa e da tese, tendo contribuído com a sua evolução significativamente.

Aos professores Dr. Tiago de Fraga Gomes e Dr. José Francisco de Assis Dias, que participaram da banca de avaliação da tese, e, para além disso, forneceram preciosas contribuições.

Agradeço aos amigos Cônego Leandro Câmara e Padre Everaldo Bom Robert as preciosas ajudas e incentivos. Também às fundamentais ajudas e incentivos dos amigos: Christiano Gomes Ferraz, Jeferson Grijó, Agnaldo Vieira, Vítor de Souza Siqueira, Luiz Claudio Moraes Correa. Ao amigo Diácono Luís Carlos. Ao Pastor e amigo Célio Garcia.

A todos os amigos e irmãos na fé, bem como as igrejas e comunidades de fé que me apoiaram para que até aqui chegasse.

Aos professores, colaboradores e colegas alunos do Programa de Pós-Graduação em Teologia da PUC-Rio a amizade, a convivência e o trabalho conjunto.

O presente trabalho foi realizado com apoio da Coordenação de Aperfeiçoamento de Pessoal de Nível Superior – Brasil (Capes) – Código de Financiamento 001.

*Ora, o homem natural não compreende as coisas do Espírito de Deus, porque lhe parecem loucura; e não pode entendê-las, porque elas se discernem espiritualmente* (1Cor 2,14).

# Prefácio

O resultado de seis anos de pesquisa de Thadeu L. Marques que agora é publicado trata de um importante aspecto da teologia de J. Ratzinger. Partindo da expressão "hermenêutica da fé", que ocorre algumas vezes nos escritos desse que é contado entre os grandes teólogos da história do cristianismo, o autor desce a detalhes.

Durante as investigações para o mestrado, Thadeu examinou a pertinência da expressão aos estudos bíblicos. Depois de concluir que ela expressa uma forma bem precisa de lidar com o texto bíblico, levantou a hipótese de que pudesse significar algo ainda mais amplo: poderia ela expressar a natureza e a missão da teologia como um todo?

Em relação à compreensão do texto bíblico, "hermenêutica da fé" requer que o trabalho interpretativo não se conclua com o que se pode saber do texto enquanto humanamente produzido. Em outras palavras: os métodos histórico-críticos, indispensáveis, não são suficientes. Indispensáveis são porque a revelação de Deus é um fenômeno também histórico e imprimiu marcas bem precisas na história. Ainda mais, porque o evento central do cristianismo, Jesus Cristo, Filho de Deus, é verdadeiro homem. Sua encarnação e seu mistério pascal têm dimensão histórica inalienável. Mas não são suficientes os métodos da análise textual, porque o mistério da encarnação, o mistério pascal e a própria Pessoa de Jesus Cristo superam o fático, fazem parte do mistério de Deus e só podem ser colhidos na inteireza de seu significado à luz da fé. Como o autor estudado afirma, a interpretação não pode substituir o texto, a hermenêutica não pode substituir o fenômeno a que interpreta, a narrativa não pode tomar o lugar do evento.

Mas "hermenêutica da fé" não designa apenas a atitude fundamental de tratamento do texto bíblico enquanto Palavra de Deus. Também não caracteriza somente o espírito com que os métodos interpretativos são utilizados. Se a Sagrada Escritura é a alma da teologia, há uma derivação daquela para esta. E a teologia, que serve à missão eclesial de testemunhar o amor de Deus revelado em Cristo como salvação para a humanidade, só pode ser, ela também, interpretação da fé eclesial.

"Esta é a fé, que da Igreja recebemos e sinceramente professamos, razão de nossa alegria em Cristo Jesus, Nosso Senhor", proclama o presidente do rito batismal na tradição católica, como também das renovações da profissão de fé. O trabalho missionário do teólogo se alimenta da fé eclesial e a ela serve. Recobrar a consciência da nobre e humilde tarefa da teologia é o que essa divisa hermenêutica reclama com força. Interpretar a fé da Igreja e renovar sua experiência por meio de linguagem adequada e forte, capaz de atrair para a penetração espiritual - intelectual e existencial - do sentido de que a fé é portadora: esta é sua tarefa principal.

Mas Thadeu não se ateve a expor esse significado. Deu-se ao trabalho de examinar a história da hermenêutica e das mutações de seu significado. Ao sair desde a técnica da interpretação - em seu sentido clássico - até à abordagem existencial, aspecto amplamente estabelecido em nossos tempos, nos apresenta um panorama quase autônomo dessa forma de pensamento. Isso lhe permite, minuciosamente, afirmar que a teologia ratzingeriana se insere nessa corrente viva de pensamento que se faz compreensão e que concretiza aquilo a que se dedica - a compreensão da fé - num modo bem preciso de existência. A Igreja é a hermenêutica existente da fé apostólica. Ela é pensamento e ação, pessoal e coletivos, dos que tomam a Palavra por luz, por regra, por forma de vida. Thadeu demonstra que a teologia, hermenêutica da fé, brota da fé como organismo vivo e a serve com o rigor do logos, do pensamento.

Para o rigor da análise, era ainda necessário examinar se o método da teologia ratzingeriana é consequente com essa sua compreensão da natureza da teologia. Para isso, novamente, nosso autor vai aos detalhes. Estuda, com paciência de monge, a história do método teológico, etapa por etapa em que a teologia cristã se desdobra ao fazer agápica companhia à humanidade em sua peregrinação escatológica. Dá a palavra em especial para dois dos maiores analistas e teóricos do método teológico: Bernard Lonergan e Clodovis Boff. Este último honra a história da teologia no Brasil não apenas com uma das melhores reflexões acerca do método teológico, mas também com uma reflexão teológica que amadurece, faz a crítica de si mesma, e serve humildemente à Igreja, sem pagar pedágio à moda e aos padrões estabelecidos. A análise do método de J. Ratzinger serve para Thadeu como contraprova do que suas investigações dos estudos bíblicos e da hermenêutica, em geral, já lhe tinham oferecido.

O resultado é este que temos em mãos. Uma reflexão original e bem construída da teologia fundamental de J. Ratzinger. A intenção da publicação é que muitos outros possam se beneficiar desses seis anos estudos de Thadeu L. Marques e que se iniciem à leitura desse autor. Certamente, compreender e praticar a teologia como "hermenêutica da fé" é proceder como diz o Apóstolo: da fé para a fé (Rm 1,17). É crescer na adesão pessoal a Jesus Cristo, em sua Igreja.

*Prof. Dr. Antonio Luiz Catelan Ferreira*
Departamento de Teologia da PUC-Rio

# 1 Introdução

O tema desta tese é a teologia compreendida como hermenêutica da fé e suas implicações no método teológico de Joseph Ratzinger (1927-2022). Seu objeto material são os textos de Ratzinger em que ocorre a expressão "hermenêutica da fé"; aqueles em que discute a questão do método teológico, da natureza e missão da teologia; textos em que discute o tema das fontes da teologia; os textos em que são pensadas as questões das relações entre fé e razão; filosofia e teologia. Além desses, determinados textos dedicados a temas teológicos específicos, como a cristologia sobretudo, são importantes, pois apresentam seus princípios metodológicos na prática do fazer teológico. Serão considerados apenas os textos produzidos por Ratzinger enquanto teólogo, não como Sumo Pontífice. O objeto formal é o método teológico de Ratzinger à luz da teologia compreendida como hermenêutica da fé, no contexto da questão da relação entre hermenêutica, teologia e método.

## 1.1 Problema originante

Em *Interpretação bíblica em crise: sobre a questão dos fundamentos e a abordagem da exegese hoje*, Ratzinger apura o distanciamento entre a teologia sistemática e a Bíblia, critica os fundamentos hermenêuticos e filosóficos do método histórico-crítico e apresenta as linhas gerais da sua proposta de aperfeiçoamento para seu uso. A leitura desse texto, em especial a citação abaixo, despertou em mim o interesse em compreender tanto a crítica feita por Ratzinger, como também a proposta hermenêutica por ele apresentada.

> Se a exegese quer ser teologia, deve [...]: reconhecer que a fé da Igreja é uma forma de "sim-patia" sem a qual a Bíblia é um livro fechado. Deve reconhecer esta fé como uma hermenêutica, como o lugar da compreensão, que não faz violência dogmática à Bíblia, mas essa precisamente proporciona à Bíblia a possibilidade de ser ela mesma (Ratzinger, 1991, p. 125).

Aí não ocorre a expressão hermenêutica da fé, mas a questão de fundo aparece explicitamente e é a premissa de que ele tratara em outras ocasiões. Nesse texto, Ratzinger explicitamente se opõe à teologia hermenêutica de Rudolf Bultmann (1884-1976). Esta que cria que a teologia fosse exclusivamente exegese bíblica. Como pai da corrente de teologia hermenêutica, Bultmann defende fundamentos teológicos originalmente próprios, os quais Ratzinger refuta. Ratzinger salienta que o fundamento filosófico da teologia se havia modificado radicalmente para uma configuração moderna e existencialista, kantiana e heideggeriana, fundamentalmente ateia e contrária à ontologia de caráter metafísico clássico. Portanto, nas bases dessa questão, está o problema da relação entre teologia e filosofia e entre fé e razão. Tal processo influiu na hermenêutica bíblica e na exegese, instâncias fundamentais para a teologia, e está no cerne do método teológico.

Em outros textos, nos quais a problemática referente ao método histórico-crítico é também significativa, ocorre o emprego da expressão "hermenêutica da fé". Essa aparenta ser uma alternativa metodológica assumida por ele como adequada para a interpretação teológica da Sagrada Escritura. Tal tratamento da Bíblia é, para Ratzinger, uma interpretação que resulta em teologia efetiva, não apenas em comentários históricos da formação do texto e de seu sentido literal.

Em um texto em que discute a fundamentação bíblico-teológica da liturgia como sacrifício, Ratzinger enumera quais são os elementos que compõem a "hermenêutica da fé". Essa se configura como a leitura das Escrituras na comunidade viva da Igreja, leitura esta que leva em consideração a eficácia histórica da Escritura, em que o texto não pode ser separado desse contexto vivo. Ratzinger associa esse contexto à tradição. Outro dado que caracteriza a "hermenêutica da fé" é a necessidade de uma leitura canônica da Bíblia, na qual ela é lida como uma unidade e com um movimento dinâmico, na qual cada parte obtém seu significado a partir de Cristo, a quem é dirigido. A "hermenêutica da fé" está fundamentada na lógica intrínseca das Sagradas Escrituras, inclusive, com a sua dinâmica de formação. Sem a fé, para Ratzinger, a Escritura não seria nem Escritura, mas uma coletânea heterogênea de literatura que não poderia ter nenhum significado normativo hoje (cf. Ratzinger, 2019a, p. 593-594).

Em *Puntos de referencia cristologicos* (Marcos de referência cristológicos), a expressão "hermenêutica da fé" reaparece. Para Ratzinger, a legitimação de uma determinada hermenêutica – de acordo com a natureza científica do termo – é encontrada quando essa é capaz de clarificar o texto, quando não é violenta para com as fontes nem as divide, bem como quando respeita ao máximo os resultados em sua objetividade, desde sua lógica interna, de modo que torne compreensível sua unidade interior. A "hermenêutica da fé" é capaz de unir, sintetizar e harmonizar profundamente (cf. Ratzinger, 2007b, p. 54-55). Ela é capaz de conservar todo o testemunho das fontes e tem o potencial de respeitar e avaliar positivamente sua multiplicidade e diferença, pois tem a visão de unidade. As aparentes contradições encontram seu espaço. À doutrina das duas naturezas da Sagrada Escritura, a divina e a humana, abre-se um horizonte que une e configura as aparentes oposições entre tradição e Escritura, o que resulta em totalidade. A "hermenêutica da fé", na amplitude de sua visão, transcende as diferenças culturais dos tempos e dos povos, não exclui nenhum povo, nem nenhuma cultura, mas os insere na unidade superior da Palavra encarnada, que os purifica e traz à tona sua verdadeira profundidade. Desse modo, a "hermenêutica da fé" pode unificar todo o mundo e o levar à plenitude de Deus. Ela não violenta a história, mas abre sua verdade, e está de igual forma aberta a toda verdade real (cf. Ratzinger, 2007b, p. 55).

Caso seja considerado apenas o primeiro texto citado, é possível pensar na expressão "hermenêutica da fé" como uma alternativa à hermenêutica do método histórico-crítico. Com essa opção, é viável pensar que ele pretende oferecer uma possibilidade significativa de suprir lacunas do método histórico-crítico, corrigir aspectos de sua aplicação às Escrituras e fundamentar uma renovada leitura teológica das Sagradas Escrituras. Como afirmou Giuseppe Segalla, o alvo principal da crítica a que Ratzinger submete o método histórico-crítico é sua fundamentação filosófica e hermenêutica (Ratzinger, 2015b, p. 9-13). Portanto, da relação de Ratzinger com o método histórico-crítico, é possível afirmar que ele busca o aperfeiçoamento do seu uso em teologia.

Ratzinger se aproximou da exegese canônica e de outras aproximações complementares para uma melhor interpretação das Escrituras, sem rejeitar o método histórico-crítico, por isso surge a pergunta pela caracterização do método utilizado por ele em sua interpretação bíblica. Teria ele criado um método para interpretar as Escrituras? Ou apenas reformulado o método histórico-crítico pela inserção de elementos colhidos em outros procedimentos analíticos? Se cria uma metodologia, esta englobaria em suas etapas e ferramentas o método histórico-crítico? Mas esse último, com reformulações? Ratzinger afirmou explicitamente que deveriam ser criados métodos mais coerentes com a especificidade que exige a intepretação das Sagradas Escrituras (Ratzinger, 2017c, p. 424). É possível observar que ele a interpreta a partir de uma compreensão original da teologia, o que inclui um modo profundamente elaborado e original de interpretar a Bíblia. Ratzinger mesmo afirma que seu método sempre esteve baseado em pensar a fé cristã nos dias de hoje em companhia da Sagrada Escritura e da Igreja (Ratzinger, 2005f, p. 54). Isso implica também a atenção e o respeito que presta ao que foi realizado pelos grandes mestres da teologia, os Padres da Igreja (mais explicitamente), os escolásticos (principalmente São Boaventura) e os teólogos contemporâneos.

Pensar na expressão "hermenêutica da fé" como um modo específico de se ler as Sagradas Escrituras como uma unidade, com um dinamismo cristológico e cristocêntrico, que continua a atuar na Igreja e se expressa em sua doutrina, é correto, porém não faz justiça ao total significado da expressão no fazer teológico de Ratzinger. Caso se leve em conta sobretudo a aplicação da "hermenêutica da fé" à cristologia, parece, porém, que ela não se limita a ser apenas um modo de interpretar a Sagrada Escritura. "Hermenêutica da fé" parece ser, mais amplamente, a caracterização global da teologia como a pratica Ratzinger. A teologia como um todo parece ser o que pode ser chamado de "hermenêutica da fé", tendo na Sagrada Escritura sua referência determinante e sendo elaborada à luz do que caracteriza a hermenêutica desta. Tal compreensão da expressão é reforçada pelos aspectos originais da metodologia utilizada por Ratzinger na obra *Jesus de Nazaré.*

## 1.2 Hipótese

O material investigado até aqui sugere que a expressão "hermenêutica da fé" signifique a natureza global da teologia, em seu caráter interpretativo com relação à fé – derive consequências para o método teológico e para sua consequente aplicação. Portanto, conjectura-se que seja possível extrair conclusões a respeito da peculiaridade da concepção ratzingeriana do método teológico e de sua contribuição para o aprofundamento da reflexão crítica a respeito dele. Tal concepção metodológica deve, hipotetiza-se, caracterizar sua concepção global a respeito da natureza e da missão da teologia.

Ratzinger faz uma afirmação que reforça um pouco mais a hipótese desse projeto.

> Fé e teologia não são a mesma coisa, [...] cada uma tem voz própria, [...] a voz da teologia é dependente da voz da fé, e está relacionada com ela. Teologia é interpretação, e tem de continuar a ser interpretação. Mas quando deixa de interpretar para, por assim dizer, atacar e modificar a substância, para dar a si própria um novo texto, então ela deixa de subsistir como teologia. Pois já não interpreta mais coisa alguma, e sim fala por si própria.

> Isto pode ser chamado filosofia da religião, e como tal pode ser interessante, mas não tem mais razão nem autoridade para além da própria reflexão de quem fala. Fé e teologia são tão diferentes quanto texto e interpretação (Ratzinger, 2016f, p. 80).

Vê-se que, para ele, a natureza da teologia é interpretativa. Note-se que o termo interpretação faz parte do léxico da hermenêutica, tanto em sua acepção filosófica, quanto em âmbito teológico, como destacado pela teologia hermenêutica no século XX. A questão que se põe diz respeito às consequências dessa compreensão para o método teológico. O autor não dedica nenhum ensaio completo à questão do método. Faz, porém, observações a respeito dele em diversos ensaios e conferências. O problema fundamental de que parte a presente investigação é o da relação entre a teologia compreendida como hermenêutica da fé e o método teológico. O exame do problema pressupõe, evidentemente, um esclarecimento a respeito da natureza e da missão da teologia expressas nessa fórmula sintética (hermenêutica/interpretação da fé).

## 1.3 Estado da questão

Estudar Ratzinger tendo como perspectiva a teologia hermenêutica é uma novidade, de acordo com a catalogação realizada. No programa de pós-graduação da PUC-Rio, ainda não foi desenvolvida nenhuma pesquisa que se aproxime da proposta temática desse projeto, muito menos quanto ao objeto. Por meio de uma busca no sistema Maxwell e no sistema da biblioteca digital da PUC-Rio também não foram encontradas teses voltadas para a temática da discussão do método teológico à luz da teologia compreendida como hermenêutica. Por meio de uma consulta no Google Acadêmico, buscando as teses e dissertações que tratam de Ratzinger, chegou-se à mesma conclusão. Pela consulta ao sistema de teses e dissertações escritas e em andamento na Universidade Gregoriana de Roma, foram encontradas, ao todo, nove teses e dissertações acerca do pensamento do autor, porém nenhuma examinava o tema proposto por este projeto.

O estudo que mais se aproxima dessa tese é o de Andrzej Proniewski: *Ermeneutica teologica di Joseph Ratzinger* (Hermenêutica teológica de Joseph Ratzinger), Universidade Católica de Lugano, publicado em 2014. Ela se aproxima desse estudo sobretudo no aspecto temático e no objeto material. Porém, o autor não faz uma análise da expressão "hermenêutica da fé" baseado na reflexão do método teológico de Joseph Ratzinger à luz da teologia compreendida como hermenêutica da fé, no contexto da questão da relação entre hermenêutica, teologia e método. Seu objetivo foi apresentar os fundamentos da hermenêutica teológica de Ratzinger, partindo de uma compreensão de que hermenêutica teológica é interpretação em teologia, mas não a própria teologia em seus procedimentos metodológicos. Os objetivos do seu trabalho são diferentes e a estruturação do conteúdo de sua tese demonstra tal fato. O autor busca analisar os fundamentos hermenêuticos de Ratzinger, não como, para Ratzinger, a teologia pode ser compreendida como hermenêutica da fé, no contexto da discussão atual que tematiza o método. Proniewski também não busca analisar o método teológico de Ratzinger para relacioná-lo à corrente contemporânea que compreende a teologia como hermenêutica. Outro dado importante para diferenciar as pesquisas é que, para ele, a hermenêutica é uma questão de antropologia teológica, temática alheia à presente pesquisa (cf. Proniewski, 2014, p. 5-20).

Outro estudo que relaciona o pensamento de Ratzinger à hermenêutica é o de Bernard Tissier de Mallerais, *La fede in pericolo per la ragione. Ermeneutica di Benedetto XVI* (A fé ameaçada pela razão; hermenêutica de Bento XVI), de 2011. O autor declara na introdução que não deseja analisar nem sintetizar o pensamento de Ratzinger. Seu objetivo é realizar um percurso filosófico e teológico-histórico bastante simples, para traçar as linhas gerais da hermenêutica de Ratzinger apenas em caráter introdutório (Mallerais, 2011).

Além desses dois, outros estudiosos têm se debruçado no método teológico de Ratzinger e a sua compreensão da teologia, entre os quais: Pablo Blanco Sarto, Gabino Uríbarri Bilbao e Thomas Söding. Pablo Blanco Sarto escreveu a obra *Bento XVI: Um mapa de suas ideias* (Blanco, 2016). Nela, o autor realiza um panorama geral da produção teológica de Ratzinger e seu estilo, mas não discute o seu método relacionando a questão da teologia hermenêutica. Gabino Uríbarri Bilbao (Uríbarri, 2007, p. 123-140; Uríbarri, 2009, p. 25-66; Uríbarri, 2014, p. 81-111; Uríbarri, 2016, p. 25-55; Uríbarri, 2017, p. 80-118) e Thomas Söding (Söding, 2013, p. 299-327; Söding, 2007, p. 21-95) se detêm nas contribuições cristológicas de Ratzinger e se aprofundam em sua proposta de leitura teológica das Escrituras.

Quanto à hermenêutica em Ratzinger, Maria de Lourdes Corrêa Lima publicou o artigo "A interpretação da Sagrada Escritura: eixo hermenêutico segundo J. Ratzinger – papa Bento XVI". Nele, verificou-se a continuidade dos princípios hermenêuticos e teológicos nas fases diferentes da vida de Ratzinger enquanto teólogo, cardeal prefeito e, depois, como papa. O objetivo principal de seu estudo, é extrair princípios hermenêuticos e teológicos para a correta interpretação das Escrituras por meio da metodologia exegética. Ela não se restringe apenas a tal esfera, pois também buscou analisar as ideias de Ratzinger referentes às relações entre fé e razão na consideração do dado histórico da fé (Lima, 2018).

## 1.4 Objetivo geral e específicos

O objetivo principal dessa pesquisa é obter uma compreensão articulada do método teológico segundo J. Ratzinger, situando-o em relação à discussão atual da teoria do método e à peculiar concepção ratzingeriana da teologia como hermenêutica da fé. Em vista disso, desdobram-se os seguintes objetivos: esclarecer o significado e as consequências da compreensão da natureza e da missão da teologia como hermenêutica da fé, em vista de detectar suas implicações metodológicas; verificar se, com essa compreensão da natureza da teologia, J. Ratzinger se insere na corrente que se denomina teologia hermenêutica; identificar as questões pertinentes à atual discussão a respeito do método teológico; compreender a correlação existente entre a natureza da teologia e o método teológico, para examinar se o método praticado por J. Ratzinger justifica uma compreensão hermenêutica da teologia; analisar o método utilizado por J. Ratzinger na interpretação das fontes da teologia (*auditus fidei*); analisar como tais fontes são utilizadas na discussão de questões atualmente postas à teologia (*intellectus fidei*); caracterizar o método teológico a partir da produção teológica de J. Ratzinger.

## 1.5 Plano da tese

No segundo e terceiro capítulos do desenvolvimento, recorreu-se aos especialistas na temática da história do desenvolvimento do método teológico e da hermenêutica.

No segundo capítulo, intitulado "Método teológico: história e conceito", apresenta-se, por meio de uma aproximação histórico-dogmática, o desenvolvimento das questões relativas ao método teológico, desde o período dos padres até o contexto do autor estudado. Tal percurso tem o objetivo de compreender como a questão se desenvolveu e o seu estágio mais atual, para contextualizar o autor nesse debate. Ainda nesse capítulo, são apresentadas as duas principais teorias que tematizam o método teológico dos dias atuais, para se obter uma definição mais concreta de método teológico.

No terceiro capítulo, igualmente de caráter histórico, é apresentado o desenvolvimento da questão hermenêutica, por meio dos seus principais períodos e acepções, recorrendo a estudos dos seus mais significativos teóricos. Na segunda parte desse capítulo, são apresentadas as linhas gerais das ideias dos principais representantes da corrente de teologia hermenêutica protestante e católica. Por meio desse percurso, deseja-se uma aproximação mais precisa e detalhada possível do que é a hermenêutica para poder apreender de forma mais aprofundada e objetiva o uso que o autor estudado faz do termo e a maneira como ele se situa no debate dessa questão.

Para atingir o objetivo principal desta tese, o quarto capítulo examina o pensamento de Ratzinger. Tal análise terá como pano de fundo e critério crítico o conteúdo formulado nos dois primeiros capítulos do desenvolvimento. Dessa maneira, crê-se que é possível compreender com profundidade a expressão ratzingeriana "hermenêutica da fé" e suas articulações com o método teológico praticado, esboçado e desenvolvido por Ratzinger.

# 2

# Método teológico: história e conceito

Para que se logre uma compreensão satisfatória, a qual se alinhe ao objeto formal e com os objetivos apresentados na introdução, bem como com a análise da hipótese desta tese, é preciso ter presentes os marcos principais da história do método em seu desenvolvimento, à luz da perspectiva histórica, dogmática e teológica. Uma noção prévia de método teológico há de proporcionar objetividade à análise. Alcança-se essa noção por intermédio da etimologia. Apresentam-se, em seguida, duas das principais e mais significativas teorias do método teológico na contemporaneidade, extraídas das obras *Teoria do método teológico*, de Clodovis Boff (1944), e *Método em teologia*, de Bernard Lonergan (1904-1984) (cf. Delpero, 2001, p. 589).

## 2.1 Conceito inicial de método teológico

Tal seção apresenta um conceito inicial de método. Ao final desse capítulo, pretende-se alcançar uma noção mais completa e aperfeiçoada do método.

A palavra método vem do grego clássico *méthodos* e é formada pela junção dos termos *meta* e *hódos*. *Meta* significa atrás, em seguida e através, e *hódos* significa caminho ou via (Mounce, 2013, p. 410; 435). Portanto, um *méthodos* é uma via ou caminho que se percorre ao se propor um escopo, que é o destino almejado (Alves, 2019, p. 29). Em ciências, geralmente, o método é um caminho ordenado e sistemático de proceder quando se tem em vista atingir um objetivo. Apesar dessa definição amplamente aceita, em teologia, Lonergan alerta que o método não deve ser entendido apenas como uma série de regras a serem seguidas meticulosamente, mas ser uma estrutura destinada à criatividade colaborativa e de caráter cumulativo (Lonergan, 2012, p. 11). O conceito de método sempre foi empregado com um significado bastante definido, independentemente da ciência e da época.

A palavra teologia também vem do grego clássico e é formada pelos radicais *theos* e *logos*, que significa deus e discurso respectivamente (Jaeger, 1967, p. 4). De maneira ampla: "Discurso acerca de Deus. Aqui se tratará da teologia cristã, católica, que pode ser provisoriamente definida como uma disciplina na qual, a partir da revelação e à luz dela, as verdades da religião cristã são interpretadas, elaboradas e ordenadas em um sistema de conhecimentos" (Congar, 2011, p. 51). Tal definição já exprime sua natureza metódica.

No contexto original grego, teologia e derivados (teólogos e teologizar) foram empregados para classificar pessoas, atividades e textos. Nesse momento, não é possível encontrar usos semelhantes aos que o cristianismo fez – como doutrina que trata do ser de Deus e de suas ações –, apenas alguns empregos guardam mínimas relações e semelhanças. Segundo Aristóteles (384-322 a.C.), eram considerados teologias e teólogos os poetas que compuseram as teogonias. Ele também utilizou o termo para nomear a ciência primeira, a metafísica, a qual ele chamou de verdadeira teologia, e para classificar alguns filósofos pré-socráticos como Tales de Mileto (624-588 a.C.), pois o objeto de suas reflexões era aquilo que estava para além do sensível. Platão (428-327 a.C.) o empregou para designar o valor profundo da mitologia. Os estoicos, para nomear a mitologia (racionalização dos mitos), a explicação racional dos deuses e o culto político (Congar, 2011, p. 51-54).

Na patrística, tais termos foram absorvidos e ressignificados. Sua consolidação no uso eclesiástico foi gradual, assumindo paulatinamente um uso que significasse a doutrina que trata do ser de Deus e de suas ações na história. Para Justino Mártir (100-165), o cristianismo era a verdadeira filosofia. A discussão sobre o uso e significado correto da palavra teologia era um dos cernes dessa questão e serviu como mediação. Ressalta-se tal fato para se ter presente que o surgimento da teologia cristã se deu com o objetivo missionário e pedagógico. Missionário, pois o cristianismo inevitavelmente se deparou com as outras culturas e precisava explicar o conteúdo da fé. Pedagógico, pois era necessário formar e aprofundar todos os cristãos na fé recebida pela aceitação do dado revelado. Ratzinger fez questão de enfatizar tal questão relativa ao surgimento da teologia no primeiro capítulo da sua obra *Natureza e missão da teologia*. Para ele, essa dinâmica do surgimento da teologia diz muito do emprego da filosofia em seu método (Ratzinger, 2016b, p. 13-15).

> A doutrina do método teológico propõe-se, portanto, a expor os fundamentos e os pressupostos do conhecimento teológico, com a finalidade de evidenciar o valor das afirmações acerca da reflexão teológica em geral e a empenhada nos diversos conteúdos específicos da fé. Se a teologia se define como reflexão crítica, metódica e sistemática da fé da Igreja, a reflexão acerca do método tem por objetivo o estudo das normas, dos critérios e das operações que o teólogo realiza para desenvolver corretamente sua atividade teológica (Pozzo, 2017, p. 508).

Portanto, preliminarmente, é possível afirmar que método teológico é a prática ordenada, sistemática, regrada e racional do falar de Deus e de suas ações segundo a revelação e a fé cristã.

## 2.2 História e desenvolvimento do método teológico

Considerar o método teológico à luz da história da tradição teológica precedente é conveniente e viável para a compreensão atual do tema, visto que a noção de método teológico se desenvolveu cumulativamente (Alves, 2019, p. 35).

> A propósito, parece útil e importante considerar as figuras e os modelos históricos da metodologia e da *episteme* teológica, não só para inserir a presente exposição da doutrina do método teológico no contexto histórico-teológico global, mas também para que, por meio do conhecimento da gênese histórica dos principais modelos da *episteme* teológica, se possam compreender melhor o sentido e o valor da proposta metodológica atual (Pozzo, 2017, p. 508).

Em vista do objeto dessa tese, a ênfase é dada à história do método na teologia católica. Todavia, determinados teólogos protestantes precisam ser apurados, pois deixaram marcas profundas nessa história, influenciando inclusive a teologia católica. Exemplo disso é o método teológico de Rudolf Bultmann, alvo de reflexões críticas de Ratzinger.

Existem questões fundamentais que sempre estiveram presentes nessa história e foram objeto da reflexão de Ratzinger: a relação entre fé e razão; o conhecimento obtido pela fé (revelação) e o obtido pela razão (filosofia e as ciências) e a relação entre eles; a mediação filosófica para atingir um conhecimento natural de Deus; além disso, sua sistematização ou explicação do conhecimento adquirido acerca de Deus; defesa da fé contra elementos internos (heresias) e externos (filosofias, outras religiões, seitas pagãs); fortalecimento das comunidades; formação dos futuros pastores; busca por definições dogmáticas (concílios); que é e qual o conteúdo da tradição; o valor da tradição teológica precedente; a relação entre Escritura e tradição, Escritura e dogma, Escritura e magistério.

Nessa seção (2.2) o objetivo é obter uma compreensão geral e sintética dos métodos dos grandes períodos, dos teólogos mais destacados e das escolas. Isto oferecerá um referencial comparativo para a compreensão das características do método teológico de J. Ratzinger. Para finalizar, uma subseção apresenta as questões do método teológico contemporâneo e seus influxos nas questões metodológicas refletidas por Ratzinger.

### 2.2.1 Método teológico das Sagradas Escrituras

Os primeiros padres fizeram teologia seguindo basicamente o método teológico das Escrituras, mormente o do Novo Testamento. Eles compreenderam que as Escrituras forneciam o conteúdo e a forma da teologia. Desse modo, antes de tratar da história do método teológico nos Padres da Igreja, deve-se apresentar o método teológico das Escrituras, com ênfase principal ao encontrado no Novo Testamento, o ápice da revelação em Jesus Cristo, cumprimento das expectativas registradas nas tradições responsáveis pela composição do Antigo Testamento (cf. Beumer, 1977, p. 18).

Em seu comentário às Teses da Comissão Teológica Internacional acerca do pluralismo teológico, Ratzinger defendeu a ideia de que a dinâmica de formação, unidade e continuidade dos textos que compõem as Escrituras, bem como sua relação com a autoridade da Igreja e sua fé professada apostolicamente, deve ser um dos fundamentos principais da teologia. Nesse texto, ele ressaltou que a Escritura já apresenta de maneira implícita a noção de tradição, e que os padres se apropriaram disso (cf. Ratzinger, 2002, p. 21-56; 67-74).

A Escritura apresenta também um pensamento humano a respeito de Deus e de sua obra de salvação, portanto, comporta uma teologia e um método (cf. Visschers, 1977, p. 1-2). Ela não é apenas fonte para teologia positiva, mas também modelo para a teologia especulativa.

> O ponto essencial se encontra no Novo Testamento, já que esse formato parte de uma história do dogma cristão. O Novo testamento só pode ser compreendido corretamente se é considerado o contexto em que foi formado. Em primeiro lugar, com o meio judeu. Na época posterior resulta cada vez mais determinante o Helenismo como critério de interpretação da revelação cristã. Porém, precisamente na primeira época, se desenvolveram as categorias fundamentais do pensamento cristão, as formas conceituais judeu-bíblicas. As terminologias e o pensamento que posteriormente foram absorvidos do helenismo precisaram ser adaptados a estas categorias prévias. Portanto, é necessário ocupar-se especialmente e em primeiro lugar do contexto judeu (Visschers, 1977, p. 2).

A tradição bíblico-judaica do Antigo Testamento é variada. A revelação é a mesma, porém as expectativas que marcam a sua interpretação, reinterpretação e registro escrito foram as mais diversas. Tal multiplicidade é representada pelas tradições profética, apocalíptica, rabínica, sapiencial e pela Comunidade de Qumrân. Além dessas, advindo do contexto helênico, Fílon de Alexandria (10 a.C.-50 d.C.) e o contexto judeu contemporâneo ao Novo Testamento também influíram na interpretação teológica presente na formação do Novo Testamento, pois seus autores buscaram responder aos anseios e perspectivas das tradições citadas. A metodologia teológica presente em toda a tradição bíblica, tanto a do Antigo como a do Novo Testamento, é interpretativa (cf. Visschers, 1997, p. 3-7).

O papel de Fílon é marcante, pois a sua síntese entre as tradições místico-helenista e judaica veio a ser modelo para o que alguns padres realizaram entre a revelação cristã e as outras culturas. Fílon é contemporâneo à formação do Novo Testamento. Seu método foi fundamentalmente a alegoria. Fílon interpretou o Antigo Testamento também como um judeu de tradição rabínica, em sentido literal, mas entendia que a Escritura comportava um mistério não alcançado apenas com os modelos tradicionais do judaísmo (cf. Visschers, 1977, p. 3).

> O Midrash levou Fílon a um método que foi pouco utilizado na tradição rabínica: a *alegoresis*, que pode significar: querer dizer outra coisa, uma interpretação da Torá que pretende unir duas esferas não afins, a Escritura e a mística helenista. A visão fundamental do homem e do mundo é, em Fílon, a da mística helenista. O fim dessa é conduzir o homem piedoso à contemplação do Uno, da divindade. Essas ideias se encontravam, segundo a sua opinião, no profundo das afirmações da Torá. Seu contínuo esforço era mostrar as ideias que se ocultavam na Torá, e, nessas ideias ocultas, o uno, Deus. As alegorias de Fílon são um verdadeiro método. Parte das afirmações bíblicas com o objetivo de torná-las compreensíveis para qualquer um. Contempla, na palavra bíblica e na realidade simbolizada por ela, sua participação comum na ideia indicada pela definição comum para alcançar o sentido oculto. Esta é a estrutura intelectual, que lhe permitiu passar do sentido literal às categorias místicas (Visschers, 1977, p. 8).

O método do Novo Testamento consistia em responder, mediante Jesus Cristo, aos anseios das tradições do Antigo Testamento. Os autores do Novo Testamento entediam que o Antigo Testamento era revelação de Deus e por Ele inspirado. O recurso que utilizaram para explicitar a ligação entre os dois Testamentos foi a tipologia, a qual permitia absorver a tradição passada, manter com ela uma continuidade e expor o cumprimento de todas as suas expectativas em Jesus Cristo (cf. Visschers, 1977, p. 9-15):

> A importância central e completa da pessoa de Jesus para a teologia neotestamentária explica por que a tipologia chegou a ser o método característico da interpretação neotestamentária do Antigo Testamento. Busca modelos e prefiguras da salvação em Jesus, os *typoi* da história passada da salvação. A exegese neotestamentária não necessitava da

> *alegoresis*, já que a nova salvação estava unida essencialmente à antiga. Para muitos Padres da Igreja, por certo, se converteria aquela, sob o influxo de Fílon, no método exegético mais importante junto à tipologia (Visschers, 1997, p. 15).

Ratzinger conhece esses métodos. Em muitos de seus textos, defendeu e aplicou a tipologia e a alegoria ao fundamentar-se nos padres.

Além dessa questão, as Escrituras justificam uma teoria do conhecimento de Deus por meio da fé cristã, que os padres Apologetas e Alexandrinos associaram à gnose. Tal temática é analisada por Ratzinger no primeiro capítulo de *Natureza e missão da teologia.*

Em 1Cor 2,7 está escrito: "Falamos de uma sabedoria de Deus misteriosa (*Zeú sofia en mysterío*) [...], desconhecida dos príncipes desse mundo [...] porque a nós Deus o revelou por meio do Espírito". Essa sabedoria não é o correlato do que os gregos compreendiam por ciência à época de formação do Novo Testamento. Deus é transcendente; por conseguinte, a maneira de conhecê-lo é especial, não é puramente racional (cf. Ratzinger, 1985c, p. 328-424).

Em Hb 6,4-5 está registrado: "Uma vez iluminados, experimentaram o dom celestial, e foram feitos participantes do Espírito Santo, saborearam o dom celestial". Trata-se, por isso, de um saborear, experimentar, digerir e gostar, de um dom da fé, por obra do Espírito, que implica um crescimento interior de compreensão. Esse saborear a partir do dom da fé é passado ao cristão pelo conhecimento ou pela sabedoria de Deus, que é Cristo. "Cristo é o poder e a sabedoria de Deus" (1Cor 1,25); "foi feito por Deus, sabedoria para nós" (1Cor 1,30). Colossenses caminha na mesma direção: "Que sejam enriquecidos com a confiança que dá o entender e o conhecer o secreto de Deus, que é Cristo, pois nele estão todas as riquezas da sabedoria e entendimento" (Cl 2,24).

Essa sabedoria tem Deus como a fonte e início. Paulo parece recusar um conhecimento de Deus que tenha como princípio a razão humana, tal qual nos moldes gregos (cf. 1Cor 1,22). Para ele, não se trata apenas de uma sabedoria acerca de Deus, mas de um saber a partir de Deus, por obra sua, por dom da fé, adquirida por meio da escuta da Palavra. Paulo não nega a mediação cultural da fé, ele a emprega, mas entende que o conhecimento de Deus brota do dom da fé. O prosseguimento e cume é o mistério, que é o próprio Jesus Cristo e sua cruz, no qual se encontra a salvação humana. Não se apreende o mistério, mas a ele se chega. Porém, ainda que se adentre o mistério, Deus permanece oculto. O mistério está intimamente ligado ao dom da fé, que não se frustra após nele adentrar, mas, por graça e desejo, isto é, por obra do Espírito, decide continuar a perscrutar.

Tais noções bíblicas serviram de base para o conhecimento teológico da patrística. Conhecimento sapiencial, algo próximo a uma experiencia individual, um caminho interior. Caminho esse que é um presente de Deus, a fé é dom. Deus é o próprio caminho, o início do caminhar e o fim dessa jornada. Todavia, nem por isso o cristão é totalmente passivo, uma vez que sua atividade objetiva e subjetiva não é a causa.

### 2.2.2 Padres da Igreja

Um dos principais fundamentos da teologia de Ratzinger são os Padres da Igreja, não apenas como fonte, mas também como espelhos em sua metodologia. Desde o início até o fim de sua carreira, Ratzinger confessa:

> Não poderia conceber uma teologia puramente filosófica. O ponto de partida é, primeiro, a Palavra. Que acreditemos na Palavra de Deus, que procuremos conhecê-la realmente e compreendê-la, e que pensemos com os grandes mestres da fé. A partir daí, minha teologia está marcada pela Bíblia e pelos Padres da Igreja, sobretudo por Santo Agostinho (Ratzinger, 2005, p. 54).

Em *Teoría de los princípios teológicos. Materiales para una teologia fundamental*, Ratzinger tratou da significação dos Santos Padres para a estruturação da fé. Nesse texto ele trata da questão da interpretação da Escritura na teologia patrística, do conceito de tradição e da questão da atualidade dos Santos padres. Ademais, faz considerações básicas quanto à função dos padres na estruturação da fé (cf. Ratzinger, 1985c, p. 157-180).

Segundo Congar, caso se tenha um conceito de teologia rígido, será difícil analisar e compreender o que os padres entendiam como teologia, bem como a validade do seu método (cf. Congar, 2011, p. 67-68). Segundo Beumer, apesar da validade da noção ampla de teologia para os fins da análise histórica quanto ao método na época dos padres, é necessário partir do que era teologia naquele tempo, pois se pode cair facilmente no perigo de utilizar o próprio conceito de teologia como critério para analisar todas as épocas, isto é, o que era e o que não era teologia. Isso deve acentuar-se energicamente para a época patrística. Assim como Congar, Beumer entende que a nossa compreensão atual da teologia está ainda em grande parte determinada, consciente ou inconscientemente, pela escolástica e a neoescolástica. Em segundo lugar, a patrologia tradicional expôs a doutrina dos padres quase exclusivamente acerca do fundo da dogmática concebida mais ou menos escolasticamente (cf. Beumer, 1977, p. 16).

Por conseguinte, é preciso entender que a teologia patrística ressaltou o impacto da revelação cristã, primeiro com o judaísmo, em seguida com a cultura filosófica grega e latina. Pode-se considerar a patrística como o momento do nascimento da teologia que, no encontro e desencontro com a cultura grega e latina, faz valer a novidade de Jesus Cristo, de modo que a consistência especulativa se conecta também com a incidência prática da mensagem cristã diante das várias correntes filosóficas e religiosas da época. As obras dos padres não têm um caráter sistemático. Elas aparecem como uma impostação estruturalmente bíblica histórico-salvífica e uma atenção em procurar no significado dos textos bíblicos a diversidade dos níveis de profundidade que estes refletem para o crente para além do que o dado puramente filológico pode exibir. A reflexão teológica patrística atenta fundamentalmente para a dimensão sapiencial e para a vibração teologal e espiritual a fim de fazer crescer a edificação da própria vida interior e da existência cristã (cf. Pozzo, 2017, p. 508).

#### 2.2.2.1 Padres Apostólicos e Apologetas

Os Padres Apologetas defenderam a fé cristã ante os pagãos e judeus recorrendo, também, à tipologia, à alegoria e a filosofias. A reflexão acerca desses métodos ganhou importância aos poucos (cf. Gutiérrez, 2007, p. 17).

Na *Epístola de Barnabé* (130) e no *Pastor de Hermas* (142-155) influem categorias judaicas e helenistas, resultando no aspecto mormente judeu-cristão desses escritos. Isso apresenta, ao menos parcialmente, as razões metodológicas que influenciaram em seus conteúdos doutrinários específicos (cf. Beumer, 1977, p. 18). A principal fonte material e autoritativa do método dos primeiros padres foi o Antigo Testamento, em decorrência dos seus embates com os judeus. Seu critério interpretativo e argumentativo foi, por meio da tipologia, a revelação em Cristo. Aos poucos, as palavras de Jesus passaram a ser invocadas no método. Antes de Justino Mártir, as palavras do Novo Testamento não eram citadas como as do Antigo Testamento ("assim diz a Escritura"), mas já ocupavam um lugar superior na argumentação. Tal corpo unitário das Escrituras cristãs veio a se consolidar no período de Tertuliano (160-240). Aos poucos, as palavras dos apóstolos começaram a ser também fonte de autoridade argumentativa. Beumer afirma que tal processo está na origem do método de teologia positiva. Em Inácio de Antioquia (68-107), já é possível encontrar reunidas as classes de autoridades citadas. O subtítulo do *Didaqué* (90) (Doutrina do Senhor mediante os Doze apóstolos aos pagãos) já apresenta tal noção. Os padres mais antigos invocaram em menor medida seus predecessores, mas Pápias de Hierápolis (70-140) citou Policarpo (69-155) como mestre (Beumer, 1977, p. 18-20).

A *Primeira Carta de Clemente* (95-97) apresenta a noção de sucessão da autoridade dos apóstolos. Tertuliano e, principalmente, Irineu (130-202) desenvolveram essa doutrina. Irineu defendeu, em face dos gnósticos, que em todas as Igrejas lideradas pelos bispos eleitos pelos apóstolos era possível encontrar a verdade, desde que ligadas à Igreja de Roma. Tertuliano também entendia que foi unicamente designado aos apóstolos o dever de difundir a doutrina de Jesus Cristo. Seu conteúdo foi transmitido apenas por eles às Igrejas. O critério da verdade era a conformidade doutrinal com as Igrejas que guardavam o depósito da fé transmitido pelos doze em virtude de possuírem legitimamente as Escrituras e a regra de fé, que é a doutrina dos apóstolos, a qual determina a extensão, o conteúdo e a interpretação da fé (cf. Beumer, 1977, p. 20-21).

Outro aspecto marcante da metodologia dos Padres Apologetas é a apresentação do conteúdo da revelação divina por meio de fórmulas breves e neologismos que já eram conteúdos teológicos. Inácio de Antioquia cunhou a expressão Igreja Católica, referindo-se à comunidade de todos os crentes; Teófilo de Antioquia (?-186) cunhou a denominação *trias*, para designar o Pai, o Filho e Espírito Santo. Porém, foi Tertuliano que mais produziu neologismos. A patrística mais antiga compôs, antes da Igreja oficial, regras que se tornariam os símbolos de fé. É importante observar que a liturgia, a celebração do batismo e a celebração da eucaristia forneceram a linguagem para expressar o que estava na revelação de maneira clara para as comunidades (cf. Beumer, 1977, p. 22).

Os primeiros Apologetas são apresentados com a figura de filósofos. Mas seu objetivo é apresentar a mensagem de Jesus. O método probatório consiste na adaptação do que era proposto pelos adversários. Assim, a filosofia grega era classificada de forma negativa. Justino, porém, iniciou uma valorização positiva por meio da sua doutrina do *logos spermatikós* (cf. Vilanova, 1991, I, p. 126-130). Os Apologetas mais antigos consideravam os conhecimentos verdadeiros dos antigos sábios pagãos como empréstimos da lei mosaica e dos profetas do Antigo Testamento (cf. Olson, 2001, p. 30-32).

Irineu defendeu a ideia de que em cada bispo particular era encarnada a autoridade doutrinal da Igreja, pois, como sucessor dos apóstolos, guardava a autêntica tradição e os carismas do Senhor. A junção de tais elementos garante a autoridade e a infalibilidade do seu ensino doutrinal. Ao se associar ao Montanismo (cf. Beumer, 1977, p. 30-32), Tertuliano passou a defender a correção da tradição pelo uso da razão e por novas revelações do Espírito Santo aos profetas (cf. Beumer, 1977, p. 23).

Essa teologia fundamentou-se na fé em Jesus e sua transmissão junto à experiência espiritual da Igreja, bem como nasceu do desejo de conhecer o depósito da tradição e a própria experiência eclesial. O impulso exterior dessa teologia foi a necessidade de uma linguagem compreensível para cada contexto no qual deveriam empregar, de forma equilibrada, a filosofia reinante na cultura à qual transmitia o conteúdo da fé. A possibilidade de utilizar tal linguagem para expressar a revelação é uma questão do método teológico amplamente desenvolvido desde essa época. A cultura helenista e suas filosofias proporcionaram um confronto intelectual. Os modelos da filosofia estoica, platônica e neoplatônica foram absorvidos. Ademais, houve ataques da filosofia pagã ao conteúdo da fé cristã, que se apropriou dos elementos rivais para combatê-los com suas categorias. Nesse sentido, a argumentação teológica por meio de conceitos filosóficos rivais desenvolvidos à maneira cristã para defender a fé tornou-se um dos elementos mais básicos do método teológico desde o início da história do cristianismo. Outro motor para a teologia era a correta interpretação da tradição no combate às heresias. Nesse caso, o método teológico se define, bem como se sustenta e transmite a tradição. Em suma, o método consistia em combinar os princípios da razão e os argumentos da tradição com a prova da Escritura e dos padres precedentes. O método teológico verifica-se na manifestação da maneira que a própria tradição se interpreta para responder aos novos problemas (cf. Beumer, 1977, p. 15-16). Por isso, gradativamente as decisões dos sínodos e dos concílios estimularam os teólogos a continuar a reflexão.

### 2.2.2.2 Padres Alexandrinos: Clemente e Orígenes

É no contexto alexandrino que o uso eclesiástico de θεολογία começou a se consolidar. Nele, foi refletida, sistematicamente, a relação entre filosofia e "teologia", questão fundamental para o método. Tal teologia era eminentemente pedagógica e serviu para o aprofundamento da fé recebida pelas comunidades cristãs; o que representa tal fato é a fundação de escola catequética *Didaskaleion*.

Em confronto apologético-missionário, Clemente de Alexandria (150-200) buscou definir o uso cristão do termo teologia, em contraposição ao uso filosófico (2.1). Clemente afirmou que exemplos dos antigos teólogos poderiam ser Orfeu, Lino, Hesíodo e outros sábios, os quais retiraram sua sabedoria dos profetas envoltos. Aqui, a teologia é compreendida como o conhecimento das coisas divinas. Clemente crê que os filósofos queriam realizar uma ciência de Deus que seria a verdadeira teologia. A filosofia, seja pagã, seja helenística, fez da verdade eterna fragmentos, não a mitologia de Dionísio, mas a teologia do Verbo eternamente existente. Se vê como, em Clemente, do sentido pagão da palavra "teologia" desenvolve-se um sentido abstrato que poderia ser aplicado ao conhecimento cristão de Deus, mas o sentido pagão ainda é o único compreendido (cf. Congar, 2011, p. 55).

Um dos componentes do método de Clemente foi o uso da filosofia estoica e platônica para a mediação cultural. Ele entendia que toda a filosofia gozava das sementes do Verbo, que, em seu entendimento, era para os gregos veículo de salvação (cf. Tillich, 2015, p. 72-73). Tal uso da filosofia não aponta apenas para elementos do método, mas também para a natureza missionária da própria teologia (cf. Vilanova, 1991, I, p. 128).

A teologia de Clemente é também uma busca pela conformação apologética dos conteúdos interpretados de maneira alegórica das Escrituras e o conhecimento eclesiástico da tradição cristã com a filosofia grega (cf. Hall, 2000, p. 144-146). Em determinados momentos, a teologia de Clemente é fundamentada, em virtude de seus destinatários, tão somente pela filosofia. A alegoria não era apenas um recurso metodológico e hermenêutico para interpretar as Escrituras, mas uma forma de mediação entre a cultura helenística e a judaico-cristã (cf. Visschers, 1977, p. 3). Ele encontrou nas Escrituras a razão mais profunda e a fundamentação da gnose cristã, de modo que empregou tal testemunho repetidas vezes em sua obra. Por conseguinte, as conhecidas palavras de Isaías, segundo a tradução dos Setenta: "se não creres não compreendereis". Com esse dito, transmitiu à patrística seguinte e também à escolástica mais antiga o lema dominante na compreensão da fé (cf. Beumer, 1977, p. 25).

Para Clemente, o primeiro elemento da teologia é a filosofia, uma verdade procedente do Verbo. Ela representou para os gregos um papel semelhante que o Antigo Testamento teve para os judeus (cf. Brown, 2007, p. 11-12). A filosofia desempenha o papel de predecessora da fé. Depois do recebimento da fé, a filosofia se torna sua defensora. A fé é a base fundamental para se chegar ao autêntico conhecimento de Deus. A fé procede e depende da revelação do Verbo. Tanto a fé como a filosofia são compreendidas como elementos prévios para se chegar à *gnosis*, verdadeira plenitude do conhecimento. Essa teoria encontra-se em sua trilogia: *Protréptico*, *Pedagogo*, *Strómata*.

A filosofia é considerada uma espécie de conhecimento inferior e incompleto. O cristianismo é a verdadeira filosofia e Jesus Cristo é o verdadeiro Mestre. Sua concepção teológica baseia-se na junção de três elementos que culminam na sabedoria divina (cf. Fernández, 1998, p. 11-13), eles totalizam e caracterizam a *gnosis*, a saber: iluminação (*fotimós*), compreensão (*katálexis*), contemplação (*zeoría*). A *gnosis* pode ser compreendida como uma forma de conhecimento intuitivo e afetivo que produz uma certeza. Congar afirma que para Clemente a noção de *gnosis* é semelhante à nossa noção de teologia (cf. Congar, 2011, p. 73-74). Nem todos são capazes de alcançar a sabedoria divina, pois é necessário um caminho de purificação moral, a prática da virtude que culmina na caridade evangélica e a união com Deus (cf. Congar, 2011, p. 73-74; Clemente de Alexandria, *El Protréptico*, XI, 112).

Para a sua formulação da teoria da gnose cristã, ele fundamenta-se basicamente na Escritura e tradição, porém a expressão linguística, as ideias e as provas são amplamente filosóficas, platônicas e estoicas. Clemente esteve comprometido com o helenismo e com o cristianismo. Seu objetivo era ser levado a sério, com a sua fé cristã, no ambiente helenista. Não quis modificar dogma cristão algum mediante a filosofia, uma vez que tão somente pensou em expor a verdade sobrenatural do cristianismo por meio da linguagem que ele considerava a ciência de seu tempo. Se a síntese ficou inacabada, se os conceitos adotados não estão completamente cristianizados e denotam ainda a sua origem pagã, se as formulações por vezes desfiguram algum aspecto do pensamento cristão, para cuja tradução a linguagem da filosofia se esforça, se, ademais, reteve demasiadas ideias de seu mestre pagão, então nesse caso não se deve julgar com severidade um homem que buscou novos caminhos. Deve-se recordar que ele não teve tempo de produzir algo mais completo, bem como foi o primeiro a sintetizar toda a doutrina cristã em um sistema filosófico (cf. Beumer, 1977, p. 27-28).

O uso da palavra "teologia", tal como feito por Orígenes (158-254), quer significar o verdadeiro discurso acerca de Deus e de Jesus Cristo. Tal uso é feito em contraposição àquele da filosofia pagã (cf. Congar, 2011, p. 55-56; Beumer, 1977, p. 29). Ele defende tal acepção seguindo Clemente de Alexandria, absorvendo sobretudo o caráter apologético, a mediação filosófica com mesclas de estoicismo e platonismo (cf. Fernández, 1998, p. 13). Além desses traços, sua teologia recebeu o influxo de Fílon. O seu método teológico é basicamente uma interpretação alegórica das Escrituras (cf. Hall, 2000, p. 134-146). Orígenes utilizou mais as Escrituras e o conhecimento da tradição eclesial que Clemente. Ao contrário deste, Orígenes fundamentou menos o seu pensamento com testemunho filosófico explícito. Orígenes é mais homem de Igreja que filósofo (cf. Beumer, 1977, p. 28-33).

Ele pode ser considerado o criador da primeira grande síntese de teologia científica e, acerca do aspecto metodológico, pode-se ir ainda mais longe ao afirmar que ele ocupa, no desenvolvimento da noção de teologia, um posto semelhante ao de Irineu na tradição de teologia latina. Orígenes formulou a exegese científica das Escrituras, exercendo influência na tradição teológica posterior acerca do tema dos múltiplos sentidos das Escrituras. Ademais, formulou uma teoria quanto ao conhecimento religioso. Enfim, por ser o autor do que pode ser considerada a primeira obra de teologia sistemática, o *Peri Archon* (Tratado acerca dos Princípios). Tal obra é um comentário de textos bíblicos. Sua teoria do conhecimento religioso baseava-se na distinção feita por Clemente entre a fé e a *gnosis* (cf. Congar, 2011, p. 76-77).

Para Orígenes, a teologia é a conjunção de três operações realizadas na Palavra de Deus. A primeira é a aceitação da fé, identificada com a aceitação da Escritura. Orígenes buscou fundamentar uma fé mais eclesial em oposição ao gnosticismo herético. A segunda, a *gnosis*, é o aprofundamento na palavra de Deus para a captação do seu sentido com a ajuda da alegoria. A última, a contemplação, ou sabedoria (*zeoria*), é o que torna possível penetrar no sentido espiritual dessa palavra (cf. Fernández, 1998, p. 14).

Para Orígenes, a sabedoria divina é diferente da fé, porquanto a considera o primeiro dos chamados carismas de Deus. O segundo carisma é a *gnosis*, o qual pertence àqueles que têm conhecimento exato de tais realidades. O terceiro é a fé, possuída até pelos mais simples. Estes podem ascender no conhecimento de tais realidades, sendo capazes, por isso, de captar mais profundamente a Palavra de Deus, até chegar ao nível sapiencial e contemplativo, tornando-os mais perfeitos, capazes de saborear, como por antecipação, os deleites futuros. Ao indicar esse caminho de compreensão, Orígenes fala da possibilidade de alcançá-lo por meio dos cinco sentidos da alma (correspondentes aos cinco sentidos corporais) (cf. Congar, 2011, p. 77; Fernández, 1998, p. 15).

Clemente e Orígenes ampliaram consideravelmente os aspectos metodológicos da teologia. É possível afirmar que, por meio deles, a teologia conheceu, de forma inaugural, a sua natureza especulativa. Além disso, ressaltaram o papel da fé e da graça nas origens sobrenaturais da reflexão teológica; tal fato está ligado ao tema pulsante da gnose cristã. Esses aspectos se devem ao uso da filosofia, à maneira de Fílon, como mediação alegórica (cf. Beumer, 1977, p. 24-25).

### 2.2.2.3 Padres Pós-Nicenos Orientais

Os padres capadócios não formulam uma metodologia explícita (cf. Moreschini, 2008, p. 354-369). A contribuição de Gregório de Nazianzo (329-390) foi o uso da técnica argumentativa da dialética aristotélica para a defesa da fé ortodoxa (cf. Pannenberg, 2008, p. 72). Gregório de Nazianzo segue uma linha diferente da dos alexandrinos, pois entende que não é necessário inovar em matéria de expressão linguística para atingir clareza na explicitação da fé (cf. Congar, 2011,

p. 77-78). Em decorrência das heresias, o método teológico de Atanásio (330-373) foi basicamente a defesa da fé por meio da reapresentação do patrimônio da tradição (cf. Beumer, 1977, p. 33).

Basílio de Cesareia (330-379) afirmou veementemente a necessidade primária do ato de crer. Declarou que o ato de fé é a base de toda sistematização, elaboração e explicação da revelação. Para ele, a teologia não era simples repetição de afirmações das Escrituras ou concordância apologética com a filosofia pagã, mas um ato natural do cristão no uso da razão a serviço de uma percepção e expressão mais acurada da fé cristã. Além disso, sua teologia foi também a busca pela superação de conceitos teológicos que haviam sido desgastados pelas controvérsias teológicas. Seu objetivo era uma explicitação mais clara e exata do conteúdo da tradição de fé. Importante também é ressaltar o valor que esse padre atribuiu ao Concílio de Niceia como detentor de autoridade em matéria de fé (cf. Beumer, 1977, p. 34). Ele afirma que as proposições da fé e da pregação guardadas pela Igreja refletem o ensino da Escritura e da tradição apostólica.

Gregório de Nissa (330-395) também refletiu quando provocado pelas heresias, de modo que fez teologia por meio de um esforço exegético contínuo. Para ele, o teólogo deveria sempre rever a sua produção no confronto com as Escrituras a fim de dirimir toda contradição. A seu ver, as palavras do Antigo e do Novo Testamento se complementavam. Outra ferramenta metodológica para a interpretação das Escrituras era a confrontação das diversas traduções existentes. Ademais, ele confrontava a linguagem filosófica com a bíblica, para que, por meio desse recurso, tendo a Escritura proeminência, o conhecimento filosófico, o suporte analógico e apologético, fosse purificado. Gregório utilizou o estoicismo e o platonismo para clarificar as doutrinas bíblicas mais obscuras. Uma de suas maiores contribuições foi a adoção da filosofia grega, purificada pela revelação, para a análise dos conceitos teológicos tendo em vista um resumo sistemático do dogma de forma concisa. Gregório traduzia os conceitos filosóficos em conceitos cristãos solidificados pela tradição para a sua reflexão teológica. Quando em debate contra os hereges, Gregório adotou um tratamento sistemático. Primeiro, citava partes de seus textos para refutá-los com as suas próprias categorias. Minuciosamente, ele analisa os conceitos e formula o seu pensamento em oposição. Gregório é responsável pela exposição mais característica do dogma eclesiástico na patrística. Ele dividiu a teologia em três: a parte que tratava da Trindade, teologia propriamente dita, o ser do próprio Deus; a economia da salvação, a redenção do homem por meio da encarnação; apropriação da salvação pela via dos sacramentos e pela aceitação da fé. Seu projeto pretendeu ser uma assimilação mais profunda do que já era conhecido e uma ajuda para a pregação dos pastores das comunidades, bem como para a defesa da fé (cf. Moreschini, 2008, p. 160-228; Beumer, 1977, p. 34-38).

A teologia presente no corpo de obras atribuídas ao Pseudo-Dionísio (século VI) tem traços semelhantes à dos alexandrinos. O seu método consistia na adoção das explicações cosmológicas e conceitos neoplatônicos traduzidos por meio da exegese bíblica. Mas apenas o conteúdo filosófico que estivesse em conformidade com a linguagem bíblica e à da tradição eclesial. Nesse autor, a sabedoria é adquirida ao se eliminar tudo aquilo que se conquistou por meio da razão. Isso se fundamenta por um certo ceticismo em relação às conquistas reais da razão (cf. Tillich, 2015, p. 104-111). Mas, de certa forma, talvez seja dependente da razão, pois ela é o critério negativo (cf. Fernández, 1998, p. 15-16; Beumer, 1977, p. 39-40).

Quanto ao uso da palavra teologia, ele a empregou para se referir à Escritura e seus autores inspirados, mas foi além ao cunhar a expressão "teologia mística". Tal expressão foi criada para distinguir entre essa teologia e a de cunho filosófico e demonstrativo. Porém, para ele, todas essas eram formas diferentes de lidar com o divino e eram partes de uma só teologia. Dionísio também foi o responsável pelo pioneiro desenvolvimento da teologia negativa (cf. Congar, 2011, p. 57).

Nesse autor, o misticismo é fundamental para o alcance do conhecimento divino. A teologia negativa, a teologia afirmativa e a razão filosófica são propedêuticas. A teologia só é capaz de penetrar na essência de Deus e de seus mistérios por meio da sabedoria. O caminho para chegar tão profundo na sabedoria de Deus é a oração, a qual é parte de seu método. O Pseudo-Dionísio entendia que para se chegar a um patamar tão elevado era necessário passar por graus inferiores: a ascese e a catarse, capazes de proporcionar à alma a experimentação do desprendimento dos sentidos e das coisas sensíveis da atividade racional que busca compreender. Esses compreendem um estágio no qual o pensamento cessa; trata-se de um silêncio místico. Em seguida, a alma é iluminada, chegando à margem do esplendor divino. Porém, esse não é o fim, dado que a alma ainda pode chegar ao conhecimento das realidades latentes por meio dos símbolos, a verdadeira contemplação e união com Deus. Isso só é possível porque Deus é gracioso (cf. Beumer, 1977, p. 43).

> A patrística grega é, por assim dizer, uma teologia da Sagrada tradição. Por isso, os desenvolvimentos e provas especulativas são para ela de importância secundária, inclusive às vezes sendo recusadas diretamente por temor ante o mistério. Tudo isso significa objetivamente uma carência, que de certo modo só se compensa pelos pormenores sobre o procedimento

> da argumentação positiva. A linha global da evolução segue sendo consequentemente Gregório de Nissa e Dionísio, onde é interrompida (Beumer, 1977, p. 45).

Importante no desenvolvimento do método foi Cirilo de Alexandria (378-444). Seu método era composto por duas partes fundamentais: o embasamento no testemunho dos padres e a argumentação por meio da razão filosófica. O uso do testemunho dos padres já era recorrente, porém Cirilo o fez de forma mais intensa e sistemática, demonstrando um conhecimento profundo da tradição teológica precedente. Sua teologia foi formulada no embate com as heresias; para refutá-las, utilizava os argumentos da tradição transmitidos pelos padres, bem como o recurso aos conceitos filosóficos já utilizados na teologia e nos concílios. O método de Cirilo é considerado um marco para a produção teológica do século VI, ao ponto de a sua cristologia tornar-se representante da ortodoxia (cf. Beumer, 1977, p. 40-41).

O método teológico desenvolveu-se de forma gradativa. No século VI:

> Tanto a prova da tradição como a especulação teológica lograram formas específicas. Na prova da tradição, adquire a prova patrística uma predominância tal, que a prova das Escrituras retrocedeu significativamente. O material da prova se toma dos florilégios, até mesmo sem reconhecer o contexto original de procedência dos textos. A consequência é a repetição de determinadas passagens. A especulação teológica se serviu da análise conceitual e do método dialético. O trabalho conceitual aparece no emprego de categorias aristotélicas na forma da Árvore de Porfírio neoplatônica, e a transferência à cristologia da conceitualidade capadócia desenvolvida para a teologia trinitária. O método dialético serviu para conciliar a dupla tradição das duas naturezas de Cristo e para conciliar as passagens aparentemente contraditórias dos padres (Beumer, 1977, p. 41).

Em decorrência do contexto de formulações dogmáticas acerca da Trindade, da pessoa de Jesus Cristo e da busca por uma ortodoxia clara, os teólogos do século VI faziam teologia utilizando a prova do testemunho anterior seja dos padres, seja dos concílios. Muitos teólogos entendiam que a prova da tradição significava apenas a invocação das definições dos concílios. Estes serviam de critério para interpretar corretamente as obras dos teólogos que representavam a ortodoxia. Beumer afirma que isso indica que "a época patrística em sentido estrito havia passado" (Beumer, 1977, p. 41-42). Porém, existem dois personagens que podem ser considerados marcos de encerramento da patrística grega. Nesse contexto, o método teológico foi uma espécie de catalogação e coletâneas dos textos dos padres e concílios, e, posteriormente, uma busca por sistematização, seguida de comentários.

Máximo o Confessor (580-662) recorria às diferentes tradições teológicas buscando uma síntese conciliatória, tendo Jesus Cristo como o centro da sua especulação. Máximo se utilizou de gêneros literários deveras específicos. Geralmente utilizou textos pequenos em forma de máximas, bem como obras baseadas em esquemas de perguntas e respostas, escólios, comentários bíblicos e, sobretudo, comentários sistemáticos da liturgia (cf. Croce, 1974, p. 18-55).

O segundo é João Damasceno (675-749). Seu método consistiu em compilar as verdades de fé, resumindo as doutrinas mais importantes para apresentá-las em sínteses. Conhecia, como Cirilo, a literatura dos padres. Porém, assumiu uma característica mais crítica, pois atentou para o contexto e autenticidade dos escritos. Apesar dessa atitude, considerou os padres os portadores normativos da tradição eclesiástica. Por trás dos padres, segundo ele, está a autoridade da Igreja, da tradição, a fé e a doutrina, os costumes e as leis, que os pastores, bispos, mestres e doutores receberam dos apóstolos e guardaram fielmente, bem como determinaram, guiados pelo Espírito, nas palavras dos concílios, transmitindo-as sem erros. Sua interpretação da Escritura é tipológica (cf. Beumer, 1977, p. 43-44). Outra contribuição de João Damasceno é a incorporação da filosofia de Aristóteles em seu método, sendo um dos teólogos que também apresentaram Aristóteles aos escolásticos (cf. Congar, 2011, p. 104).

### 2.2.2.4 Padres Pós-Nicenos Ocidentais

O teólogo ocidental mais original antes de Agostinho (354-430) foi Tertuliano. Ele foi responsável por contribuir no aperfeiçoamento de uma linguagem teológica mais clara. No Ocidente, a Igreja era dependente da teologia dos orientais (cf. Delpero, 2001, p. 72; 171-176). Nomes famosos como Cipriano (?-258), Ambrósio (340-397) e Jerônimo (347-419) não se sobressaíram tanto pela sua contribuição metodológica e originalidade especulativa, mas sim por transmitir o patrimônio de fé recebido. Jerônimo é conhecido pela sua contribuição em metodologia exegética, sendo um dos maiores exegetas da Antiguidade, além de grande conhecedor dos idiomas bíblicos originais e do método histórico-gramatical.

Mário Vitorino (séc. IV) contribuiu em questões metodológicas, o único autor da Antiguidade latina que tentou traduzir as abstrações metafísicas da filosofia grega para a linguagem cristã, proporcionando ao Ocidente novas categorias linguísticas de expressão filosóficas para a teologia. A escolástica é devedora de sua herança. Ademais, pode ser considerado o único metafísico da Antiguidade latina cristã. No tema da Trindade, utilizou a mediação filosófica neoplatônica de Porfírio. Seu método está articulado em três partes. A primeira é a análise do texto da Escritura, para extrair nomes e termos importantes para os símbolos de fé, consagrados pelas definições dos concílios. A segunda é a análise filosófica de tais termos. A terceira é a conclusão lógica da conjunção entre as primeiras partes. Assim, a confrontação da razão com a Escritura é o fundamento do método. Ele cria que, se o *Logos* e o Espírito Santo eram responsáveis pela inspiração bíblica, não poderia haver contradição entre as Escrituras e a razão filosófica autêntica. Além disso, ele entendia que a razão era iluminada pelo Espírito. Vitorino também contribuiu em exegese. Seu método exegético consistia na busca pela reconstrução exata do texto e pela comparação dos diversos códices; depois da definição do texto ideal, ele partia para a explicação dos pormenores redacionais, para então definir o sentido do texto tendo como pressuposto o sentido total pretendido pelo autor (cf. Beumer, 1977, p. 46-47).

Santo Agostinho sintetizou o conteúdo da fé cristã com seu grande conhecimento cultural e filosófico. Entendia que a filosofia e as ciências eram fundamentais para um conhecimento mais profundo de Deus e de suas obras. Até hoje, Santo Agostinho é referência para a fé católica e protestante, de modo que influenciou o pensamento teológico tanto em termos de método como no que diz respeito ao conteúdo material de sua teologia (cf. Fernández, 1998, p. 17-18). O próprio Ratzinger declarou a influência global que recebeu desse padre em particular. Provam-no seus estudos doutorais acerca da noção de povo e de casa de Deus na eclesiologia do santo, bem como outros estudos acerca de sua teologia e das referências explicitas em outros textos (cf. Ratzinger, 2012).

Agostinho é responsável por uma teoria original quanto à compreensão da fé, a qual se estrutura num procedimento metódico. Agostinho foi influenciado por Clemente e Orígenes, mas deu à questão do conhecimento sobrenatural de Deus uma nova contribuição por meio de um caminho próprio e de uma terminologia diferente da alexandrina. É importante ressaltar que ele fez uso do testemunho dos padres precedentes. Agostinho formulou tal doutrina motivado pelo embate com o maniqueísmo, o qual defendia a razão como a única instância para a verdade. Agostinho teve o início de sua produção teológica marcado quase que exclusivamente pelo uso da filosofia, fato que sempre marcou sua teologia. A questão da relação entre a autoridade e a razão também marcou o seu pensamento naquilo que estava ligado às questões relativas à fé e ao conhecimento (cf. Beumer, 1977, p. 47-48).

> O gênio de Agostinho logrou, ademais, terminar, de certo modo, o que já estava preparado pela tradição, determinar com bastante exatidão as

fronteiras de fé e saber, fazendo uma síntese harmoniosa na compreensão da fé, que proporcionou à teologia um programa profundo e ao mesmo tempo um lema incitante (Beumer, 1977, p. 48).

Apesar de ter percorrido um caminho intelectual precedente longo e variado, Agostinho é um autor que segue primordialmente a linha sapiencial. Ele afirma que a razão e a inteligência precedem a fé. Mas defende que a fé purifica e ilumina os olhos da alma para entender, partindo do sensível e natural rumo às coisas de Deus. Sua teologia, majoritariamente especulativa, baseou-se na aceitação da revelação pela fé, assim como a explicação da fé por meio de analogias retiradas das coisas naturais e daquilo que as ciências de sua época afirmavam de acordo com a verdade. O objetivo de tais especulações era a defesa. Agostinho entende que existe a precedência da razão em questões científicas. Porém, quando se trata da fé sobrenatural e da aceitação dos mistérios, a primazia é da fé. Para que a razão perscrute e compreenda os mistérios, é necessário que seja iluminada pela fé. O esquema seria: razão, fé e razão iluminada pela fé. Trata-se, por conseguinte, de analisar, por meio da razão, o que se aceitou pela fé. A fé acrescenta ao entendimento, é o princípio do verdadeiro conhecimento e da compreensão purificada; é, em suma, uma razão aperfeiçoada pelo sobrenatural. Essa interação entre fé e razão deve ser aprimorada por uma vida virtuosa para que desemboque no amor. O conhecimento das realidades eternas e sobrenaturais só se alcança por meio da meditação e da contemplação. Esse conhecimento é a sabedoria e tem o ser de Deus e Jesus Cristo como objeto (cf. Fernández, 1998, p. 19-22).

A teologia de Agostinho era basicamente voltada para a metodologia especulativa, porém o autor também empreendeu exegese das Escrituras. A prova disso é que compôs uma obra importante a respeito de hermenêutica bíblica que influenciou consideravelmente a hermenêutica cristã posterior. Para ele, as ciências devem estar a serviço da compreensão das Escrituras. Para Agostinho, a teologia positiva, aquela que busca explicar também as Escrituras, deve ser praticada no seio da Igreja, pois ela que tem a regra e prática viva de fé, de modo que não pode haver separação entre Igreja e Escrituras. Além disso, Agostinho defendia o testemunho dos padres como critério para definição correta da interpretação das Escrituras. Ele afirmou a autoridade dos padres anteriores, dos concílios e do papa (cf. Beumer, 1977, p. 52-53).

Outro personagem importante é Vicente de Lérins (séc. V). Seu método teológico está baseado na autoridade da lei divina e na tradição da Igreja Católica. Devido ao risco de erro na interpretação das Escrituras, o teólogo deve basear-se na linha de interpretação dos profetas e dos apóstolos, segundo a norma do sentido eclesiástico. Nesse autor é salientada a noção do sentido de fé da consciência de toda a Igreja: o que é crido por todos é um critério para atividade teológica. Para ele, a tarefa da teologia não é o desenvolvimento dogmático, isso se dá naturalmente pela condução do Espírito, mas tornar claro aquilo que já se crê de forma elementar. Um dos recursos para tal tarefa é a reafirmação daquilo que os padres afirmaram e ensinaram, confrontando o ensino herético com o testemunho dos padres sem se preocupar em responder de maneira firme à questão levantada. Os antigos padres são representantes da catolicidade e da autoridade da Igreja (cf. Beumer, 1977, p. 54-55).

O último personagem de grande envergadura da Antiguidade é Boécio (480-525), o qual teve um papel fundamental na tradução para o contexto latino de termos e categorias mentais empregadas pelos orientais. Foi também um dos responsáveis pela transmissão da herança formulada pela Antiguidade para a Idade Média. A teologia de Boécio é estimulada pelas controvérsias doutrinárias em cristologia. Para ele, antes, deve-se esclarecer precisamente os termos e conceitos em disputa. O método de Boécio é sobretudo especulativo e filosófico porquanto mescla as categorias de pensamento neoplatônicas e aristotélicas com a contribuição teológica dos padres, sobretudo a de Agostinho. Muito do que se conheceu de início na escolástica de Aristóteles deveu-se a Boécio (Congar, 2011, p. 104-105). Ele é também responsável pela consolidação do pensamento agostiniano como uma fonte teológica ortodoxa e especulativa (cf. Congar, 2011, p. 104-106; Beumer, 1977, p. 55-56).

> No Ocidente, o ideal e o exemplo de Agostinho permanecem determinantes. Para o hiponense, o *intellectus fidei* em suas duas variantes (*credo ut intelligas* (teologia) e *intelligo ut credas* (filosofia)) estão a serviço do próprio exercício da beatitude e da contemplação cristã. O próprio uso amplo da dialética e da filosofia neoplatônica, em função da Ilustração dos mistérios da fé, é sempre colocado a serviço da consideração histórico-salvífica da religião cristã na ordem concreta da salvação (Pozzo, 2017, p. 508).

#### 2.2.2.5 Síntese conclusiva

A patrística é marcada por literatura vasta e diversificada tanto em termos culturais quanto em termos linguísticos. Existem duas principais esferas, a grega e a latina, e outras menores: siríaca, copta, armênia etc.

A principal motivação dos padres era a edificação da comunidade de fé no conhecimento de Cristo e propagação do seu Evangelho. A teologia era feita majoritariamente pelos pastores, que participavam da vida eclesial e da liturgia ativamente (cf. Congar, 1997, p. 332-337). Esse aprofundamento no conhecimento de Cristo nas comunidades se deu em um período em que diversas religiões, culturas e filosofias conviviam; isso, por sua vez, fez com que a teologia, em seu surgimento, assumisse um caráter apologético e missionário (cf. Boff, 1998, p. 628-630). A edificação e formação das comunidades também consistiam no combate às heresias que ameaçavam a integridade da fé recebida pela tradição e pelas Escrituras. Muitos teólogos desse período confrontaram e criticaram o uso do termo teologia como feito pelos gregos para fundamentar e defender aquilo que compreendiam como verdadeira teologia (cf. Congar, 2011, p. 51-62)

A aceitação e o reconhecimento da revelação acontecida em Israel, culminada em Jesus Cristo e transmitida aos apóstolos, foram o principal fundamento e fonte dos Pais da Igreja. Tal conjunto de revelação compõe o principal patrimônio da fé. Os teólogos desse período defendiam a ideia de que essa revelação era salvífica e universal, de modo que se debruçavam em sua suficiência. Por isso, antes do contato com as outras culturas, o emprego das filosofias é praticamente inexistente (cf. Delpero, 2001, p. 72).

Outra característica é o reconhecimento da apostolicidade. Nos escritos dessa época encontra-se o termo *parádosis* (tradição). Entendiam que essa preservação não era mecânica e repetitiva, mas realidade viva; não mera sucessão institucional de cargos, e sim uma realidade espiritual transmitida a todas as gerações. A tradição é entendida pelos padres como uma forma de revelação e autocomunicação de Deus. "Para a patrística, o local dessa *parádosis* ou tradição que é também revelação, autocomunicação divina, é precisamente a Igreja na sua vida cotidiana e litúrgica, prosseguindo conforme a sucessão dos apóstolos" (Alves, 2019, p. 39). No seio da tradição, eram discernidas as teologias autênticas, mantendo-se, assim, a verdadeira unidade em meio às diversidades. A tradição não é apenas fonte, mas também critério para discernir a verdadeira teologia. Nessa luta intensa contra os ensinos heréticos e pagãos, sejam eles religiosos, sejam filosóficos, a Igreja promoveu sínodos e concílios. Suas definições eram confirmadas e utilizadas como meios de transmitir a tradição. Tal processo foi de suma importância para o método teológico (cf. Alves, 2019, p. 40).

Algo análogo aconteceu com as reflexões das gerações anteriores de teólogos. Reconhecia-se nelas a manifestação da tradição. Competia às novas gerações tomar conhecimento delas e usá-las em apoio no seu renovado labor teológico para o prosseguimento da edificação. Nesse âmbito, é demonstrado o valor que a teologia antiga deu à precedente (cf. Alves, 2019, p. 41).

Quanto às fontes materiais, a patrística produziu uma teologia significativamente dependente das Sagradas Escrituras. A teologia do padres era fundamentalmente bíblica (cf. Congar, 2011, p. 94-96). Em muitos casos, as obras desses teólogos eram coletâneas de sermões e lições ensinadas nas comunidades. Os métodos de interpretação eram principalmente a alegoria e tipologia, mas também existia, ainda que de maneira seminal, a busca pela explicação gramatical e literal dos textos (cf. Forte, 1991, p. 87-95; Bray, 2017, p. 77-129).

O método da patrística também se caracteriza pela utilização dos recursos intelectuais existentes em sua época. Em específico, a maioria dos padres utilizou o sistema filosófico platônico, neoplatônico, estoico e aristotélico, em maior ou menor medida (cf. Pannenberg, 2008, p. 33-95).

> Na teologia da época patrística, o método teológico é determinado pelo modo em que a tradição é sustentada e transmitida. Trata-se de uma combinação de fundamentos da razão e argumentos da tradição, de provas com base nas Escrituras e provas com base também nos teólogos mais antigos. Trata-se de um caminho com vivo conteúdo sapiencial. A partir da revelação salvífica fundamental culminada em Cristo, esforça-se em compreender, saborear e transmitir às novas gerações contemporâneas o conhecimento e a sabedoria de Deus revelados plenamente em Jesus de Nazaré. O intuito era o de fazer crescer a edificação da própria vida interior e da existência cristã do próximo (Alves, 2019, p. 41).

A teologia patrística é uma forma de fazer teologia, ou falar de Deus, que procede primordialmente da apreciação do cristão no crescimento e dom da fé por obra do Espírito Santo. Essa dinâmica resulta no avanço espiritual e no desenvolvimento do conhecimento dos mistérios divinos (cf. Fernández, 2007, p. 5). Os cristãos e teólogos que adentraram no conhecimento de Deus por essa via alcançaram um conhecimento de Deus mais profundo. Por isso, a *Nova Teologia*, representada por Henri de Lubac (1896-1991), buscou nos Santos Padres inspiração para a renovação da teologia de seu tempo. Santo Tomás de Aquino (1225-1274) era deles um grande admirador, pois entendia que atingiram um conhecimento de Deus fundamentado, iniciado e conquistado por meio da oração, da vivência eclesial e litúrgica. O mais correto seria afirmar que os Santos Padres e os subsequentes teólogos entendiam a razão humana, purificada pelo ato de fé, como um acréscimo a esse fundamento espiritual (cf. Boff, 1998, p. 629). A teologia dos padres era *gnose-sabedoria*, vivência espiritual, purificação da alma e mudança de vida por meio da santificação. Um dos principais fundamentos do seu método era a prática da fé cristã para falar acerca de Deus (cf. Vilanova, 1991, I, p. 107-109).

Ratzinger assumiu em sua teologia as características listadas nessa síntese conclusiva: edificação espiritual da Igreja; defesa do evangelho contra as heresias e as filosofias; teologia feita pelos pastores das comunidades; participação do teólogo na comunidade de fé, na liturgia e nos sacramentos; uso da filosofia como mediação cultural; ponto de partida na revelação, as Sagradas Escrituras e a tradição, na aceitação dos concílios e símbolos de fé (cf. Ratzinger, 1985d, p. 5-7).

### 2.2.3 Idade Média

Ratzinger afirmou que em sua teologia procurava não se deter apenas na Antiguidade (cf. Ratzinger, 1985c, p. 54), e confessou a sua predileção pela linha agostiniana (cf. Ratzinger, 2005f, p. 50-51); entretanto, em um texto no qual discute o que é teologia, sua cientificidade e o aspecto filosófico da sua forma de raciocínio, bem como sua estrutura, fundamenta-se basicamente em Santo Tomás de Aquino como grande referencial, além de nomes como Pedro Lombardo (1100-1160), São Boaventura (1221-1274) e Alexandre de Hales (1185-1245) (cf. Ratzinger, 1985c, p. 379-388); assim, Ratzinger reconhece o valor dos teólogos da Idade Média para o desenvolvimento da teologia e seu método, mesmo afastando-se deles em determinados aspectos. Seu afastamento não é uma negação ou invalidação, mas uma questão de estilo. Sua tese de habilitação analisa a contribuição de São Boaventura para a compreensão da revelação.

#### 2.2.3.1 Contextualização inicial

O período que consolida a transição para a Idade Média é marcado pelo influxo da teologia e da metodologia de Santo Agostinho em quatro aspectos: o valor propedêutico da dialética, a consideração positiva da relação fé e razão, a tendencia à síntese fortemente sistematizada e a elaboração de numerosas questões, a criação de controvérsias, a argumentação lógica, mediante a teoria do conhecimento religioso, resultaram na criação de uma linguagem dogmática (cf. Congar, 2011, p. 93-94). Tais elementos foram base para o avanço do método da primeira escolástica. O princípio da suficiência da Escritura é mantido nessa transição. A Sagrada Escritura é interpretada por meio da alegoria, bem como mediante o recurso das línguas originais e dos recursos gramaticais. Agostinho também legou ao Medievo a ideia de que as ciências eram um recurso para melhor compreensão das Escrituras (cf. Congar, 2011, p. 95-98).

Antes que a escolástica chegasse ao apogeu, existiu um período de transição complexo e multiforme entre o fim da patrística e a terceira entrada de Aristóteles. No início da Idade Média, a teologia reproduziu os aspectos metodológicos daquele período. No século VII, era comum a compilação de sentenças dos testemunhos bíblicos e dos padres; tais coleções e florilégios começam a representar uma tendência ao sistemático (cf. Beumer, 1977, p. 58-59).

Já próximo ao início da escolástica, a teologia introduziu uma novidade que contribuiu para a questão do método teológico: os comentários às obras recebidas. Nesse contexto, a atividade intelectual passou a ser compreendida como a assimilação de uma obra e um comentário. O ensino nas escolas de teologia era o comentário e a explicação de textos. A leitura tornou-se o elemento essencial da pedagogia medieval, a chamada *lectio*, o doutor ou professor, *lector* (cf. Vilanova, 1991, I, p. 274-277). A obra que representa essa tendência é *As Sentenças* de Pedro Lombardo, porquanto trata-se de uma compilação dos testemunhos dos padres. Existiam duas classes de teólogos, os padres e os seus leitores e comentadores. No prologo de sua obra *Sic et Non*, Pedro Abelardo (1079-1142) deixa transparecer a convicção de que era necessário interpretar os Santos Padres, pois não se gozava mais daquela inspiração e graça criativas. As obras dos padres foram colocadas ao lado dos concílios e das Escrituras como o objeto dos comentários (cf. Congar, 2011, p. 99-100).

Os *autores* e *actores* são os escritores que, em toda a matéria de fé e teologia, fundaram certa *auctoritates* e serviram de modelo (cf. Grabmann, 1928, p. 23). Já na língua clássica, autor significava não apenas quem escreveu uma obra, mas quem detinha qualidade jurídica para tanto. Posteriormente, a palavra *auctoritates* não significaria apenas a dignidade recebida pelo autor por sua obra, mas o próprio texto que é citado (cf. Vilanova, 1991, I, p. 300-306). É nesse sentido que são utilizados os textos dos padres em quase todo Medievo. Tais textos não poderiam ser negados ou refutados, apenas comentados. As obras dos padres eram majoritariamente citadas das diversas coleções sistematizadas que haviam sido produzidas pelos *lectores* (cf. Grabmann, 1928, p. 32-35). O trabalho que os padres empreenderam no que tange às Escrituras, de comentar, de reconhecer, de listar, de organizar, de testificar a autoridade, de justificar e de provar a continuidade entre o Antigo e o Novo Testamento, bem como dirimir as aparentes contradições, foi modelo para o que os medievais realizaram nos textos dos próprios padres (cf. Congar, 2011, p. 100-102).

A Idade Média não era marcada apenas por uma linha teológica. Antes da escolástica, a escola monástica já havia se consolidado. Na pré-escolástica, surgiram os chamados antidialéticos: tais teólogos se opunham ao uso da retórica e da filosofia no fazer teológico; exemplo deles são: Fulberto de Chartres (960-1028) e Pedro Damião (1007-1072). Esses teólogos representam uma linha mais radical da escola monástica, a chamada escola mística (cf. Gutiérrez, 2007, p. 23-24).

A principal corrente da teologia na Idade Média foi a escolástica. Sua contribuição para a história do método teológico é a incorporação do instrumental filosófico aristotélico, o qual proporcionou a base principal para o desenvolvimento da teologia especulativa, de seu método e da discussão do aspecto científico da teologia (cf. Gutiérrez, 2007, p. 21-28).

O ingresso da obra de Aristóteles se deu em três etapas. Na primeira, a Idade Média conheceu o *Da interpretação* e *Categorias* (traduzidos e revisados por Boécio), textos que tratavam do tema da interpretação de expressões linguísticas, sobretudo por meio da lógica. Portanto, inicialmente Aristóteles foi um mestre de gramática, de lógica, de retórica e de hermenêutica (cf. Congar, 2011, p. 105). Tais textos pouco modificaram a teologia, que se manteve fiel ao método dos padres na interpretação das Sagradas Escrituras e da tradição. O segundo ingresso foi das obras que compõem o *Órgano*, um estudo acerca dos silogismos, das diversas espécies de demonstração e do pensamento probabilístico. Somadas, tais obras forneceram uma teoria do saber e da demonstração (cf. Congar, 2011, p. 105). Tais ingressos serviram de consolidação para o que Santo Agostinho já havia transmitido.

Por último, Aristóteles se tornou um mestre de ciência, de antropologia metafísica e de filosofia pela entrada da sua obra *Metafísica*, sobretudo por meio dos árabes. Segundo essa filosofia, o que se conhece por meio da experiência sensível é contingente, acidental e aparente, e, por isso, menos importante. Portanto, a verdadeira ciência seria a ciência primeira, aquela capaz de ir além do sensorial, em que se alcança o conhecimento das causas primeiras, daquilo que é imutável. Essa ciência era, para Aristóteles, a verdadeira teologia, chamada por ele de metafísica. Tal elemento metodológico inédito, que não é apenas uma nova mediação filosófica e cultural, proporcionou à teologia desse período o aspecto eminentemente metafisico, bem como justificação científica e filosófica.

Outro traço desse período é a expressão por meio da composição de grandes tratados sistemáticos de teologia, as chamadas sumas. Tais obras eram construídas de acordo com o esquema aristotélico: textos de caráter extremamente especulativo e racional, grande precisão conceitual e fácil acesso apenas àqueles treinados nesse esquema (cf. Alves, 2019, p. 43; Congar, 2011, p. 107-108).

#### 2.2.3.2 Pré-escolástica: escola monástica, monástico-mística e dialética

No Alto Medievo, a teologia foi marcada pelo renascimento da escola sob a inspiração de Carlos Magno (742-814) e a direção de Alcuíno (735-804), o que ficou conhecido como Renascimento Carolíngio. A novidade foi a instituição de um ensino baseado em sete disciplinas, as quais foram divididas em *Trivium* (gramática, dialética e retórica) e *Quadrivium* (aritmética, geometria, música e astronomia) (cf. Vilanova, 1991, I, p. 284-294). O primeiro grupo tem natureza dialética; já o segundo, científica. Tais disciplinas eram propedêuticas ao estudo das Escrituras (cf. Delepro, 2001, p. 217-238). Tal projeto foi inspirado por Santo Agostinho e Isidoro de Sevilha (m. 636), que já haviam declarado a validade do uso das ciências no estudo das Escrituras. Em suas obras de teologia, Alcuíno praticou tal metodologia, aplicando o uso da dialética no seu tratado acerca da Trindade. O uso da dialética ainda era esporádico, contudo, o da gramatica já era habitual. Nesse período, começam a surgir as escolas ligadas às abadias, aos mosteiros e às dioceses, o que explica o fato de ainda ser mantido o modelo de teologia mais tradicional sob o controle dos bispos (cf. Congar, 2011, p. 111-114).

Santo Anselmo de Cantuária (1033-1109) representa o início da primeira escolástica. Em suas obras *Cur Deus Homo* e *Proslogion* estão suas principais contribuições ao método, que segue em duas direções distintas, mas com objetivo conciliatório. Seu pensamento e método são fiéis aos de Agostinho. Seu grande fundamento era a apropriação da convicção agostiniana de que a fé precede a razão para compreender os mistérios de Deus, mas também a razão (iluminada) é responsável por um maior entendimento (cf. Gutiérrez, 2007, p. 24; Vilanova, 1991, I, p. 350-352). Santo Anselmo entende que o falar a respeito de Deus deve estar fundamentalmente marcado pela intenção de dar as razões e explicações concernentes à fé. Tarefa mais ousada, também concernente a este trabalho, é demonstrar com vigorosa expressão as razões necessárias, utilizando a analogia com o mundo criado, os princípios metafísicos e o uso da dialética (cf. Grabmann, 1928, p. 39). Santo Anselmo é responsável pela síntese entre o método da teologia monástica agostiniana e a nova escola dialética (cf. Beumer, 1977, p. 60-65; Fernández, 1998, p. 23-34; Congar, 2011, p. 117-118).

> Assim considerado, este método teológico não apresenta dificuldades e pode ser considerado como o que deu estatuto específico à especulação escolástica, tanto que o próprio Anselmo foi chamado o pai da escolástica. Mas Anselmo vai mais longe; ele faz alguns usos mais precisos de *intelligere* com base na crença: nos referimos ao famoso argumento do *Proslogion* em favor da existência de Deus e das *rationes necessitae* pelas quais Anselmo pensa poder provar a verdade da história da encarnação e da Trindade. Os intérpretes geralmente comentam e encobrem o uso que Anselmo faz dele, a fim de fornecer uma garantia contra qualquer acusação de racionalismo. O problema colocado pelo método de Anselmo foi abordado mais diretamente do lado da prova do *Proslogion* (Congar, 2011, p. 119-120).

Em Santo Anselmo, é possível perceber um caminho teológico mais autoconsciente e claro quanto aos objetivos. Esse percurso está basicamente fundamentado em duas partes interdependentes que devem desembocar no amor de Deus e em seus mistérios sobrenaturais. O primeiro é a afirmação de que antes se crê para depois entender. A fé está sempre em busca de compreensão e é dom da graça divina, porquanto purifica a alma para que ela possa humildemente crescer na compreensão dos mistérios, os quais são reservados aos simples e ocultados aos sábios. É necessária também uma vida de santificação e obediência. Para Anselmo, a fé é uma sabedoria que experimenta os mistérios de Deus. O segundo fundamento é a necessidade de examinar a própria fé. Iluminada pela fé que, por obra do Espírito, creu, a razão deve retornar e examinar a própria fé a fim de alcançar uma compreensão mais ampla e uma explanação mais viva a seu respeito. Além disso, Santo Anselmo afirmava que esse exercício de volta possibilita a união com Deus por meio do amor. A alma criada à imagem de Deus deve ser capaz de recordar o que está marcada nela. Para Santo Anselmo, esse fruto é a chancela de uma fé madura e verdadeira, bem como uma verdadeira teologia (cf. Fernández, 1998, p. 25-26; Congar, 2011, p. 117-119).

Pedro Aberlado é o autor que assumiu uma perspectiva declaradamente oposta à linha agostiniana. Nesse período, a dialética assume um protagonismo intelectual. Alguns personagens se rebelam contra o papel inferior da razão em relação à fé. Pedro Abelardo foi motivado por um contexto escolástico que desejava as razões necessárias da fé, e não a sua autoridade, porém, isso não quer dizer que ele descarte completamente o papel da revelação e da fé. Essa circunstância é fundamental para o desenvolvimento do seu método (cf. Gutiérrez, 2007, p. 24-25; Vilanova, 1991, I, p. 415-416). Pedro Abelardo cria ser possível chegar aos fundamentos da fé por meio de comparações racionais. Sua teologia se preocupou em dar explicações racionais e inteligíveis acerca da fé, e não somente afirmações de fé (cf. Congar, 2011, p. 127-129). É preciso compreender para crer. Recomendar a fé sem antes a compreender é ignorância. Uma de suas principais contribuições é a sua obra *Sic et Non*. O método teológico que ali começou a ser delineado foi posteriormente aperfeiçoado por Santo Tomás de Aquino. Nela é possível encontrar um caminho bem claro e fundamentado em três passo. Primeiro: a exposição e confrontação de autoridades e razões aduzidas. Segundo: análise rigorosa dos termos, esclarecendo seu sentido, definição e resolução de determinadas dificuldades. Terceiro: tentativa de aproximação ao mistério por meio de analogias e semelhanças (cf. Fernández, 1998, p. 31-33).

Abelardo introduziu o problema da concordância das *auctoritates* no centro do método teológico e lhe deu uma nova e rigorosa forma técnica.

A perspectiva de um desenvolvimento histórico permaneceu alheia às regras de interpretação, mas há a percepção do sentido autêntico de um texto e seus critérios que, em geral, permanecem orientados para a determinação do sentido genuíno. Em virtude disso, prepara o método de interpretação e redução das oposições textuais que será utilizado na escolástica. Em Abelardo, o problema do acordo das *auctoritates* opostas não só se torna um problema propriamente teológico, mas uma parte técnica do método; o *Sic et Non* foi erigido como um sistema, integrando-se ao procedimento dialético que tomou forma na *quaestio*, marco do trabalho teológico da escolástica. Ademais, o autor ocupa um lugar considerável no desenvolvimento do método. Ele deu o exemplo de uma elaboração teológica que não é mais o comentário de um texto, mas uma construção sistematicamente distribuída. Com ele, a teologia caminhou para sua constituição verdadeiramente científica (cf. Congar, 2011, p. 129-130).

Abelardo não utilizou as obras de Aristóteles, porquanto seu fundamento filosófico ainda era platônico. Propiciou uma mudança considerável na questão do método teológico na medida em que o uso que se faz hoje da palavra teologia foi por ele inaugurado. O método teológico encontrado no *Sic et Non* é explicitamente delineado. A escolástica posterior deveu muito a ele (cf. Beumer, 1977, p. 68-69).

Com Alexandre de Hales o método escolástico também começou a ser desenvolvido de maneira explícita. Ele refletiu quanto ao estatuto específico da teologia, interrogando se ela era como as demais ciências, bem como quanto ao conteúdo, ao objeto e à maneira de ensino. Para ele, teologia é sabedoria, e não apenas ciência. Com isso, guarda relações com a teologia de corte sapiencial. Se é ciência é, portanto, de natureza superior. Sua matéria é a palavra de Deus. Enquanto as outras ciências perscrutam, pela razão, o mundo criado, a teologia aceita, pela fé, a palavra de Deus. O método da teologia é diferente do das demais (cf. Fernández, 1998, p. 35-36).

No século XI, a dialética se solidificou como ferramenta metodológica. Porém, em decorrência de alguns exageros, mormente os que envolviam a crença na possibilidade de explicar todo o conteúdo da fé cristã sob a égide do raciocínio humano, ela foi alvo de críticas. Tal controvérsia contribuiu para o surgimento da chamada escola de antidialética, dentro monástico-mística, representada pela escola de São Vítor e São Bernardo de Claraval (1090-1153), os quais defendiam a primazia da fé (cf. Congar, 2011, p. 114-116). Essa escola é responsável por uma via média entre o legado agostiniano e as contribuições da nova dialética filosófica em teologia representada por Anselmo e Abelardo (cf. Congar, 2011, p. 133-136).

Hugo de São Vítor (1096-1141) é um sucessor declarado da linha agostiniana, porém, de certa forma, inaugura a linha mística. Seu caminho se inicia no desejo de chegar à sabedoria da contemplação no âmbito da mística, mas também declara que é necessária a reflexão filosófica (cf. Vilanova, 1991, I, p. 422). A teologia deve ser feita por meio de um caminho apoiado na meditação e na oração, que partem da fé. Esse é o requisito básico para se conquistar a verdadeira inteligência, única capaz de atingir a sabedoria contemplativa que resulta na união íntima e afetiva com Deus (cf. Fernández, 1998, p. 27-28). Seu sucessor, Ricardo de São Vítor (1110-1173), caminhou pela mesma via, porém insistiu mais na necessidade da busca racional para compreender o que se recebeu pela fé. Também defendeu a primazia da fé, da oração, da santificação e da contemplação mística. A perfeição do conhecimento teológico está no alcance da simbiose entre fé e razão (cf. Vilanova, 1991, I, p. 424). Ele também recebeu o influxo de Santo Anselmo ao afirmar a necessidade de justificar a fé com razões prováveis e necessárias. Para ele, a razão é uma condição necessária para o caminho teológico, até mesmo para a teologia mística (cf. Fernández, 1998, p. 28-29).

Bernardo de Claraval confrontou os excessos da dialética na teologia por meio de uma forte defesa do regresso às fontes da doutrina de Cristo. Tudo que a razão é capaz de atingir é modificado pelo caminho que se inicia na intuição, isto é, na fé, na contemplação pelo amor, pela humildade e pela mística (cf. Vilanova, 1991, I, p. 362-370). Seu desejo é atingir o mistério da cruz. Seu caminho se fundamenta na fé, se apoia na razão e se exercita na humildade (confissão da própria miséria pecaminosa e na santificação) para chegar ao fruto da verdade e à união com Deus. A fé está fundamentada na verdade e na autoridade de Deus. Para Bernardo de Claraval, a razão é explicitamente secundária em relação à fé. Sua utilidade está na apologética e no papel pedagógico (cf. Beumer, 1977, p. 66). Um aspecto que merece destaque especial em Bernardo de Claraval é sua explicação do caminho místico (último passo do caminho teológico). Esse caminho percorre três graus diferentes. A meditação acerca de nós mesmos, do mundo natural e de Deus, animada pela busca da verdade, deve ser uma intensa reflexão. A contemplação é o que permite atingir a certeza interior, definida como uma apreensão não duvidosa da verdade por parte da alma. O último, o êxtase, rapto ou matrimônio espiritual, é o estágio em que Deus se une à alma, indo ao seu encontro (cf. Fernández, 1998, p. 29-31). Os exercícios e estágios propostos pelos representantes da escola místico-monástica objetivava o alcance da condição espiritual necessária para atingir o sentido espiritual das Sagradas Escrituras (cf. Congar, 2011, p. 131-133).

Nesse período de transição, são típicas as numerosas coleções de sentenças ou questões, que pouco a pouco tomaram a forma das *Summas*. A mais famosa é a de Pedro Lombardo. A ela se uniram acrescimentos, edições, glossas e comentários. Tal obra se tornou o livro de referência teológica, permanecendo importante até mesmo com o surgimento da *Summa Theológica* de Santo Tomás de Aquino. Nota-se que Pedro Lombardo é, sobretudo, dependente da forma como Hugo de São Vítor compôs a sua *Summa*. Seu contributo é mais significativo para a teologia positiva (cf. Beumer, 1977, p. 69).

No século XII, Gilberto Porretano (1076-1154) e Alano de Lilla (1128-1202) representam as primeiras tentativas de estabelecimento de uma metodologia. Nesse período, a teologia gradativamente começou a tomar consciência de que fazia parte dos diversos ramos do saber. Gilberto afirmou que toda disciplina deveria ter uma metodologia ordenada, regulada e adequada ao seu objeto. Para tanto, Gilberto utilizou as bases da filosofia aristotélica. Porém, foi Alano de Lilla o responsável pelo desenvolvimento dessa noção em sua obra *Regulae de sacra teologia*. O objetivo central dela é assimilar a teologia como ciência com a mesma estrutura de que gozavam os outros ramos do conhecimento humano. Sua obra *Distinctiones dictionum theologicalium*, em forma de dicionário, tinha como escopo fundamental explicar os termos teológicos. Tal obra demonstra que nesse período já se buscava delimitar a especificidade da teologia e que ela se configurava como uma disciplina consolidada culturalmente (cf. Congar, 2011, p. 1236-1239; Beumer, 1977, p. 69-70).

### 2.2.3.3 Apogeu da escolástica

A criação e consolidação das primeiras universidades, por obra e reconhecimento dos papas, bem como a consolidação de centros que já utilizavam a filosofia aristotélica em teologia, contribuíram para o desenvolvimento da teologia escolástica. O que também influiu nesse novo contexto foi a atuação dos grandes mestres das ordens religiosas, que, com seu rigor, mudaram a prática do fazer teológico para algo mais metódico e sistematizado. Não o mais importante, porém fundamental, foi o aperfeiçoamento do método teológico-filosófico por meio da *Lectio-Quaestio-Disputatio* combinado com *auctoritas-ratio* (cf. Delpero, 2001, p. 311-317).

A teologia do século XIII adquiriu uma característica nitidamente diferente. Tendo consciência de sua unidade e singularidade, bem como sua base na fé, sentiu-se impulsionada a adaptar esse conhecimento à fundamentação teórica e ao tratamento metódico das questões teológicas. A teologia perdeu muito de sua atitude piedosa, porém ganhou em claridade e precisão. Seu método tornou-se mais racional. Nesse período, de fato, o método teológico passou a ser uma das questões fundamentais na reflexão dos grandes teólogos (cf. Beumer, 1977, p. 71-72).

Tal transição não ocorreu sem oposição. A concepção agostiniana da teologia como compreensão da fé, fundamentada pelo sobrenatural, manteve-se junto às novas teorias. Na alta escolástica é possível encontrar muitos teólogos que representam tal corrente, a saber: Guillermo de Auxerre (1145-1231), Alberto Magno (1206-1280) e os teólogos da escola franciscana como São Boaventura. Ademais, o próprio Tomás de Aquino manteve-se próximo a essa linha em determinados aspectos de seu pensamento e de seu método. Um grande representante da linha agostiniana nesse período é Henrique de Gante (1217-1297). Sua visão da linha agostiniana é rígida e teve como opositor João Duns Escoto (1266-1308). A novidade metodológica desse autor é uma busca pela síntese entre a linha agostiniana e as novidades teóricas influídas pelo ingresso da filosofia de Aristóteles (cf. Delpero, 2001, p. 316-324).

São Boaventura é um herdeiro confesso da tradição agostiniana. O tema da tese de livre-docência de Ratzinger versou a respeito do autor (cf. Ratzinger, 2015a, II, p. 1-354; 355-590). Ele confessou sua predileção pela via agostiniana no período escolástico. Para São Boaventura, primeiro se deveria buscar a unção antes da especulação, não o contrário (cf. Congar, 2011, p. 197). Seu método – basicamente igual ao de Agostinho e de Anselmo – era composto de três etapas. A primeira é a fé, que é dom de Deus. A fé gera a apropriação das certezas provindas da palavra de Deus. Um dos matizes específicos da teologia de São Boaventura é que ele entendia que a fé gerava como fruto imediato um conhecimento piedoso da verdade de Deus, uma sabedoria que seria capaz de levar à santidade, e, por conseguinte, deve ser preferida à razão. Para ele, era necessário modificar a intenção do intelecto científico a fim de fazer reinar na estrutura da alma e do pensar a sabedoria e a santidade, isto é, uma sobrenaturalização do intelecto humano que não mais se satisfaz com as verdades da razão, pois foi capaz de experimentar o sobrenatural, e isso modifica todo o seu ser, de modo que se trata de um processo de santidade. A segunda parte desse caminho é o próprio labor teológico, pois a fé exige que seja compreendida pelo intelecto iluminado. Para ele, o fruto da teologia é um conhecimento piedoso da verdade de Deus à luz da fé. A teologia pode ser considerada ciência porque é produzida ao se percorrer um caminho com fundamento, começo e fim. Apenas a teologia é ciência perfeita, pois parte do verdadeiramente primeiro que é Deus e chega ao último, que também é Ele (cf. Fernández, 1998, p. 37-40).

Boaventura não descarta o uso da razão e da filosofia, mas enxerga nelas apenas um apoio. O princípio fundamental da teologia são os artigos de fé e, sobretudo, as Escrituras. Ele também declara o grande valor de que gozam os padres e aqueles teólogos mais contemporâneos que seguem a linha agostiniana. Dentre esses, ele cita Santo Anselmo, Bernardo de Claraval, Ricardo de São Vítor e Hugo de São Vítor. Além disso, Boaventura entende que a doutrina exposta pela Igreja é critério de decisão quanto a questões litigiosas (cf. Berumer, 1977, p. 73-75; Congar, 2011, p. 199-203).

Tomás de Aquino produziu uma extensa obra, na qual realizou uma nova síntese do pensamento cristão mediante a cultura e a filosofia da época. Seu conceito de teologia está expresso fundamentalmente na primeira questão da *Suma Teológica* (cf. Congar, 2011, p. 162-163). O nome que ele dá à teologia é Sagrada Doutrina. Ainda que sob distintas funções, a Sagrada Doutrina guarda estreita relação com a Sagrada Escritura. Tal analogia subsiste pela conjunção de três funções metodológicas, de modo que cada uma delas é especificada em sua relação com o conjunto, o que resulta na tríplice denominação: a *Lectio divina*, dando nome a *Sacra Scriptura*; a *questio*: *Sacra Doutrina*; e a *disputatio*: *Theologia* (cf. Fernández, 1998, p. 48-51; Congar, 2011, p. 163-171).

Tomás de Aquino conseguiu, de forma ousada, introduzir as formas rigorosas da ciência de sua época, com todo o seu aparato, no interior da fé. Ele é o arquiteto de um novo *intellectus fidei*. Nesse esquema, foi capaz de manter a autonomia da fé e da razão, unindo-as em uma forma de sabedoria ativa no sentido mais pleno e fecundo. Em Santo Tomás, o intenso afã de conhecimento natural da razão humana é convertido em um ato religioso, uma função da fé. A teologia é, desse modo, uma ciência da fé, uma compreensão da fé em um sentido mais amplo que aquele proposto por Santo Agostinho. Santo Tomás salientou, muito mais que os seus predecessores, o caráter científico da teologia (cf. Beumer, 1977, p. 75).

A elaboração da noção de teologia como ciência em Tomás de Aquino está fundamentada no conceito científico aristotélico para o qual a ciência era uma forma de conhecimento certo, que, a partir de princípios necessários e evidentes ao entendimento, conquista-se por meio do discurso filosófico (cf. Gutiérrez, 2007, p. 25). É o discorrer da verdade à verdade, um curso da causa no causado que parte de certos princípios. Como as outras ciências, a teologia não prova seus princípios. A evidência dos princípios teológicos não está no âmbito da teologia, mas na fé. Portanto, a teologia é considerada ciência à maneira das demais, em sua igual impossibilidade de demonstrar seus princípios (cf. Fernández, 1998, p. 57-60). Para Santo Tomás, a tarefa da teologia é partir dos princípios para chegar a novos conhecimentos. Por isso, o seu método é basicamente dedutivo, de modo que a teologia é considerada ciência de conclusões. O desenvolvimento da concepção da teologia na condição de ciência dedutiva proporcionou campo para a reflexão e para o estabelecimento dos chamados *Loci Thologici*. A teologia, ciência sagrada, utiliza a autoridade dos filósofos como argumentos externos e apenas com força probatória indireta. Porém, utiliza as Sagradas Escrituras como força probatória conclusiva. A autoridade dos doutores da Igreja também serve como força comprobatória indireta. Além desses, Santo Tomás utilizou como fontes probatórias a tradição, os concílios e os papas (cf. Congar, 2011, p. 171-177; Beumer, 1977, p. 76).

Para Tomás de Aquino, existem funções teológicas específicas da razão no interior da fé. A razão deve ser capaz de demonstrar acerca de Deus tudo aquilo que a fé pressupõe. A razão é responsável também por declarar, expor, clarificar e exemplificar a fé por meio da analogia a fim de apresentar sua viabilidade. Nesse sentido, a razão ainda tem função apologética. Ademais, ela tem o dever de ordenar e sistematizar. A sabedoria é o degrau mais alto, de modo que o teólogo deve conhecer esse caminho ordenado (cf. Congar, 2011, p. 171-177).

Mesmo com todo o trabalho filosófico, Santo Tomás vivia uma profunda espiritualidade e uma busca de união com Deus, guardando traços da antiga sabedoria da via agostiniana. Ele não rompe com essa tradição, mas declara que ela é importante para a teologia. A teologia-sabedoria, ao mesmo tempo que aponta para uma contemplação de algum modo explícito da fé, realiza uma percepção experimental com incremento de compreensão. Por isso, para Tomás, seu nome próprio é a sabedoria ou ciência saborosa. A correspondência entre teologia e sabedoria é para Tomás algo conatural com o fundamento de onde parte, a saber, a revelação divina. Para ele, por ser uma entrega graciosa da parte de Deus, deve ser reconhecida pelo ser humano por meio da devoção (adoração, oração e amor) (cf. Fernández, 1998, p. 52). Nesse ponto, Ratzinger se aproxima bastante de Santo Tomás.

Ele foi um grande inovador. Representou uma forma nova de resolver as questões levantadas, de achar novas razões, bem como um novo modo de ensinar. Em Tomás de Aquino, o conceito de método teológico sofre real mutação. Sua grande originalidade reside no valor e no papel que ele outorgou à razão e à filosofia, crendo que são capazes de proporcionar uma compreensão mais profunda. Sua grande genialidade está em que foi capaz de utilizar plenamente a razão nas questões de fé e na perscrutação dos mistérios divinos (cf. Fernández, 1998, p. 53-54).

Sua fundamentação para tal uso da razão em teologia consistia no estabelecimento de um paradigma. A Palavra de Deus, Cristo, encarnou-se e instituiu um diálogo substancial com a natureza humana, elevando-a e tornando-a participante do divino. A fé se encarna na razão pela mesma iniciativa divina, possibilitando um real fazer teológico humano em sintonia com o divino. O dom sobrenatural não suprime a razão, mas a aperfeiçoa. Se a graça pressupõe a natureza, a fé necessita do conhecimento natural. Para Tomás, não há dicotomia entre o caminho do saboreio divino e o do conhecimento racional das coisas de Deus; pelo contrário, a sabedoria deve ser como que misturada à ciência. Para Tomás, o cristão deve buscar, com todas as forças, a razão do saboreio relativo à fé que recebeu, creu e amou. Não deve haver contradição entre o conhecimento natural e o conhecimento sobrenatural (cf. Fernández, 1998, p. 54-55).

### 2.2.3.4 A Baixa escolástica

A obra de Tomás de Aquino foi condenada após sua morte. Isso também contribuiu para o agravamento já existente de certa desconfiança no emprego da razão em teologia (cf. Beumer, 1977, p. 78-79). Nesse período, o número de tradições e escolas teológicas se multiplicou consideravelmente (Grabmann, 1928, p. 75-81).

Nesse período, era comum distinguir a teologia de três maneiras. A primeira era a teologia que chegava às conclusões de caráter metafísico tão somente pelo exercício da razão filosófica. A segunda busca chegar às diferentes conclusões partindo das fontes teológicas. A terceira buscava dar as razões e as justificas daquilo que se cria pela fé. Tal distinção da teologia demonstra que não havia uma compreensão única a seu respeito. Muitos criam que a teologia era uma ciência puramente metafísica, outros entendiam que a teologia necessitava apenas da fé e da revelação. Assim, de certo modo o projeto de união de Tomás sempre esteve sob certa fragilidade (cf. Beumer, 1977, p. 82-83).

Um dos primeiros autores a iniciar uma via alternativa foi João Duns Escoto. Ele separou o conhecimento racional e o teológico que Tomás havia sintetizado. Escoto defendia a tese de que só seria possível um conhecimento natural de Deus se houvesse univocidade entre o criado e o Criador (cf. Gutiérrez, 2007, p. 26), e, para Escoto, não existe via analógica entre o ser humano e Deus. Ele identificava a analogia com a equivocidade. Entendia que só seria possível analogia se houvesse um conceito idêntico do criado em relação ao criador. Só existe univocidade de conceito em relação a criatura e criador; sem serem ambos, *não são nada*. Porém, são equívocos quanto à realidade. A razão se torna incapaz de operar por não existir via analógica para se chegar a Deus. A única coisa que a razão é capaz de fazer, por meio da metafisica, é demonstrar a existência de um ser infinito, distinto do finito (cf. Congar, 2011, p. 213-218).

Segundo o entendimento de Escoto, os filósofos empenham total confiabilidade no poder perscrutador da razão em relação à natureza, o que por si só já seria suficiente. Ao contrário dos filósofos, moderados em sua confiança no emprego da razão, os teólogos devem buscar estabelecer a necessidade do sobrenatural para conhecer os mistérios de Deus (cf. Fernández, 1998, p. 64).

Como nenhum outro de seus contemporâneos, Escoto afirmou veementemente o valor da autoridade eclesiástica em matéria de verdades teológicas. Ele entendia que só pode ser tomado como verdade aquilo que é declarado nas Escrituras e reconhecido como tal pela Igreja (cf. Vilanova, 1991, I, p. 612-613). A Bíblia só é autoridade de fé por assim ser reconhecida pela Igreja. O conhecimento correto de Deus se dá pela via da autoridade, a qual é entendida por ele como o objeto da fé, que é a Palavra que Deus definitivamente revelou por meio de Cristo e dos apóstolos, os quais, por sua vez, transmitiram-na à Igreja. Esse é o objeto da teologia, um conteúdo declarado pela Igreja e deduzido do conteúdo das Escrituras (cf. Beumer, 1977, p. 77).

> O método de Escoto poderia ser qualificado também como positivismo eclesiástico. Porém, mais correta seria a visão de que a fé no Evangelho e a fé na Igreja é para Escoto a fé no Evangelho dentro da Igreja. A fé na Igreja é a fé no Cristo presente vivamente na Igreja, vale para a palavra, que Cristo fala em seu corpo, que é a Igreja, e pela qual Cristo testemunha como presente na Igreja (Beumer, 1977, p. 77).

Escoto entende a teologia como ciência apenas na condição de saber com fundamentos, fontes, deduções e sistematização ordenada do discurso. Interessante observar que ele também entende que a teologia não trata apenas de objetos necessários, mas também de objetos contingentes. Uma vez que o conhecimento adquirido não causa evidência intelectual, a teologia não atesta ou notifica, mas apenas declara algo. Para Escoto a teologia é uma ciência prática, pois sua missão é o fim do ser humano e os meios para alcançar a salvação (cf. Fernández, 1998, p. 64).

Quando a capacidade de alcançar o real foi questionada, bem como sua expressão por meio da analogia, reações intelectuais inevitavelmente ocorreram. De certa maneira, Escoto iniciou um processo que se acirrou em reações que seguiram ao menos duas linhas: o misticismo e o nominalismo (cf. Gutiérrez, 2007, p. 26). O misticismo já era uma corrente consolidada, porém o nominalismo introduziu certa novidade na história do método teológico, sendo a principal a radical separação entre fé e razão; teologia e filosofia (cf. Congar, 2011, p. 219-226). O pensamento metodológico de João Eckhart (1260-1328) partia de uma premissa fundamental, porém não inaudita, segundo a qual de Deus não se pode afirmar nada positivamente. De Deus afirma-se apenas o que Ele não é, de modo que nem mesmo o ser deve ser atribuído a Deus. Eckhart tinha uma ligação com o Pseudo--Dioníso no que diz respeito à teologia negativa e ao misticismo (cf. Fernández, 1998, p. 65-67).

Marcante para a história do método teológico foi o pensamento de Guilherme de Ockham (1287-1347), pois esse contribuiu com as bases filosóficas da Reforma Protestante. Ockham pensava não ser possível uma conciliação entre fé e razão. Postulou que Deus e sua criação são completamente opostos. A criação depende de Deus, o qual dela prescinde por completo. Com essa separação, ele tinha em vista a independência do homem em relação a Deus, isto é, a independência da razão. Contra o determinismo aristotélico, ele defendia a ideia de que nada se pode saber acerca de Deus, nem mesmo intuitivamente. Apenas o caminho sobrenatural permite o acesso a Deus (cf. Fernández, 1998, p. 67-70).

Outra contribuição de Ockham para o tema do método teológico é a nova enumeração das verdades pertencentes à fé católica (cf. Vilanova, 1991, I, p. 624-625). A primeira delas são as encontradas nas Sagradas Escrituras. As segundas se compõem das que chegaram por intermédio dos apóstolos, pelos relatos dos seus sucessores, ou pelos dados escritos pelos crentes, mesmo que não se encontrem registradas nas Escrituras; das segundas não se podem atingir verdades conclusivas. As terceiras referem-se aos registros fiéis dos crentes. A quarta são as que se deduzem das três anteriores. A quinta alude às que Deus inspirou aos outros, além dos apóstolos e dos primeiros crentes, nos casos necessários, e inspiraria novamente caso necessário, pois essa inspiração repousa na tradição e na Igreja Católica (cf. Beumer, 1977, p. 83).

Representados pela escola dos vitorianos, os que buscaram refúgio no misticismo ortodoxo fundamentavam-se na contemplação para se chegar à união experiencial e afetiva com Deus, as quais seriam a chegada de um caminho que se iniciou no asceticismo, na oração e na graça de Deus. Seus métodos se basearam especificamente nos passos de uma dupla operação que perseguia a humildade e o asceticismo purificador dos pecados, a oração mental e uma introspecção pessoal fomentada pela meditação na Palavra de Deus que culminariam em seu amor e no amor ao próximo, o que permite a contemplação e a união mística com Deus. Os representantes mais característicos dessa linha são João de Ruysbroeck (1293-1381), Jean Gerson (1363-1429) e Tomás de Kempis (1380-1471), autor de *A imitação de Cristo*, um clássico ainda editado em muitas línguas.

Nesse período, era comum a discussão quanto à questão da enumeração das verdades católicas, problemática que abriu espaço para o debate e para a sistematização das fontes da teologia. Jean Gerson produziu uma enumeração das verdades católicas na qual atrelou tais verdades diretamente à questão dos princípios e do método teológico. Esse teólogo intencionava uma reforma na teologia do seu tempo. Ele enxergou nessa teologia excessos dialéticos inférteis, a busca de problemas sempre novos, adesões improcedentes a verdades de escolas não por amor à verdade, mas por rivalidades triviais, bem como a mescla equivocada de temas teológicos e filosóficos, uma crítica desmedida em detrimento de uma perspectiva conciliadora (cf. Vilanova, 1991, I, p. 729-733). Gerson não é contra o método da escolástica, reconhece a justificativa do elemento racional em teologia e se opõe à separação nominalista entre fé e razão. Seu posicionamento metodológico é conciliatório. Uma de suas intenções era a busca pela assimilação intelectual que proporcionasse uma assimilação pessoal e uma utilização pastoral das verdades de fé (cf. Beumer, 1977, p. 83-84).

No século XV, existiu um teólogo que se debruçou a respeito da temática do método; seu nome é Tomás Netter Waldensis (1375-1430). Ele estabeleceu regras fixas para o seu emprego. A primeira delas é a autoridade eclesiástica como testemunho direto de Cristo e de suas leis, a qual estaria subordinada à Sagrada Escritura. Para ele, a autoridade das Escrituras é superior à da Igreja, dos padres e dos concílios, porém todos estes a testificam. Esse teólogo também salientava a autoridade dos teólogos mais recentes, desde que seja possível identificar a subordinação de suas reflexões às autoridades anteriormente citadas. Uma de suas contribuições ao tema do método teológico, ligado às fontes e princípios da teologia, é a noção da concordância entre todas elas. Ele afirma que autoridade dos padres, dos concílios, dos escolásticos, dos sínodos e dos papas reside sempre na mútua concordância, o que resulta na doutrina unânime (cf. Beumer, 1977, p. 84-85).

### 2.2.3.5 Síntese conclusiva

A principal contribuição da Idade Média para o método teológico foi a questão em torno da inserção da teologia no corpo das ciências por meio da filosofia aristotélica. A justificativa e a fundamentação da teologia como ciência foram responsáveis pelo desenvolvimento da teologia especulativa e das definições dos limites das relações entre filosofia e teologia. Antes disso, a tarefa especulativa da teologia era identificada com a dialética. Isso fez com que a teologia se tornasse um hábito rigoroso, metódico e sistemático. Outra marca importante é a busca por apresentar a teologia em um corpo sistemático das doutrinas cristãs. Seu ambiente de produção passou a ser a escola e as universidades. Tal fato fez com que a teologia também perdesse seu caráter exclusivamente eclesial. A via agostiniana, monástica e mística buscou ressaltar esse caráter.

Nesse período, a primordialidade das Escrituras e da tradição solidificou-se. Ademais, o papel dos símbolos da fé, da Igreja, dos concílios, do magistério e dos padres foi definido como bases inegociáveis. Na escolástica, já era possível identificar dois momentos demasiado nítidos da teologia, a saber, o positivo e o especulativo. Os teólogos buscaram justificar, em separado, ambos os momentos do trabalho teológico. Tais questões iniciaram o desenvolvimento dos lugares teológicos (das fontes e dos princípios).

A tradição agostiniana se desenvolveu e se apresentou como uma via paralela à escolástica, de corte dialético e metafísico. Porém, é possível observar também a busca por uma síntese entre ambas. O que as diferenciava era basicamente a concepção que nutriam acerca das relações entre filosofia e teologia, bem como alguns matizes específicos em relação às provas da teologia positiva. Ainda na Idade Média, o uso da filosofia em teologia foi criticado, o que proporcionou muitas das bases para a recusa inicial dos protestantes pela filosofia no trabalho teológico.

A escolástica – Tomás de Aquino em especial – buscou apresentar os limites da reflexão patrística e da teologia monástica da Idade Média inicial, sobretudo no campo da elaboração ontológica e metafísica dos dados da revelação. Para tanto, ela procurou um instrumento filosófico que fosse organicamente homogêneo com a lógica do pensamento cristão. As sumas medievais são expressões de um novo pensar sistemático dos dados da fé orientado para a construção de uma síntese teológica. Sem negar a diversidade de importações e de opções teológicas das várias escolas medievais, é possível lembrar dois traços principais que qualificam a metodologia teológica dos escolásticos: o princípio de que o aprofundamento dos dados da fé, tirados da Escritura, da tradição, do ensinamento dos concílios e da vida da Igreja, mediante a comparação com o instrumental conceitual do pensamento filosófico – em particular, o aristotélico –, torna-se cada vez mais o lugar prioritário da teologia. Trata-se do princípio, sempre mais decisivo, de que o paradigma do trabalho teológico fora assumido pelo conceito aristotélico de ciência e pela aceitação de que a ciência primeira é a metafísica (cf. Pozzo, 2017, p. 508).

### 2.2.4 Método teológico na Reforma Protestante

A importância de discorrer acerca do método teológico da Reforma Protestante reside no fato de que ela apresentou novos impulsos na exegese, na hermenêutica bíblica e na própria teologia, e isso, por conseguinte, trouxe novas perspectivas para o método teológico. A Reforma legou às Escrituras a posição de única fonte da teologia, separando-a da tradição e da Igreja. Atualmente, a teologia protestante ainda segue essa tese na medida em que se atesta que ela tem levado às últimas consequências o princípio *Sola Scriptura*. Os protestantes são os primeiros a receber os influxos do Iluminismo, do historicismo e do uso dos métodos histórico-críticos em teologia. No emprego desses métodos, em suas configurações contemporâneas os protestantes podem ser considerados pioneiros. Em suas reflexões críticas no que tange à teologia protestante, representada sobretudo por Bultmann, Ratzinger reafirmou tudo o que a Igreja Católica defendeu desde os padres acerca do trabalho teológico em relação às Escrituras. Portanto, é uma questão central na análise do pensamento de Ratzinger.

No que tange ao método teológico, a Reforma Protestante recebeu muitos influxos do Humanismo, sobretudo nos seus ideais renascentistas da volta às fontes, ressaltando a importância de um conhecimento maior das línguas antigas (cf. Delpero, 2001, p. 417-423). O Humanismo recebeu também o influxo do ceticismo, o que fez com que o conceito de ciência escolástica, a própria filosofia e seu uso em teologia sofressem descrédito (cf. Marcondes, 2019, p. 57-72; 119-136). O método histórico-filológico deveria substituir sobretudo o método escolástico. O resultado disso foi a separação crescente das disciplinas. O estudo do grego clássico tornou-se obrigatório nas investigações das Escrituras (cf. Congar, 2011, p. 242-245). Um dos representantes desse Humanismo foi Erasmo de Roterdã (1466-1536), que realizou uma nova edição crítica do Novo Testamento. Na sua obra *Methodus seu ratio compendio perveniendi ad veram theologiam*, defendia que a teologia deveria voltar à simples forma de Cristo, à palavra de Deus pura. Isso não quer dizer que ele exclua a razão da tarefa teológica, mas quer projetar uma forma de fazer teologia que tenha nas Escrituras a fonte principal (cf. Beumer, 1977, p. 92-93).

Herdeiro de muitas ideias de Erasmo, o pai da Reforma, Martinho Lutero (1483-1546) defendia a absoluta separação entre fé e razão; nas questões teológicas, seu objetivo era defender a fé dos exageros racionalistas empregados pelos escolásticos (McDermott, 2013, p. 92-93). Para tanto, segue algumas ideias nominalistas, para defender a separação entre a ordem natural e a sobrenatural. Para Lutero, qualquer conhecimento de Deus é pela revelação motivada pela graça. A razão natural nada alcança desse conteúdo. Para Lutero a principal fonte da teologia era a Escritura (cf. Fernández, 1998, p. 71-76).

Lutero aos poucos abandonou os tradicionais pontos de apoio da teologia positiva: a tradição, a autoridade do papa, a autoridade dos concílios, bem como, em algum nível, também recusou a autoridade dos padres. A única que sobrou foi a Escritura. A teologia de Lutero era exclusivamente teologia da Escritura. Lutero aceitava apenas as razões e os argumentos advindos da Bíblia (cf. Congar, 2011, p. 245-250). Não era contra a razão, mas entendia que essa só tem valor se iluminada pela fé. Nesse ponto é fiel à sua raiz agostiniana. A fé tem a sua própria razão, dependente por completo das Escrituras. Para Lutero, ao partir das Escrituras, o método do estudo teológico consiste em três passos: oração, meditação e tentação. O primeiro passo pressupõe a humildade, pois o teólogo deve pedir a Deus a iluminação do Espírito Santo para compreender as Escrituras. O segundo passo remete à perseverança e ao cuidado de sempre refletir e repensar acerca do que se leu e do que se concluiu, mediante oração. O terceiro passo é aquele no qual o teólogo é provado na vida a executar o que fora aprendido. Para Lutero, o estudo teológico deveria levar ao aperfeiçoamento dos santos (cf. Beumer, 1977, p. 93-94).

Ao contrário de Lutero, João Calvino (1509-1564) produziu uma obra teológica mais sistemática, de aspecto dogmático e apologético, porquanto utilizou alguns recursos filosóficos. Crendo na sua inerrância, obteve nas Sagradas Escrituras sua principal fonte; porém, recorreu à história das doutrinas, sobretudo nas fontes patrísticas e escolásticas (cf. George, 1993, p. 158-189). Calvino dedicou um papel central ao Espírito Santo na tarefa teológica, pois entendia que Ele iluminava o teólogo para que este não se desviasse, proporcionando o assentimento interior à sua vontade. Outro detalhe importante do seu método era a aceitação da ideia de que a Igreja também deveria atestar a verdade da teologia (cf. Beumer, 1977, p. 95).

A tradição teológica luterana desenvolveu o que Lutero iniciou. A ortodoxia luterana se estendeu por aproximadamente duzentos anos, desde Filipe Melâncton (1497-1560) até a teologia protestante da Ilustração e, posteriormente, pela teologia liberal. Melâncton escreveu, a respeito das fontes da teologia positiva, a obra *Loci Communes* (Delpero, 2001, p. 428-429). Basicamente, a maioria dos teólogos dessa tradição escreveu obras acerca da mesma temática e se esqueceu quase que por completo dos vislumbres iniciais da fé iluminada de Lutero e do aspecto especulativo e dogmático de Calvino. À guisa de exemplo: Johann Gerhard (1582-1637) com seus *Loci Theologici* de 1657, *Loci Communes Theologici, Systema Locorum Theologicorum, Compendium Locorum Theologicorum, Methodus Doctrinae Christi*. Muito do que se escrevia quanto ao método teológico no ambiente protestante versava a respeito das fontes da teologia positiva tendo em vista a necessidade de se opor à teologia católica. Esse período da teologia protestante é marcado pela tendência, pelo método escolástico e pelo uso da língua latina. Grande representante desse período é Leonardo Hütter (1563-1616). Ele afirmava que a Escrituras são a norma de toda a teologia e ensino, pois até mesmo os grandes símbolos de fé, os concílios do passado, os padres e os grandes doutores tinham nela seu critério máximo. Estes são uma fonte auxiliar para a teologia, mas nunca critério definidor. A Igreja tem apenas o papel de expositora do ensino bíblico, nunca de detentora do carisma autoritativo em definições de fé e de dogma (cf. Beumer, 1977, p. 95-97).

A teologia ortodoxa luterana foi seguida pela teologia protestante da Ilustração e do pietismo (cf. Tillich, 2010, p. 48-50). Essas duas correntes são uma reação à ortodoxia. O pietismo tinha como objetivo principal na teologia unir o conhecimento bíblico com o subjetivismo prático. A teologia da Ilustração consiste num procedimento inteiramente racional. Devido à separação entre teologia e religião, bem como a acentuação da forma de conhecimento científico-profana aliada à Bíblia como única fonte de teologia, sem ser entendida como revelação, seu método teológico consiste basicamente no emprego dos métodos científicos de interpretação de qualquer texto. Em Friedrich Schleiermacher (1768-1834) essas tendências se reúnem. Para ele, a tarefa da teologia é eminentemente dogmática, pois lida com verdades de fé previamente aceitas. Esse teólogo modificou o método teológico tradicional, pois para ele o ponto de partida de qualquer teologia era o sentimento subjetivo religioso, não as tradicionais fontes da revelação (cf. McDermott, 2013, p. 152-153). Cabe ao método separar cada uma delas em modalidades diferentes, como moral, ética e heresias, para, depois, no passo positivo, dar prova dos escritos confessionais devido ao vínculo da teologia com a Igreja evangélica, para somente então, em segundo lugar, ocupar-se da tarefa especulativa, onde está de fato a natureza sistemática da teologia. Seu contributo ao método teológico foi basicamente a redescoberta do aspecto prático da teologia, do subjetivismo e do historicismo. Essas duas correntes forneceram as principais bases para a teologia liberal, a qual posteriormente desenvolveu o uso dos métodos históricos-críticos em teologia (cf. Beumer, 1977, p. 98). Além disso, foi a corrente de teologia responsável pelo surgimento da escola da história dos dogmas, representada por Albrecht Ritschl (1822-1889) e Adolf von Harnack (1851-1930). Na sua obra *Jesus de Nazaré*, Ratzinger criticou explicitamente a teologia liberal por eles representada.

Tais contribuições metodológicas da teologia protestante moderna foram alvos da reflexão de Ratzinger, especialmente na influência que exercem em teólogos católicos. Ele dedicou importantes contribuições ao tema da história dos dogmas e da tradição para refutar muitos dos princípios metodológicos protestantes que negam a tradição, os concílios, os dogmas e o magistério ordinário.

### 2.2.5 Método teológico do Concílio de Trento

Os concílios sempre tiveram importância para o método na teologia católica. Em seu papel definidor em matéria de fé, seja na linguagem usada, seja em suas interferências nos resultados da teologia ensinada e na acusação dos ensinos heréticos, fornecem conteúdos objetivos para a teologia positiva, ainda que, na maioria das vezes, não tenham formulado definições explicitas acerca de método. Em muitos concílios, o trabalho dos teólogos foi fundamental para os resultados alcançados. De maneira mais clara que os anteriores, o Concílio de Trento (1545-1563) contribuiu para o método, pois esboçou critérios definidos (cf. Beumer, 1977, p. 86-89). Ratzinger reconheceu explicitamente o valor dos concílios em seu texto *Revelação e tradição*, no qual discorreu acerca da questão da tradição utilizando como fonte as declarações do Concílio de Trento. Dessa forma, reconheceu o imenso valor desse Concílio para o trabalho teológico (cf. Ratzinger, 1968, p. 15-59).

Trento ressaltou de maneira deveras intensa que a primeira fonte de qualquer verdade de salvação é o Evangelho anunciado por Jesus Cristo e transmitido pelos apóstolos. Hoje, essa verdade subsiste em duas formas: nos livros escritos e nas tradições não escritas. Quanto à interpretação exata do texto, Escritura e tradição não devem ser consideradas coisas diversas, apenas de maneira formal-criteriológica, mas não quanto ao conteúdo, pois existe apenas uma fonte de fé e uma dupla forma de transmissão. Para a teologia, Trento ressalta que o trabalho positivo do teólogo deve remeter-se sempre a essa dupla fonte. Trento não estabelece, mas afirma que deve existir um método unitário que utilize a Escritura e a tradição em conjunto, o que pôs em prática em suas deliberações (cf. Beumer, 1977, p. 89-90).

Findado o Concílio de Trento, as questões metodológicas estiveram fortemente ligadas à questão das fontes e da fundamentação da teologia positiva em decorrência das disputas com a teologia protestante. Os teólogos entendiam que a justificação e a afirmação da teologia católica estavam ligadas a essas questões. Importante também era a defesa do método escolástico, pois desse modo defendia-se o uso adequado da razão na teologia e o prosseguimento da unidade da história da sua tradição teológica.

> Depois do Concílio de Trento, e para reencontrar um terreno comum entre todas as escolas de teologia católica e a contrapor ao protestantismo, surge o assim chamado método dogmático, em conexão com a disciplina denominada teologia dogmática. O núcleo da reflexão teológica é justamente dado pelas definições dogmáticas do magistério. O procedimento segue uma ordem de explicação que implica diversos momentos: enunciação da

tese dogmática, exposição de opiniões, provas positivas derivadas da autoridade da Escritura, dos padres, dos concílios; provas tiradas da argumentação teológica, soluções das dificuldades e corolários para o crescimento da vida espiritual. Ao lado deste fator podemos lembrar duas outras características de tal impostação metodológica: a orientação para o sistema e a organicidade do discurso, e a organização da teologia nas enciclopédias (Pozzo, 2017, p. 508-509).

### 2.2.6 Escola de Salamanca: síntese agostiniano-tomista

No início do século XVI, alguns teólogos iniciaram uma renovação teológica católica por meio do pensamento de Santo Tomás de Aquino: Diego de Deza (1444-1523), Tomás de Vio (1469-1534), conhecido como Caetano, e Francisco Ferrara (1474-1528). Assim, lançaram as bases da Escola de Salamanca, ícone do tomismo no período da Reforma (cf. Congar, 2011, p. 252). O seu apogeu é representado pelos sete maiores mestres: Francisco de Vitória (1483-1546), Melchior Cano (1509-1560), Domingo de Soto (1494-1560), Pedro de Sotomayor (1511-1564), Mâncio de Corpus Christi (1507-1576), Bartolomeu de Medina (1527-1581) e Domingues Bañez (1528-1604) (cf. Armella, 2014, p. 48-60). Tinham consciência de que estavam iniciando uma renovação da escolástica e o aperfeiçoamento das questões pertinentes ao método teológico (cf. Alves; Moreira, 2010, p. 1-23). Outro aspecto que define a importância da Escola de Salamanca é o seu agostinianismo. Seus membros buscavam equilíbrio entre Agostinho e Tomás. Defendiam a sobriedade na especulação, bem como responsabilidade e piedade no uso das Escrituras e respeito aos Santos Padres a fim de harmonizar o especulativo e o positivo. Isto é encontrado no ensino da Igreja e em seu magistério, nos padres e nas Escrituras. Essa renovação partiria da luz da fé, que regressaria à razão purificada e buscaria maior aprofundamento. Para eles, a purificação espiritual proporcionaria uma intelectualidade mais pura e aguçada para as coisas de Deus (cf. Congar, 2011, p. 267-268).

O pioneiro entre eles, Francisco Vitória, considerou Tomás de Aquino igual aos santos padres (cf. Beumer, 1977, p. 99). Ele elaborou seu conceito de teologia no embate com o racionalismo naturalista e com o chamado escriturismo protestante, sobretudo em seu desprezo pela escolástica e por tudo o que representasse a autoridade e o intelecto da fé (cf. Armella, 2014, p. 50-55). Vitória defendia a ideia de que não se deve abusar das Escrituras em detrimento da tradição e da Igreja como regras de fé, assim como não se deve abusar da razão. Aos que invalidavam os escolásticos com uma pretensa volta aos padres, Vitória respondia que era necessário um equilíbrio entre as Escrituras, os padres e a escolástica. Em resposta ao nominalismo, Vitória fundamentou as razões da teologia por meio do recurso à noção sapiencial de razão ilustrada pela fé (cf. Fernández, 1998, p. 141-143).

Seus mestres compartilhavam o fundamento de que os princípios da teologia deveriam ser explicados pela revelação, pela analogia da fé, pela tradição desde os padres e pela Igreja em seu magistério. É a sagrada doutrina no seu fundamento. Salamanca enxergou nisso a maneira de fazer teologia anterior ao auge da escolástica. Seguindo Santo Tomás, admitiam na teologia o trabalho racional, porém o que a fundamenta deve ser a autoridade da fé. Criam que os Padres da Igreja desenvolveram esse método teológico, gozando de uma ajuda especial para transmitir a fé. Além disso, seu método teológico estava fortemente embasado no trabalho racional e científico que buscava resultados positivos e conclusões, uma razão de natureza declarativa, um dom de Deus. Por isso, a teologia deve partir da luz da fé para alcançar o mistério e declará-lo. Isso é um serviço da Igreja; por isso a teologia depende da analogia da fé. Como grande contribuição também é possível citar a noção clara e sistematizada da catalogação das fontes ou dos lugares da teologia (cf. Congar, 2011, p. 259).

O conceito de teologia que majoritariamente será aceito na Escola de Salamanca está atrelado à compreensão da noção de *Sacra Doctrina* de Santo Tomás de Aquino. A expressão *Sacra Doctrina* tem mais de um uso e significado na obra de Tomás, sendo, na maioria das vezes, aplicada à teologia e à revelação. Os mestres de Salamanca souberam explorar esses variados matizes para construir uma noção de teologia sistematizada e relevante para o período; tal conceito é desenvolvido de três modos (cf. Fernández, 1998, p. 95-96).

*Sacra Doctrina* pode significar a fé, na medida em que esta é o conhecimento e a inteligência dos conteúdos formais da Escritura, o assentimento aos artigos de fé e as definições da Igreja. Além disso, recolhendo traços da tradição sapiencial, a fé é também o conhecimento de Deus por meio da graça do Espírito Santo. Portanto, fé é, além de conteúdo crido, a maneira como esse conteúdo é apreendido. Francisco Vitoria é o principal formulador dessa noção (cf. Vilanova, 1991, II, p. 427-429). *Sacra Doctrina* significa também a sua relação com o conceito de teologia, ainda atrelado ao primeiro significado. Esse modo, à maneira de Santo Agostinho, é aquele que entende que *Sacra Doctrina* é a clarificação positiva e a defesa dos princípios, os quais têm um modo de operação declarativo que se utiliza da explicação, da indução, da persuasão, da probabilidade, da exemplificação, da Ilustração e da analogia. O terceiro modo é o que coincide com o conceito de teologia escolástica. Vitória entendia que esse conceito de teologia significa o hábito pelo qual se deduzem conclusões desde os artigos de fé e desde as palavras das Escrituras, seja de maneira direta, seja por meio de proposições (cf. Fernández, 1998, p. 96-98).

Tal formulação resultou em um aprofundamento que gerou uma noção original da *Sacra Doctrina*, por meio da inflexão do termo realizada por Bartolomeu de Medina e de Domingo de Bañez. Estes formularam uma descrição dos três modos que são: fé (ou inteligência), dom profético e doutrina (ou ciência). Além desses três, pode-se ainda acrescentar o conhecimento doutoral e sapiencial da palavra de Deus como um carisma específico. Uma das originalidades específicas desse momento é a identificação do caráter declarativo com o profético, decerto imprescindível à Igreja. Dessa maneira, a teologia pode ser classificada de três maneiras: sapiencial, profética e científica. Bañez e Medina definem *Sacra Doctrina* como um conhecimento revelado que não deve ser confundido com a fé ou com a teologia, mas sim compreendido como um saber divinamente infundido que compreende a fé, a teologia e a profecia (cf. Vilanova, 1991, II, p. 434). A compreensão de fé que tinham é, nesse sentido, nitidamente agostiniana (cf. Congar, 2011, p. 254-257).

Para Medina, a teologia é doutrina revelada pelo magistério interior do Espírito (cf. Fernández, 1998, p. 98-100). Ele entendia a teologia ao modo escolástico, porém era defensor de um notável sapiencialismo. Quanto aos princípios, ele entendia que a teologia excedia em certeza as demais ciências; tal certeza repousava também na ação do Espírito e na infalibilidade da Igreja no que se crê. Foi um dos representantes da temática do magistério interior do Espírito nos fiéis e nos teólogos. A teologia deveria ser realizada em compromisso pessoal com Deus e com a Igreja (cf. Vilanova, 1991, II, p. 433). Medina elencou quatro exigências para o trabalho do teólogo: seu trabalho não deveria ser apenas acadêmico e especulativo, mas deveria resultar na pregação e na pastoral; deveria demonstrar o dom da caridade e o desejo ardente de conversão das almas; deve-se ser uma pessoa de oração e demonstrar o dom da liberalidade (cf. Fernández, 1998, p. 152-155).

Domingos de Bañez explicitou e ampliou aquilo que Medina elaborou. Para ele, a *Sacra Doctrina* é tanto a fé como a profecia e a teologia. Esta só cumpre seu papel se interpreta as Escrituras, deduzindo conclusões para ensinar e convencer. A *Sacra Doctrina* é, em primeiro lugar, a fé revelada. Em segundo lugar, é o trabalho profético da Igreja, de modo que o profeta é reconhecido quando é santo, quando realiza milagres e quando está em perfeita consonância com a fé católica. Em terceiro lugar, é teologia e ciência que conjuga a função sapiencial de inteligência da fé e a explicação desta, com caráter profético de pregação do Evangelho e do ensino, bem como a função propriamente argumentativa com o objetivo de crescer no conhecimento e robustecer sua credibilidade ante os crentes e os de fora em sua defesa e pregação (cf. Fernández, 1998, p. 155-156). Em decorrência da existência e necessidade do dom de profecia na Igreja, a teologia é também profética. Tal caráter da teologia e da profecia respondem à necessidade pastoral e à exortação do povo de Deus por meio da palavra revelada. Por isso, o profeta e o teólogo precisam manifestar por meio do seu testemunho: santidade, milagre, caridade pastoral, oração, amor e conformidade com a fé católica. Isso está de acordo com o projeto de renovação da figura do teólogo, desacreditada em decorrência do afastamento da santidade, da oração, da fé e por uma entrega à especulação estéril (cf. Fernández, 1998, p. 100-102).

Em respeito à Igreja como o local ideal da teologia em todos os seus aspectos, até mesmo ligando tal questão ao método, Ratzinger está bem próximo à Escola de Salamanca. Em sua obra *Natureza e Missão da Teologia*, ele refletiu consideravelmente a respeito de tal questão, salientando com clareza que o teólogo tem um compromisso inalienável com a Igreja (cf. Ratzinger, 2016e, p. 37-84).

A Escola de Salamanca defendia a cientificidade da teologia pelo critério tomista da certeza científica. Nesse ponto, subsiste a questão da subalternação aristotélica, a qual, em Tomás, compreende-se quase como subalternação. O sentido dessa subalternação é que a teologia tem evidência apenas virtual e hipotética, dependente da evidência que está na ciência de Deus, que é a ciência que torna a teologia ciência subalterna. Alguns mestres de Salamanca entendiam a teologia como ciência e guardavam certas particularidades. Francisco Vitória afirmava que classificar a teologia como ciência era possível porque ela resulta na certeza. Domingos de Soto denomina a teologia como ciência não no sentido de uma subalternação absoluta, mas em nível de aplicabilidade, pois a teologia depende da ciência de Deus, mas nunca chegará a ser como ela (cf. Vilanova, 1991, II, p. 430-431). Melchior Cano entende que a teologia não é ciência apenas por deduzir conclusões, mas por ser composta de duas partes incompletas, a dos princípios e a das conclusões, formando um corpo que recebe por inteiro a denominação de ciência subalternada, de modo que seu critério é a capacidade de sistematização (cf. Fernández, 1998, p. 102-106). Domingos de Soto entendia que a teologia gozava de um caráter conclusivo. A teologia é argumentativa e baseia-se na autoridade. A teologia não prova seus princípios, mas parte deles para chegar a novas verdades. Apesar de sua autoridade, os princípios da teologia devem ser analisados e explanados de maneira compreensiva. Soto não ignorou o legado sapiencial, mas buscou elaborar um conceito de teologia escolástico-conclusivo (cf. Zorroza, 2014, p. 113-129).

A Escola de Salamanca entendia que a unidade da ciência teológica se dava em razão do seu objeto formal (motivo), a saber, a divina revelação. Assim, tudo que a teologia examina e elabora (objeto material) é por ele motivado. O que consolidava a especificidade e a unidade de uma ciência era o seu objeto formal entendido como a razão pela qual se analisa determinado objeto. Esse fato tornava mais difícil a definição do objeto formal da teologia (sua unidade científica), visto que ela poderia ser teologia bíblica, teologia positiva, teologia especulativa ou teologia histórica. Para Salamanca, a teologia era uma ciência especulativa e prática. A via agostiniana acreditava que o bem era superior à verdade, portanto, seu enfoque teológico era eminentemente prático. Santo Tomás revisou essa pretensão; fundamentado em Aristóteles, dividiu as ciências em práticas e especulativas. O critério para tanto era o *télos* de cada ciência. A questão era se a teologia tem um fim especulativo ou prático. Tendo como base a tríplice divisão da teologia, Salamanca entendia que a teologia era especulativa e prática em razão do seu caráter missionário e apologético e, ademais, por ordenar-se às obras. Salamanca defendia certa superioridade da teologia em relação às demais ciências em decorrência da sua dupla natureza e objeto formal. Quanto à especulação, a certeza estava firmada no hábito da fé, que virtualiza a razão na sua relação com os artigos de fé e gera a certeza tanto nos artigos como nos conteúdos especulativos. Quanto à prática, sua superioridade deve-se ao objetivo de apresentar ao homem sua perfeição final, bem como a sua felicidade total (cf. Fernández, 1998, p. 107-113).

Partindo da noção tomasiana de ciência-sabedoria, Francisco de Vitória postulou que a teologia é uma sabedoria relacionada às coisas altíssimas, a qual abarca, como hábito, tanto os princípios como as conclusões. Ou seja, fundamentada nos artigos de fé, a teologia deduz conclusões. Tal concepção levantou na escola a possibilidade teórica da comparação entre teologia e metafísica, pois a metafísica era considerada ciência da suprema causa, isto é, Deus. Apesar disso, entende-se que a teologia era de natureza superior à metafísica. A teologia considera Deus na condição de outro por completo, e, por meio da fé, busca entender os princípios e os fins. A metafísica parte da luz natural e deduz coisas a respeito da causa perfeita baseando-se na analogia das coisas naturais. Assim, tanto o objeto formal quanto o objeto material são distintos. Santo Tomás atribuiu três missões à teologia, as quais foram bem recebidas por Salamanca: julgar os princípios e conclusões das outras ciências; ordená-las segundo os fins da teologia, sinalizando-os a fim de que elas seja direcionadas a eles; usar as demais ciências como meio para o cumprimento desse fim. Em suma, em Salamanca era clara a compreensão da teologia como ciência-sabedoria (cf. Fernández, 1998, p. 113-118).

Pedro de Sotomayor buscou um conceito de teologia que conjugasse o legado sapiencial ao positivo e ao racional-conclusivo. Para tanto, ele cria que a dinâmica era o início como ação do Espírito e seus dons no teólogo, seguindo para um segundo e posterior desenvolvimento na ajuda prestada pela teologia positiva, a qual resultaria em uma terceira, a teologia racional e conclusiva. Não se trata de três espécies de teologia, mas diferentes etapas e perfis de uma mesma teologia (cf. Vilanova, 1991, II, p. 441-442). Na parte mais sapiencial e que diz respeito à fé, o crescimento se dá por meios sobretudo espirituais. Na segunda, o trabalho ainda não é conclusivo de fato, mas a razão analógica e argumentativa está mais presente. A terceira etapa consiste na conclusão necessária dessa dinâmica (cf. Fernández, 1998, p. 148-150).

Mâncio de Corpus Christi sistematizou uma noção de teologia estritamente conclusiva que comporta certas originalidades. Seu conceito era mais esquemático e metafísico, porquanto voltado para o embate com Lutero, com Erasmo, com os escotistas e com nominalistas. Mâncio pensava que o teólogo deveria explicar os princípios pelos quais parte, as Escrituras, os padres e os concílios. Apesar disso, o trabalho do teólogo precisa de um início que seria uma espécie de revelação sob a assistência do Espírito Santo. Para ele, a teologia perfeita era semelhante à revelação. Para Mâncio, os escolásticos aperfeiçoaram a teologia dos padres, que ele considerava confusa, transformando-a em verdadeira arte (cf. Fernández, 1998, p. 150-151).

### 2.2.7 A catalogação das fontes teológicas e a questão da *Regula fidei*

Quanto à temática das fontes teológicas, Melchior Cano é, sem dúvida, o maior representante (cf. Vilanova, 1991, II, p. 431-432). Tal questão já havia sido objeto de reflexão em Salamanca e foi agravada nas disputas com os protestantes, os quais tinham nela o eixo central do seu método e das acusações que faziam à teologia católica. Em Salamanca, Tomás de Torquemada (1420-1498) foi o primeiro a enumerar fontes ou lugares da argumentação, as chamadas verdades católicas da revelação, são elas: as contidas na Escritura, na tradição apostólica, as definidas pelos concílios universais; as definidas pelo magistério apostólico, o guardião da fé, aquilo que os autênticos doutores da Igreja entendiam como verdades e as conclusões derivadas das cinco primeiras, denominadas verdades universais inegáveis (cf. Fernández, 1998, p. 131-132). Para Francisco de Vitória existiam quatro fontes infalíveis: Sagrada Escritura, a autoridade da Igreja Universal no referente à fé e costumes, os concílios universais e as definições papais. Além dessas, ele enumera mais três fontes menores: o concílio local, os Santos Padres e o consenso dos teólogos. Existem ainda fontes estranhas, que seriam: as verdades dos filósofos e a razão natural (cf. Fernández, 1998, p. 133-135).

A catalogação de Cano (2007) em *De Locis Theologicis* é, em ordem de autoridade: a Escritura, a tradição apostólica, a autoridade da Igreja Católica Universal, a autoridade da Igreja Romana, os concílios gerais nas questões de fé e costumes, as definições dos papas em questões de fé e costumes, os concílios provinciais e sinodais em questões de fé, caso confirmados pelo papa, a Igreja crendo e ensinando, a autoridade dos Santos Padres, a autoridade dos canonistas e teólogos. Lugares estranhos ou externos: a razão natural, a autoridade dos filósofos, a autoridade dos juristas, a história e as tradições humanas (cf. Fernández, 1998, p. 136-140).

> Porém, Cano percorre caminhos próprios no tratamento dos *Loci theologici*, que os colocaram em primeiro plano, mais fortemente do que até agora tinha em sua função criteriológica e metódica. Seus *loci* serviram não apenas como uma coleção de material e forma para a sistemática das verdades teológicas, serviram mais para fundamentar tais verdades. Não ajudaram apenas a ordenar as verdades encontradas e a facilitar sua fácil impressão e novo acesso, mas ainda deveriam possibilitar o primeiro acesso e a justificação teológica dos princípios teológicos. Deveriam não só mostrar o conteúdo, mas também a força probatória dogmática das proposições teológicas. Cano não pretendia, como Melâncton, definir os *loci* segundo a matéria teológica, mas, inversamente, obter as verdades teológicas dos *loci*. Justamente por essa razão não é fácil ponderar suficientemente a importância dos *Loci theologici* em relação ao método teológico. Durante muito tempo suas indicações seguiram amplamente repetidas na teologia católica em forma abreviada ou extensa como orientação e estímulo (Beumer, 1977, p. 99).

O conceito de teologia elaborado por Cano surgiu em defesa de Tomás de Aquino. Para ele, a teologia é o resultado do ensino de Deus por meio da fé revelada e em união com o trabalho da razão em seu hábito de conclusões. Em seu entender, a teologia era formada por duas partes, a saber, o conhecimento sapiencial revelado por Deus e o conhecimento adquirido pelo teólogo no seu trabalho racional. Cano entendia que a teologia é necessária para evitar desvios. Assim, é imprescindível que o teólogo esteja inserido existencialmente nessa fé. Ele acreditou que o trabalho do teólogo é refletir acerca dos princípios, explicar, se possível, mas nunca provar; persuadir servindo-se da analogia, da indução e da probabilidade (cf. Beumer, 1977, p. 100-101). Contra os racionalistas, Cano afirmava que a teologia devia basear-se nas Escrituras, nos Santos Padres e na Igreja, tanto em seu magistério como em suas definições de fé. O método elaborado por Cano influenciou consideravelmente a teologia católica, mesmo não tendo dedicado espaço à teologia especulativa. A teologia católica, depois do declínio da Escola de Salamanca, ocupou-se basicamente das questões de teologia positiva consolidadas por Cano (cf. Congar, 2011, p. 262-264).

Novas perspectivas surgiram com questão da *Regula Fidei*; tal temática dominou a teologia desde o século XVII ao XIX. Assim, a discussão esteve ligada à obra de Francisco Verônio (séc. XVII), intitulada: *Regula fidei catholicae* (1702). Nela, consta que só é verdade de fé católica aquilo que foi revelado na Palavra de Deus e proposto pela Igreja, independentemente da forma proposta. Ela estimulou a discussão acerca de como as definições e declarações da Igreja se relacionam com revelação. Essas definições e declarações são: os concílios, os papas, o magistério, as regras de fé e o testemunho dos fiéis. Devido às imprecisões do que seriam as regras de fé e quais os meios em que foram registradas e aceitas pela Igreja, tal empreendimento começou a sofrer muitas críticas (cf. Beumer, 1977, p. 102-104).

Dessas críticas, a que mais contribuiu para o método teológico foi a de Joseph Kleutgen (1811-1883). Ele não limitou a verdade infalível da Igreja aos cânones decretados. Declarou que é verdade de fé tudo aquilo que foi exposto nas decisões dos concílios, de maneira que a intenção dos padres conciliares foi expor a verdade da doutrina revelada e a fé da Igreja. Por isso, devem ser reconhecidas como verdade de fé aquilo que foi acrescentado para fundamentar ou ilustrar a doutrina, que é o objeto próprio da declaração. Kleutgen afirmou a importância do magistério ordinário. A constante pregação da Igreja são também verdades de fé, pois nem todos terão acesso a todas as definições por ela feitas. Além dessas, também são verdades da fé cristã as doutrinas da moral. Kleutgen também é responsável por um estímulo renovado ao método especulativo, ao afirmar que as verdades reveladas por Deus só teriam impacto nas vidas caso se debruçasse nos nexos internos entre as doutrinas. Além disso, também sustentou o perene valor da analogia e das ciências para encontrar o significado dos nexos doutrinais. Para ele, o método especulativo consistia em refutar as objeções e depois se servir da analogia para alcançar uma compreensão positiva das verdades de fé obscuras (cf. Beumer, 1977, p. 104-106).

### 2.2.8 Século XVIII e XIX

A Escola de Salamanca sucumbiu em uma espécie de comentarismo e intelectualismo tomista estéril. O magistério, em oposição ao protestantismo, uniu-se a essa espécie de vertente, buscando sempre a união inseparável entre o intelectualismo teológico e a revelação. O surgimento das ciências modernas, com seu notável empirismo e materialismo, repercutirá de maneira clara nas exigências do trabalho teológico. É possível notar que as teologias emergentes partirão das exigências antropológicas; em muitos casos, dos problemas da história e do homem como mediação para ecoar a Palavra de Deus. Portanto, em decorrência das muitas exigências, o trabalho teológico assumirá uma diversidade muito grande. Os fatos responsáveis pela mudança do contexto cultural e dos métodos teológicos foram: o crescimento e o desenvolvimento das ciências humanas e seu trabalho auxiliar em relação à teologia, o desenvolvimento das ciências bíblicas, as interpretações da tradição à luz da história e a grande variedade de novas filosofias.

A separação entre fé e razão realizada por René Descartes (1596-1650) modificou a maneira como os teólogos utilizavam e entendiam o trabalho da razão. Os movimentos místicos, fideístas e biblicistas, consequências do nominalismo e, algumas vezes, mais diretamente do método de Lutero, também afetarão a diversidade teológica. Antes, o Humanismo postulara a historicidade da verdade, e o Renascimento se opôs à tutela religiosa da filosofia, bem como qualquer espécie de dogmatismo e autoridade. Immanuel Kant (1724-1804) também acirrou essa separação ao enfatizar e abonar o racionalismo e o empirismo. Em ordem filosófica, Kant influirá significativamente na teologia, principalmente com suas ideias de que a ciência deve interpelar a experiencia sensível por meio dos juízos sintéticos *a priori*. Não menos importantes para o surgimento do novo contexto foi psicologismo de David Hume (1711-1776) e a fenomenologia do *a priori* religioso de Schleiermacher.

Tal transformação na filosofia afetou diretamente o trabalho teológico. A filosofia afastou-se aos poucos da busca pela verdade, das questões ontológicas mais fundamentais, das causas e do fim último da existência, e se converteu em uma espécie de relativismo e de imanentismo em decorrência da exagerada atenção às questões históricas. Ratzinger entende que tal fato influenciou diretamente em muitas das teologias que surgiram no século XIX e XX; por isso, em *Natureza e missão da teologia*, refletiu, no primeiro capítulo, quanto à natureza própria da filosofia e suas relações com a teologia, afirmando que um dos trabalhos do teólogo deve ser uma autocrítica constante dos próprios fundamentos filosóficos empregados, mormente os fundamentos oriundos dos modernos. Além disso, afirmou que a filosofia deveria resgatar os temas da verdade, do ser e do absoluto (cf. Ratzinger, 2016e, p. 11-36).

A teologia católica do século XIX oferece grande quantidade de representantes particulares, até mesmo de novas tendências e escolas teológicas. Da neoescolástica, a que pertenceu Kleutgen, à Escola Romana de Carlo Passaglia

(1812-1877). Estes contribuíram com as questões de teologia positiva, realizando uma análise crítica dos *Loci* de Cano. Até a metade do século XIX, dominou na França um extremo tradicionalismo que buscava combater o racionalismo e o antropocentrismo da Ilustração. Os representantes dessa tendencia são: Joseph de Maistre (1753-1821), Louis Gabriel Ambroise de Bonald (1754-1840), Félicité Robert de Lamennais (1782-1854) e Louis Eugène Marie Bautain (1796-1867). Esses teólogos recorreram metodologicamente ao fideísmo e à reafirmação do que era definido pela Igreja, segundo a *Regula Fidei* e os *Loci*. Também devem ser citados os teólogos personalistas Matin Deutiger (1815-1864) e Herman Schell (1850-1906), pois anteciparam muitas das questões modernas no campo do método teológico (cf. Beumer, 1977, p. 106).

Na Alemanha, a renovação teológica e metodológica veio da Escola Católica Teológica de Tübingen preparada por Johann Michael Sailer (1751-1832) e fundada por Johann Sebastian Drey (1777-1853), Johann Adam Möhler (1796-1838), Johann Baptist von Hirscher (1788-1865) e Franz Anton Staudenmaier (1800-1856) (cf. Vilanova, 1991, III, p. 319). Estes eram ligados intelectualmente do romantismo alemão do idealismo de Georg Wilhelm Friedrich Hegel (1770-1831) e do subjetivismo experiencial de Schleiermacher (cf. Congar, 2011, p. 296-298; Beumer, 1977, p. 107). Concernente ao novo conceito de método e de teologia, essa escola valorizou a história e o mundo. Outra ideia que a marcou foi a sua concepção da Igreja como organismo vivo. Ambas as concepções eram fundamentais para sua explicação do desenvolvimento do dogma. O caminho que a escola construiu foi um regresso aos padres, à escolástica e uma revisão das Escrituras por meio do método especulativo (escolástico) com o positivo-histórico (padres-tradição). A dinâmica da evolução dos dogmas está também fundamentada na visão que tinham da Igreja. Por ser viva, tudo que elabora também o é. Möhler entendia que o Espírito animava o interior dos sujeitos e da comunidade. Criam que a fé crida e vivida pela Igreja crescia de maneira dialética. O que garante esse processo é a assistência do Espírito, julgando, por meio do magistério, a evolução, bem como a vida prática de fé testificada pela tradição. Importante salientar que nos primeiros escritos de Möhler existiam traços de uma concepção hegeliana da Igreja como espírito objetivo, bem como uma concepção subjetivista do espírito (cf. Vilanova, 1991, III, p. 322-323). Já maduro, Möhler reconhece as deficiências cristológicas dessa concepção acerca da Igreja, defendendo a ideia de que ela era a continuação da encarnação do Verbo, ressaltando, assim, a união hipostática e mística do humano com o divino, do cristão com Deus (cf. Delpero, 2001, p. 524-525). Outro mérito da Escola de Tübingen foi aproveitar os estímulos vindos da teologia protestante. Tal fato fez com que os teólogos católicos alemães se preocupassem mais com a prova da Escritura, bem como com o uso gradativo de sua língua materna na produção teológica, ao invés do latim (cf. Beumer, 1977, p. 110). De certa forma, no início de sua carreira como teólogo, Ratzinger "continuou a tradição de Möhler, Adam e Schmaus, combinando o caráter racional e existencial da fé" (Delpero, 2001, p. 580).

Dentro da escola alemã, podem ser citados os solitários Georg Hermes (1775-1831) e Anton Günther (1783-1863). Estes recusaram o neoescolasticismo e aderiram a uma espécie de racionalismo, manifesto na extrema valorização da razão humana em matéria de fé. Para Hermes, a filosofia de Kant era o critério fundamental para definição de toda espécie de conhecimento possível (cf. Congar, 2011, p. 293-295). Hegeliano, Günther defendia a construção de todo o saber desde a autoconsciência criadora (cf. Vilanova, 1991, III, p. 317). Entendia que a teologia deveria ser estimulada por uma provocação científica que gera um processo de inteligência criadora segundo a qual toda a revelação cristã deveria chegar a ser um conhecimento ideal. Ele desejava, mediante uma nova fundamentação da teologia católica, criar uma espécie de triunfo científico da Igreja frente a todo paganismo e erigir o cristianismo como a ciência soberana (cf. Beumer, 1977, p. 107).

Já Matthias Joseph Scheeben (1835-1888) compôs uma teoria do conhecimento teológico que segue a divisão metódica dos capítulos do primeiro livro de sua *Dogmática*. A disposição segue o seguinte esquema: o princípio originário do conhecimento teológico, isto é, a revelação divina; a transmissão objetiva e a alegação da revelação em geral, natureza e organismo da pregação doutrinal apostólica; o depósito escrito ou a fonte documental da fé; a tradição eclesiástica e o testemunho do depósito apostólico como canal de fé e conhecimento teológico; a apresentação da palavra de Deus pelo apostolado doutrinal e a canalização eclesiástica da fé e do conhecimento teológico; a intelecção da fé e o saber teológico (cf. Congar, 2011, p. 310-313).

Para Scheeben, a teologia especulativa é necessária para que a teologia de conjunto adquira o seu caráter científico. Ele delineou um método para a teologia especulativa mais exato, o qual desempenha papel similar ao da teologia neoescolástica, porém vitalmente vinculado à teologia positiva, sendo, por conseguinte, um desdobramento necessário desta. Tal método funciona ao modo de argumentação filosófica que visa às conclusões dos conteúdos positivos. Seu conceito de teologia especulativa depende das definições do Concílio Vaticano I. Um dos maiores méritos de Scheeben em relação ao método está no fato de que soube levar a investigação histórica ao campo teológico em proporções amplas para o seu tempo. Tal empreendimento influenciou as teologias francesas e alemãs (cf. Beumer, 1977, p. 109-110).

> A teologia manualística que, no século XIX e na primeira metade do século XX, se desenvolve nas escolas teológicas, tem por base os fatores antigos dessa tradição, consequentemente, as características que se podem resumir: 1. A preocupação dominante é a vontade de elaborar provas racionais apologéticas, em reação às correntes racionalistas do pensamento moderno. Há de sublinhar o uso apologético das fontes da revelação (Escrituras e tradição), para sustentar as intervenções doutrinais do magistério. 2. Tende-se a justapor de modo predominantemente extrínseco a *auctoritas* e a *ratio*, isto é, os dados da fé e as exigências da reflexão racional. 3. Finalmente, a teologia manualística de fato eleva a autoridade do magistério ao primeiro lugar da escala das várias autoridades, precisamente no sentido de que ela se refere diretamente a pronunciamentos do magistério e não à revelação contida na Escritura e tradição (Pozzo, 2017, p. 509).

### 2.2.9 O método teológico segundo o Concílio Vaticano I

De Trento ao Vaticano I, o magistério teve ocasiões de tratar do problema do método. No século XIX, tal intervenção foi mais frequente. Em 1835, o Papa Gregório XVI (1765-1846) condenou a teologia de Hermes. A definição da imaculada conceição da mãe de Deus, feita pelo Papa Pío IX (1792-1878), continha um parágrafo concernente à função da Igreja na conservação e desenvolvimento das verdades de fé. A Congregação Romana do Índice exigiu, em 1855, do fideísta Agostinho Bonnetty (1798-1879), a afirmação de que o método de que se valeram Santo Tomás, São Boaventura e os outros escolásticos não levava ao racionalismo e tampouco constituiu a causa de que, nas escolas modernas, a filosofia tenda ao naturalismo e ao panteísmo. Por conseguinte, não se deve reprovar aquelas doutrinas que tenham empregado esse método, ainda mais que a Igreja o tenha aprovado, ou, ao menos, guardado silêncio a seu respeito. Tais intervenções prepararam aquilo que seria definido na constituição dogmática *Dei Filius* (1870) (cf. Beumer, 1977, p. 111-112).

Essa constituição tocou, em diversas partes, nos princípios da teologia. No seu terceiro capítulo, definiu-se que se deveria aceitar com fé divina e católica tudo o que está contido na palavra de Deus escrita ou transmitida, de modo que é proposto para ser crido como revelado por Deus pela Igreja em juízo solene ou por seu magistério ordinário e universal. A constituição transparece a ideia de que o magistério ordinário e universal é equiparado em autoridade aos concílios universais. O quarto capítulo, no que tange à relação entre fé e razão, contém declarações úteis para o método. Nele, foi definido que a Igreja tem a missão apostólica e o mandato de conservar o depósito da fé e tem, por conseguinte, também de Deus, o direito e o dever de condenar a falsa ciência para que ninguém seja enganado. O capítulo ainda afirma que a fé e a filosofia não se contradizem, mas cooperam uma com a outra. A fé liberta a razão, que, iluminada, desenvolve os conteúdos da sagrada ciência, já que a reta razão prova os conteúdos da fé. A fé potencializa a razão em suas capacidades. Nas doutrinas da fé, devem ser mantidos os sentidos invariáveis que foram definidos pela Igreja e nunca se deve afastar dele sob a aparente pretensão de uma compreensão maior (cf. Beumer, 1977, p. 112).

Opondo-se a Günther, a segunda seção do quarto capítulo define os limites e o papel da razão em relação ao conhecimento dos mistérios da fé. Não se trata da compreensão da fé ao modo dos Padres da Igreja e da escolástica antiga, em seu aspecto especulativo (cf. Beumer, 1977, p. 111-112):

> Na verdade, quando a razão é iluminada pela fé, busca diligentemente, piedosamente e com amor, obtém, com a ajuda de Deus, uma certa compreensão dos mistérios, já preciosos em si mesmos, tanto por analogia com as coisas já conhecidas naturalmente, quanto pela conexão dos mesmos mistérios entre eles em relação ao objetivo final do homem. No entanto, nunca é capaz de entender esses mistérios da mesma forma que as verdades que constituem o objeto natural de suas habilidades cognitivas. De fato, os mistérios de Deus por sua natureza transcendem tão exaltadamente o intelecto criado, que embora ensinados pela revelação e aceitos na fé, eles permanecem cobertos pelo véu da mesma fé e quase envoltos em trevas até que nesta vida mortal deixamos nossa peregrinação longe do Senhor, pois caminhamos na fé e não pelo que vemos (Vaticano I, 1870, *Dei Filius* IV).

Quando o homem progride da fé simples a uma compreensão da fé, fazem parte desse desenvolvimento tanto as forças naturais como as sobrenaturais. Porém, o sujeito portador dessa nova forma de conhecimento é a razão humana em seu uso. A fé é o novo fundamento, mas o ato de conhecer não é um ato de fé, mas um ato da razão em confirmação aos conteúdos da fé. O assentimento não se dá por meio da autoridade, mas pela aquisição da percepção dos nexos intrínsecos da fé. Os fatores sobrenaturais devem iluminar a razão. Sem dúvida alguma, a razão deve receber da fé o objeto de sua atividade, isto é, as verdades e os mistérios da fé. A razão só recebe a luz da fé quando se põe em condições de conhecer algo novo nas verdades naturais reveladas, de modo que tais conhecimentos novos são as relações com as verdades naturais e os mistérios, relações de índole racional tanto em sua efetividade como em sua essência íntima, subsistindo a fé depois que são conhecidas. O concílio menciona, em primeiro lugar, as analogias naturais; tais analogias estão entre a ordem da criação e a ordem da graça. Elas se aproximam do homem em imagens e comparações sem perder o caráter de mistério. A definição do concílio também agrega ainda uma segunda forma de compreensão da fé que permanece dentro das verdades reveladas e estabelece a união dos distintos mistérios entre si e com o fim último do homem. A relação ressaltada das verdades da fé com o fim último do homem significa que a teologia deve ser construída de maneira sistemática e orgânica. Não basta escolher um dado do patrimônio da revelação e indicar sua relação com o todo. Deve-se, ao contrário, dirigir-se ao todo e incluir também a ordenação das diferentes verdades de fé ao definitivo. Sem a ajuda de Deus, o homem não alcança tal objetivo (cf. Beumer, 1977, p. 114-115).

### 2.2.10 O método no final século XIX: entrada dos métodos históricos na teologia católica e a busca pela renovação teológica

A filosofia da vida de Henri Bergson (1859-1941), a filosofia da ação de Maurice Blondel (1861-1949), a filosofia dos valores de Max Scheler (1874-1928), a fenomenologia do *a priori* religioso de Rudolf Otto (1869-1937) e Friedrich Schleiermacher, o evolucionismo, o historicismo e o existencialismo são fatores determinantes para o contexto do qual essa subseção trata.

Um personagem de grande envergadura nesse período é John Henry Newman (1801-1890). Seu método guarda relações com os da Escola de Tübingen, mas não depende dela. Ele se opôs às ideias racionalistas e empiristas, ao subjetivismo cristão e ao racionalismo interpretativo das Escrituras, bem como às teorias místicas de Strauss (1808-1874) acerca de Jesus. Também cria que a Bíblia reflete a realidade dos mistérios divinos, conhecidos por meio da alegoria, da tipologia e da analogia. Newman entendia que aceitar a Cristo era muito mais do que receber e crer em suas doutrinas; tal ato deveria também resultar em um compromisso pessoal que se refletiria em uma moral. Em decorrência de sua compreensão acerca da centralidade de Cristo, entendeu que a Igreja gozava de autoridade doutrinária, declarativa e disciplinar (cf. Fernández, 1998, p. 181-182).

Outra grande marca é sua teologia da tradição, entendida como um organismo vivo e crescente. A teologia da tradição está em concordância com a da Escritura, que, como organismo vivo e dinâmico, deveria ser interpretada no seio da Igreja por meio do sopro do Espírito. Newman distinguiu cinco tipos de tradição em uma só: a interpretativa, responsável pelos sentidos das Escrituras; a que transmite as próprias doutrinas; a disciplinar; a apostólica, referente aos ritos e símbolos sacramentais; e a profética, obra do Espírito que faz desenvolver a consonância da doutrina do Evangelho com a da Igreja, de acordo com a qual elaborou o conceito de infalibilidade do *Depositum fidei* (cf. Fernández, 1998, p. 183).

Sua teoria do desenvolvimento do dogma é também notável e muito contribuiu para o método e para a questão da história dos dogmas (cf. Vilanova, 1991, III, p. 453-455). Para ele, as formulações doutrinais são a síntese sistemática e discursiva de algo intuído, por meio do qual a Escritura é descoberta e seus inesgotáveis ensinos são explanados. Sua homogeneidade é garantida, pois assim como o processo de todo desenvolvimento de qualquer ideia, que equivale a todas às suas possibilidades, sem que nenhuma afirmação o represente totalmente, o cristianismo é uma ideia inesgotável, pois vem de Deus, e, no seu desenvolvimento, pouco a pouco acumula conhecimentos inesgotáveis (cf. Fernández, 1998, p. 184). O tema da historicidade dos dogmas, que já havia sido objeto de reflexão teológica antes de Newman, configurou-se como uma das principais questões teológicas do século XIX em diante, e foi também foco da atenção de Ratzinger. Na edição italiana da obra *Natureza e missão da teologia*, foi dedicada uma parte inteira a tal problema (cf. Ratzinger, 1993, p. 107-130).

Newman foi responsável por contribuir com temáticas metodológicas às quais a Igreja Católica havia dado pouca atenção até então. O autor explora a aplicabilidade teológica do conhecimento intuitivo, o valor da progressão teológica, da analogia e da doutrina da alegoria dos padres. As Escrituras não são apenas dados catalogados e relatados, mas são vivas e dinâmicas, de substância inesgotável e pessoal, que, sob os fatos e palavras de Deus na história, alimenta o espírito humano e lhe mostra seu fim; assim, as formulações teológicas devem ser tradução sistemática e discursiva de uma espécie de intuição das coisas divinas. A teologia será sempre perfectível. A inteligência humana, representada pela teologia e pela Igreja, acumula aspectos parciais desse conteúdo inesgotável em sua continua expressão. A Escritura seguia a dinâmica de uma palavra incompleta, cujo acabamento no tempo é feito por obra do Espírito para mostrar a verdade de Deus (cf. Fernández, 1998, p. 185).

Dedicando uma atenção maior à história em si, para Alfred Loisy (1857-1940) a tarefa da teologia é interpretar criticamente as Escrituras, empregando exclusivamente os métodos histórico-críticos. Esse método foi apreendido por ele do protestantismo liberal. Em Ferdinand Baur (1792-1860) e em Friedrich Strauss encontrou suas referências filosóficas; já em Albrecht Ritschl e em Schleiermacher, as teológicas. Influenciado por tais personagens, em sua análise crítica e histórica quanto à Bíblia, Loisy estabeleceu um princípio geral: todas as elaborações posteriores das redações bíblicas são interpretações da verdadeira mensagem testemunhada pelas primeiras comunidades. Tal teoria relativiza a historicidade dos fatos relatados nos Evangelhos. Seu segundo grande princípio é a ideia de que existe uma evolução dogmática que se inicia na pregação escatológica de Jesus até a Igreja institucional (cf. Delpero, 2001, p. 552-553). Seu terceiro princípio é o de que a evolução deve seguir em direção a uma religião universal baseada no amor (cf. Fernández, 1998, p. 186-189).

A teologia de Loisy foi alvo de críticas de Ratzinger. Em sua obra *Compreender a Igreja hoje*, ele criticou de maneira explícita a sua metodologia histórica, a qual buscou fundamentar a ideia de que a Igreja era um produto humano e nunca havia sido desejada por Jesus Cristo (cf. Ratzinger, 2015b, p. 9-23). Em Loisy, é possível encontrar o início de uma tendência metodológica que resultará em teologias que advogarão em favor da liberdade da teologia para com as afirmações da Igreja e uma tendência ao criticismo.

George Tyrrell (1861-1909) atribuiu alto valor à experiência religiosa, ressaltando que todo conhecimento real a respeito das certezas da fé estava ligado à experiência pessoal. Seu método e sua compreensão de teologia estão marcados por dois grandes traços fundamentais: a experiencia cristã tem valor primário em qualquer formulação da Igreja (cf. Delpero, 2001, p. 553). Ele acreditava que a revelação equivale a uma experiencia traduzida em formulações pela Igreja, cujo caráter seria humano, e não divino. Em virtude disso, a teologia deve ser crítica histórica no terreno da exegese (cf. Congar, 2011, p. 306-308).

A apropriação dos métodos histórico-críticos pela exegese contribuiu com o contexto intelectual e cultural que resultou no Movimento Modernista, o qual suscitou diversas reações do magistério. Na base desses autores anteriormente tratados, bem como no movimento posterior, são identificados fundamentos básicos: a crença de que a revelação é unicamente a consciência que o homem adquire em sua relação com Deus, e, por isso mesmo, não se finalizou nos apóstolos; a fé é apenas um sentimento cego e básico oriundo do subconsciente sob a pressão da vontade; a Escritura não tem Deus por seu autor, tampouco tem origem sobrenatural; a tradição transmite apenas conhecimentos pouco seguros da doutrina de Cristo e meditações teológicas acerca dos mistérios são desprovidas de verdades históricas. Além desses conceitos intelectuais básicos, eles relativizam a Igreja como sendo fundada por Cristo e desautorizam o magistério. No fundo, o fundamento dessa questão é a possibilidade de um verdadeiro conhecimento de Deus, negado pelo agnosticismo e pelas filosofias iluministas, racionalistas e empiristas. Os modernistas entendiam que toda a interpretação da Igreja era baseada em sentimentos, não na razão (cf. Fernández, 1998, p. 191-192).

A almejada renovação teológica se centrou principalmente na volta às fontes da tradição e à Escritura para a formulação de um método que proporcionasse uma explicação homogênea e sistemática do progresso doutrinal e que valorizasse a necessidade de atingir a subjetividade e a intuição do homem, bem como os processos psicológicos da fé. Graças a tais empreitadas, voltou-se aos estudos dos padres e reconheceu-se a necessidade de elaborar um método de análise crítica da Palavra de Deus com base nas ciências filológicas e históricas. Além disso, reiniciaram-se os estudos das bases filosóficas da tradição católica, o que ocasionou uma nova apreciação entre as relações entre fé e razão. Tais preocupações não são inéditas, porém nesse novo contexto ganhou cortes diferenciados (cf. Fernández, 1998, p. 193-195).

Temas como a tradição, a liberdade do teólogo e os riscos de seu trabalho, o necessário engajamento na vida cristã comunitária, a auscultação do mundo em que se vive e suas necessidades, as filosofias do tempo como meio para veicular a fé, o conhecimento dos aspectos psicológicos da fé e a antropologia sempre estiveram presentes na tradição teológica desde os padres; entretanto, seu tratamento guardou certa problematização até que, no Vaticano II, foram devidamente considerados sem reservas. Tais preocupações repousam na linha que segue desde Agostinho, Boaventura, Newman e Möhler, porém ressurgem no que tange à opção pelo amor, pela intuição, pela psicologia, pelo sentimento, pela prática de vida em detrimento da inteligência, pela razão e pela teoria. Em decorrência disso, o magistério necessitou intervir em matéria de disciplina, apoiando-se no intelectualismo da época, representado pelo neotomismo, que ainda defendia a tradição filosófica mais antiga. O caminho da experiência subjetiva cristã parece tendencioso a certo relativismo e à negação da Palavra interpretada pelo magistério (cf. Fernández, 1998, p. 195).

De certa forma, Karl Adam (1876-1966) representa uma nova fase da Escola de Tübingen porquanto buscou formular um conceito de teologia e método baseado na espiritualidade de Jesus e no aspecto salvífico de sua humanidade (cf. Delpero, 2001, p. 563). Tal elemento, segundo Adam, deveria ser capaz de iniciar uma espiritualidade no sujeito que num segundo momento aceitaria o conteúdo revelado (cf. Fernández, 1998, p. 196-197). O tema da ausência de racionalidade da fé também é importante para entender sua metodologia. Ele defende a ideia de que a falta de razão da fé precede o racional. Para ele, Deus é sentido como valor, mas esse conhecimento inicial não permite que se chegue a um conhecimento pessoal de Deus. Esse conhecimento pessoal só é atingido pela experiência religiosa. Tais acepções sofreram objeções, tendo em vista a proximidade com o panteísmo e com a ideia da religião do sentimento (cf. Fernández, 1998, p. 198).

Importante para entender seu conceito de método é sua acepção da Igreja como corpo místico de Cristo. Nessa ideia, é possível identificar a noção que o teólogo tinha da essência do catolicismo. Adam entendia que a história da Igreja Católica era permeada pelo embate doutrinário, o qual fora marcado pela absorção de diferentes vertentes e valores teológicos e doutrinais. Adam opunha-se às afirmações segundo as quais o catolicismo não se identificava com a mensagem de Cristo ou com o cristianismo primitivo. Para ele, eram idênticos, pois a essência que vivificou o processo de construção do catolicismo segue sendo sempre a mesma. Trata-se, para ele, da encarnação continuada de Cristo em sua Igreja. Tal definição ilustra sua compreensão de corpo místico.

Adam tratou de responder a três concepções que eram, em seu entender, entraves para que o homem contemporâneo aceitasse a mensagem de Cristo, pois desfiguravam Jesus e, portanto, a essência do cristianismo. A primeira delas é o jesuanismo da teologia liberal que retirava de Cristo a divindade para apresentá-lo como um redentor que merece tal posição por seu serviço a Deus. A segunda é a insistência apenas na natureza divina de Cristo. Já a terceira dizia respeito à teologia dialética que fazia de Cristo exclusivamente uma manifestação de Deus no homem. Para ele, o cristianismo era composto de três elementos: o escatológico, o sacramental e o social (cf. Fernández, 1998, p. 199-200).

De estilo semelhante a Karl Adam, Romano Guardini (1885-1968) teve uma grande preocupação pastoral com o homem em suas necessidades e dores, ou seja, sua salvação no mundo. Tal objetivo ia em favor de uma teologia metodologicamente guiada para uma compreensão profunda e pessoal das Escrituras (cf. Delpero, 2001, p. 563). Guardini se aproximava da linha sapiencial, porém não se apartava da intelectual. Assim como Adam, entendia que a essência da fé cristã era a pessoa de Jesus, sua vida e obra, permanentemente encarnadas dentro do seu corpo místico, isto é, a Igreja. Tal ideia mostra como em seu método teológico a Igreja era fundamental. Guardini é um grande herdeiro da tradição dos padres no que tange aos sacramentos, aos símbolos e à liturgia da Igreja. Pode-se considerá-lo um dos pioneiros de uma concepção teológica precursora do Vaticano II (cf. Fernández, 1998, p. 200-201). Ratzinger expressa seu amor pela teologia de Guardini, de modo que sua teologia da liturgia é explicitamente fundamenta na do autor. Em sua autobiografia, Ratzinger confessa que tal teologia foi fundamental em sua formação intelectual. Além disso, ele identifica em Guardini um representante de algumas tendências presentes no Vaticano II (cf. Ratzinger, 2006, p. 49).

Teilhard de Chardin (1881-1955) tentou mostrar a convergência entre a teologia e as ciências. Toda a metodologia teológica de Chardin e sua noção do que era a teologia estavam a serviço de uma busca para fazer convergir o caminho da ciência e com o da fé. Portanto, fez teologia crendo que ela estava de acordo com a verdade da ciência. A teologia é capaz de chegar às mesmas conclusões que as ciências, pois essas também são capazes de chegar às afirmações dogmáticas da fé, as afirmações da Igreja. Seu contexto é crítico em relação às afirmações bíblicas em decorrência das grandes descobertas arqueológicas. Para Chardin, a teologia tinha um caráter apologético (cf. Fernández, 1998, p. 202-206). Considerava que a teoria da evolução de Darwin deveria ser aceita, mas era contra a ideia de que a evolução era divergente e caótica. Chardin também foi fortemente influenciado por Blondel, em especial por sua ideia da consistência do universo em Cristo. Mais notória e marcante é a sua crença de que a evolução se conclui no Espírito, passando por sucessivos estágios desde a natureza, a vida e o homem. Chardin partia de suas investigações em ciências biológicas, geológicas e paleontológicas para chegar às afirmações da fé (cf. Fernández, 1998, p. 207-209). Ademais, ele também tinha uma visão cristológica e cristocêntrica do mundo e, em decorrência dela, também da ciência. Ele cria que religião e ciência pertencem a diferentes esferas da inteligência, e por isso devem ter certa coerência. Sua obra é uma interpretação teológica dos dados científicos. Chardin também fez uso das Sagradas Escrituras e dos Santos Padres para desenvolver seu pensamento teológico (cf. Fernández, 1998, p. 209-211).

O início do século XX é marcado pela aplicação do método histórico-crítico em teologia, sobretudo em exegese bíblica. Em virtude disso, as ciências filológicas e históricas passam a ser também a mediação da razão humana de então (cf. Congar, 2011, p. 302-305). Além disso, cada vez mais as filosofias perdem seu valor mediador. A própria filosofia deixa de ter um caráter metafísico e essencialista e passa a se preocupar com as questões mais existenciais e os problemas humanos. De igual forma, a teologia aos poucos deixa de objetivar a Deus de maneira essencialista e ontológica para focar nos problemas do homem de seu tempo (cf. Fernández, 1998, p. 231-232).

Para Rudolf Bultmann a teologia era ciência desconstrutiva. Amparado no liberalismo e na filosofia hermenêutica de Martin Heidegger (1889-1976), Bultmann acreditava que a função da teologia era desmistificar o texto bíblico e aplicar a sua mensagem ao mundo de hoje (Grenz & Miller, 2011, p. 53-60), pois, segundo ele, a ciência foi capaz de apresentar ao homem moderno uma visão mais coerente da realidade. Assim como os liberais, deu forte ênfase ao Jesus histórico e à desconstrução dos dogmas. Seu conceito de Cristo da fé também está fortemente ligado à visão heideggeriana. Bultmann entendia que a cosmovisão científica de sua época era antagônica à visão bíblica (cf. Vilanova, 1991, III, p. 530-535). Para ele, o teólogo deveria partir de tudo aquilo que a ciência desmentiu para ser capaz de retirar das Escrituras a revelação que estaria por debaixo de toda a carga mítica. Bultmann também foi um dos grandes representantes da escola da história das formas (cf. Fernández, 1998, p. 223-227)[1].

Karl Barth (1886-1968) entendia que o caminho teológico deveria romper com a história; tal ideia era para romper com o liberalismo de Harnack (cf. Grenz & Miller, 2011, p. 14-16). Barth partia da teologia da cruz para chegar à teologia da glória. Apesar disso, é possível afirmar que o seu pensamento teológico está fortemente marcado pelo objetivo pastoral, bem como, em um primeiro momento, pela busca pela resposta ao contexto de guerras. Inicialmente próximo ao socialismo cristão, rompe com este, bem como com o liberalismo teológico e com o subjetivismo pietista, por entender que sua tarefa de pastor exigia um caminho teológico distinto (cf. Vilanova, 1991, III, p. 524-527). Para Barth, a tarefa da teologia era explanar a mensagem bíblica para o homem contemporâneo. Com tais pressupostos, elaborou a sua teologia dialética (cf. Grenz & Miller, 2011, p. 17-22). A noção que Barth tinha de Deus também marcou seu método e seu conceito de teologia. Ele entendia que o Deus revelado nos Evangelhos era absolutamente transcendente. Deus, por sua graça, salva o homem que o aceita. A fé é a inclinação do homem em direção à graça. Barth defendia a tese de que só era possível conhecer a Deus por meio da cruz de Cristo. Para ele, a teologia deve ser cristologia, pois Cristo é o único meio de conhecimento de Deus. Ademais, a teologia jamais poderia alcançar qualquer espécie de conhecimento divino por meio da história ou da natureza, de modo que se negava, assim, a analogia do ser e a teologia natural (cf. Delpero, 2001, p. 569-570). Barth cria que o intelecto da fé era apenas o reconhecimento do Verbo de Deus anunciado. Defendeu a ideia de que a Palavra de Deus era a única fonte de autoridade e de poder (cf. Fernández, 1998, p. 235-236). Em um segundo momento, sua teologia assumiu um caráter mais otimista. Ele alcançou equilíbrio ao entender que a manifestação de Cristo na história humana a valoriza. Por isso, a teologia precisa ser pastoral, pois Deus é misericordioso. Barth também

---

1. Hermann Gunkel (1862-1932) pode ser considerado o pioneiro do que mais tarde viria a se chamar "crítica das formas". Prestando atenção aos diferentes gêneros literários e ao ambiente de origem dos textos (*Sitz im Leben*), ele contribuiu para a ampliação do método. A crítica das formas foi aplicada aos Evangelhos sinópticos por Martin Dibelius (1883-1947) e por Rudolf Bultmann. Porém, Bultmann utilizou nos estudos da crítica das formas uma hermenêutica bíblica inspirada na filosofia existencialista de Martin Heidegger. A crítica das formas examina a estrutura ou organização do texto. Isso é feito por meio de uma análise individual dos elementos linguísticos nos âmbitos sintáticos, lexicográfico e estilístico (cf. Lima, 2014, p. 107-109; PCB, 1993, p. 39-40; Wegner, 1998, p. 165-229; Fitzmyer, 2011, p. 80; Yecid, 2012, p. 151-214).

valorizou o ecumenismo como uma espécie de veículo teológico (cf. Fernández, 1998, p. 237-238).

Ao contrário de Bath, Paul Tillich (1886-1965) entendia que a transmissão da revelação divina deveria ser mediada pela cultura (cf. Vilanova, 1991, III, p. 536-538). Entendia que, de fato, existia um hiato entre a sociedade cristã e os signos da cultura humana. Por isso, a teologia não poderia deixar de voltar-se a todas as formas de cultura para encontrar diferentes maneiras e linguagens para traduzir a mensagem da revelação (cf. Delpero, 2001, p. 571-572). Tillich escreveu sua teologia sistemática com o objetivo de buscar um diálogo entre filosofia e teologia (cf. Grenz & Miller, 2011, p. 70-72). Seu método será chamado de correlação, de modo que buscou salientar as questões existenciais humanas e seus correspondentes teológicos. Fundamental era a correlação que fez entre razão e revelação (cf. Grenz & Olson, 2013, p. 140-143). Para ele, revelação não era um conhecimento objetivo de Deus, mas o trazer à luz o princípio da transcendência do próprio ser, o qual está a Ele correlacionado. Deus é o próprio ser. Para todas as categorias existenciais, correlacionou uma teológica. Tillich buscou a harmonia entre uma filosofia ontológica da religião com projeção existencialista e a mensagem querigmática da Bíblia para responder aos anseios mais fundamentais do ser humano. A teologia para Tillich também tinha um caráter missionário. Assim como Bultmann, buscou desmitologizar a imagem de Jesus Cristo, porém a novidade do seu intento é a inserção da categoria de símbolo como portador da realidade significada. É notória também a sua original utilização da analogia (cf. Grenz & Olson, 2013, p. 150-154).

Já para Gottlieb Söhngen (1892-1971) a teologia era a sabedoria de Deus revelada no caminho da razão crente. Para ele, o acesso à fé estava fundamentado na personalidade humana, não tanto por adesão às verdades, e sim pela ação de um Deus vivo que vem ao encontro do sujeito. Esse teólogo iniciou seu caminho intelectual na filosofia. Seu projeto mais fundamental era a busca por uma harmonia entre filosofia e teologia. Söhngen defendia que era possível harmonizar o tema da *analogia entis* com a *analogia fidei*. Assim como Tillich, utilizou a categoria do símbolo, porém divergindo em relação aos resultados dessa aplicação em decorrência de seu uso específico. Ele pode ser considerado próximo à Velha Escola de Tübingen no que diz respeito às relações entre a verdade e a história no tema da revelação. Em relação ao método, idealizou uma divisão tripartite entre teologia histórica (a palavra de fé revelada na história salvífica), teologia exegética (a linguagem da Palavra de Deus como intermediação) e teologia dogmática (conteúdo doutrinal ultimado no *kerygma*) (cf. Fernández, 1998, p. 243-245).

Uma das principais preocupações de Söhngen era o estatuto científico da teologia, bem como sua unidade e a busca de justificativa da teologia dentro do contexto universitário alemão. Uma das etapas fundamentais do caminho teológico idealizado por Söhngen era o exame das conclusões que poderiam surgir da pesquisa de parte da patrística, do pré-tomismo e de Tomás de Aquino, conjugando-as com o que pode ser derivado das filosofias pré-cristã e da moderna (especificamente de Kant e de Hegel), da fenomenologia de Edmund Husserl (1859-1938) e da ontologia de Heidegger (cf. Fernández, 1998, p. 243-244). Tal caminho pode ser encontrado em sua obra *Introdução filosófica à teologia*, de 1955.

Söhngen quis dotar a teologia de bases histórico-temporais sem sucumbir seja positivismo, seja historicismo. Tais empreitadas também visavam à elaboração de uma teologia fundamental que não fosse tão somente de tipo apologético, mas crítico em relação às próprias bases. Para o autor, a teologia é feita dentro de uma aporia fundamental: o saber no mistério, ao passo que é também o saber de Deus pelo caminho da razão. Para ele, essa síntese só é perfeita se cada antítese é compreendida e mantida em seu próprio local. A afirmação paulina da sabedoria a partir de Deus no mistério é para Söhngen a fundamentação bíblica e a origem espiritual de toda a teologia cristã, a qual está sob uma relação fundamental: *sofia* com *mysterion*. Trata-se de um saber misterioso de Deus que fora revelado por seu Espírito para sua própria glorificação a fim de salvar a humanidade na glória de Cristo. Para ele, existem relações básicas: o Espírito e a força da salvação, a letra da Escritura com a sua inteligência espiritual, o conhecimento com a fé e com o amor, e a sabedoria do mundo e a razão humana. Baseado em Paulo quanto aos conteúdos e à forma da sabedoria cristã, Söhngen define a teologia como um misterioso saber de Deus que se nos revela de maneira salvífica, ao passo que permanece também oculto. Essa sabedoria de Deus é o mistério de Cristo, feito por Ele sabedoria para a humanidade. O mistério de Deus e sua sabedoria se referem à sua vontade salvífica. Para ele, a sabedoria de Deus no mistério é conhecimento pela fé e só pela fé, não se tratando de um conhecimento obtido de início pela inteligência humana, mas sim pela revelação, pela graça e pela virtude da fé. A fé é o único conhecimento autêntico que faz chegar a Deus por meio de Jesus Cristo (cf. Fernández, 1998, p. 245-247). Söhngen entendeu que o lugar da teologia era, por natureza, a Igreja. Mas por conta disso o teólogo não deveria deixar de buscar o diálogo com a razão humana na universidade, e, além disso, encontrar novas formas de expressão teológica para atingir as outras culturas, em decorrência de seu estatuto missionário (cf. Fernández, 1998, p. 247-248).

### 2.2.11 O início do século XX e os antecedentes teológicos diretos ao Vaticano II

Em 1910, na obra *Le Donné révelé et la théologie*, Ambroise Gardeil (1859-1931) inaugurou diversas questões para a teologia de antes do Vaticano II, até mesmo durante e depois dele. Nela, encontra-se a afirmação de que a teologia de outrora não havia levado em consideração os aspectos históricos da revelação. A perspectiva histórica da escola de Tübingen, o modernismo representado por Loisy, a escola da história dos dogmas, bem como outras temáticas de caráter histórico, já haviam deixado tal afirmação latente. A reação imediata foram estudos teológicos que buscaram manter a doutrina da Igreja acerca dos conteúdos imutáveis do dogma ao recorrer ao dado apostólico e bíblico relacionado à pregação atual da Igreja. Nesse sentido, de importância fundamental foi a encíclica *Divino Afflante Spiritu* (1943) de Pío XII (1876-1958), na qual os estudos bíblicos orientados pela exegese histórico-crítica eram estimulados. Além disso, houve uma busca por renovação dos estudos patrísticos e medievais pela perspectiva histórica. Na França, surge a "nova teologia" a qual buscava responder às questões levantadas pela aplicação da perspectiva histórica ao conceito de fé e de revelação (cf. Congar, 2011 p. 313-314).

Importante também, nesse contexto de mudança, foi a encíclica *Humani Generi* (1958), que se posicionou acerca de algumas opiniões que incorriam no risco de minar os fundamentos da Igreja Católica. Tais opiniões eram representadas por filosofias e teologias que gozavam de popularidade, principalmente na França. Para a encíclica, o maior problema estava na questão do método teológico e no conceito de teologia, pois as novas concepções poderiam negar a objetividade e a validade perene das formulações doutrinais e dogmáticas da Igreja, as quais, segundo tais teólogos, deveriam ser questionadas em virtude da historicidade e do contexto. Para eles, segundo a encíclica, era necessário voltar às afirmações bíblicas e patrísticas com a intenção de compreender suas expressões originárias. A encíclica também alertou para o uso de filosofias contemporâneas que deveriam servir de caminho para a adequação dos dogmas à mentalidade humana de então. Para tanto, dever-se-ia pressupor que os mistérios da fé jamais poderão ser expressos de maneira definitiva; na condição de verdade, suas expressões dogmáticas são aproximativas, mutáveis, de modo que é necessário, em virtude disso, sempre expressar a fé de maneira nova. A encíclica condena tal pressuposto por incorrer em relativismo dogmático. Um dos grandes perigos é o de retirar da razão humana a sua capacidade de conhecer a verdade (cf. Fernández, 1998, p. 251-254).

Nesse período, a teologia de língua francesa discutiu a fundo as questões da teoria da introdução teológica e do método. Tal iniciativa deveu-se às obras de Gardeil Marie-Dominique Chenu (1895-1990) com seu tratado *La théologie comme Science au XIII*, que marcou época e fundou uma certa tendência. Marie Yves-Joseph Congar (1904-1995) produziu um importante verbete intitulado *Théologie*; nele, em primeiro plano, está a questão do sentido e da justificação da teologia positiva, bem como sua relação com a teologia especulativa. Ademais, versou quanto a como participa a razão na compreensão, na exposição, na fundamentação, na defesa e na interpretação da doutrina da revelação; além disso, tratou da maneira como pode ser empregado na teologia o conceito aristotélico de ciência, quais aplicações podem ter os conceitos e argumentos filosóficos na teologia, a possibilidade de estes serem deduzidos das verdades de fé como princípios pelo caminho da conclusão de conhecimentos de novas verdades; esgota-se, assim, a tarefa da teologia em mera explicação e desenvolvimento dos conteúdos da revelação? Na obra *Essai sur le probléme théologique* (1938), Louis Charlier (1889-1971) negou a função dedutiva da teologia, não admitindo conclusões teológicas propriamente ditas. Note-se que estavam em questão problemáticas e contribuições já trazidas por Santo Tomás de Aquino; portanto, o que estava em jogo é o valor de sua obra (cf. Beumer, 1977, p. 121).

Uma questão para a nova teologia era a cientificidade da teologia, sua natureza, funções e método. Ela entendia que a escolástica havia sistematizado o conceito científico de teologia em detrimento da compreensão patrística, de modo que era imprescindível um novo equilíbrio. Tal manobra escolástica era acusada de afastar os teólogos da linguagem bíblica. Ademais, a nova teologia também considerava que Tomás de Aquino tinha rompido com a tradição precedente ao construir seu sistema teológico nos moldes metafísicos, bem como entendia que esse modelo isolava o pensador da real atividade teológica, pois separava, em duas instâncias, a fé e a razão, as quais viviam uma síntese satisfatória na tradição agostiniana. Tal procedimento escolástico isolava a fé da simplicidade do Evangelho. A nova escola de teologia defendia a tese de que tal método ignorava as categorias de história, da evolução, da subjetividade e da vida concreta (cf. Fernández, 1998, p. 255).

Considerado o pai da nova teologia, Henri de Lubac fez teologia levando em consideração as questões impostas pela emergência da perspectiva histórica, a saber, o lado subjetivo da fé (cf. Mondin, 1979, I, p. 181-185), a temporalidade do dogma, a concepção do conceito de revelação não nocional, a graça e a necessidade de aceitar a evolução dos enunciados de fé (cf. Delpero, 2001, p. 566). Seu nome é estritamente ligado à opinião original de que a teologia deveria afastar-se de um escolasticismo para aproximar-se de suas fontes mais antigas, os padres. Essa volta deveria ser renovadora para a teologia. Seus maiores estudos são acerca dos Padres da Igreja. Seu caminho inicia-se fundamentalmente por conceitos abstraídos dos estudos patrísticos. Assim, entendia que a revelação não era preferencialmente a manifestação de verdades imutáveis na história, mas manifestação da Verdade em Pessoa. Para ele, as expressões dogmáticas de fé eram necessárias, mas espelhavam o fato de que a Verdade nunca será esgotada nas expressões dogmáticas, fato que explica a evolução das próprias expressões dogmáticas (cf. Fernández, 1998, p. 269-271).

De Lubac entendia que a fé é mais uma recepção do dom da graça de Deus, e não apenas a vontade livre de aceitar uma determinada verdade, seja por decisão, seja por intelecção compreensiva. Ligado ao tema da fé e atento às questões urgentes de seu tempo, dialogou e pesquisou com intensidade o problema do ateísmo, em espírito de diálogo e compreensão; nesse aspecto, revela-se sua valorização do caráter também pastoral da teologia (cf. Mondin, 1979, I, p. 194-195). Além dos estudos patrísticos, De Lubac também foi fortemente marcado pelos estudos escolásticos no que diz respeito ao conceito de graça. Para ele, a Igreja é sobretudo uma comunidade na qual se manifestavam as ações de Cristo. Notável em De Lubac é a sua relação com as tendências metodológicas e com as reflexões acerca dos temas teológicos empreendidos pela tradição teológica mais recente, dialogando com Newman, Möhler, Adam, Chenu e Congar (cf. Fernández, 1998, p. 270-274).

Apesar de ter sido formado em ambiente tomista, Marie-Dominique Chenu seguiu um percurso teológico de corte espiritual e vital, o qual era fortemente ligado à obra social, fundamentando tais ações no pensamento de Santo Tomás. Seguindo a metodologia histórica, seu pensamento e vida foram marcados pela especulação acerca da natureza da teologia e da fé e como a obra social é consequência de determinada compreensão de ambas (cf. Delpero, 2001, p. 565). Tal concepção tem forte fundamentação cristológica, porquanto é amparada principalmente na teologia das duas naturezas de Cristo. Para Chenu, a fé era a contemplação crente de um Deus salvador experimentado interiormente pela palavra, bem como da história cristã (entendida por ele como tradição) e a experiência comunitária de todos os crentes. A teologia era a escuta da obra de Cristo mediante a sua encarnação na história, prolongada na Igreja e refletida nos problemas atuais. Teologia e fé devem ultimar na ação (cf. Mondin, 1979, I, p. 129-131). Especialista em Tomás, entendia que a *Questio* I, artigo IV da *Suma teológica*, fundamentava o aspecto prático da teologia. A teologia é ciência especulativa e prática. Tudo acerca do que especulou, viveu e praticou, buscou seguir essa dinâmica. Para Chenu, a teologia comporta um paradoxo, mas este justifica a dualidade e a unidade da natureza e do método teológico (cf. Fernández, 1998, p. 259-260).

No pensamento de Chenu, a teologia goza de dois tipos de inteligibilidade. A primeira era a filosófica, que objetivava à arguição do universal e do imutável (cf. Mondin, 1979, I, p. 131-132). A segunda era a histórica, a qual remete ao mutável e concreto da vida. Ele entendia que o homem moderno pede mais que verdades ou doutrinas, mas soluções para vida cotidiana. Para Chenu, a teologia era eminentemente eclesial, pois o corpo místico de Cristo na história, tanto institucionalmente como em seu carisma próprio, em ato, é o lugar da tradição, enquanto esta é o desenvolvimento vivo e comunitário da Escritura, que deve ser relida em cada nova geração. Nesse desenvolvimento está a compreensão, a intelecção e a prática (cf. Fernández, 1998, p. 261-262).

Marie Yves-Joseph Congar entendia que a teologia precisava considerar as questões trazidas pelo modernismo e pela teologia contemporânea, seja ela católica, seja protestante, levando em conta os resultados e os métodos da indagação histórica do método histórico-crítico (reconstrução do passado e dinamismo do presente), porém valorizando a experiência religiosa subjetiva cristã (cf. Mondin, 1979, I, p. 159-162). Uma das principais questões para Congar foi o tema do ecumenismo (cf. Mondin, 1979, I, p. 162-175). O início de sua prática teológica era a tentativa de uma reconstrução histórica da temática tratada. Muitas vezes buscou expor a história utilizando concepções duplas acerca de um mesmo objeto (cf. Mondin, 1979, I, p. 159-162). Por exemplo: a Igreja como instituição e a Igreja como corpo místico. Dessa maneira, tratou de muitas temáticas relativas à história da Igreja. É possível observar que a eclesiologia era uma das principais bases teológicas do método de Congar (cf. Delpero, 2001, p. 566), uma vez que em grande parte de suas obras entendia que a teologia deveria ultimar numa compreensão maior acerca da Igreja, de sua ação no mundo por meio, sobretudo, dos leigos em vista do ecumenismo. Para Congar, a Igreja era o que existia de mais concreto. Foi pioneiro na reflexão acerca do laicato, sua contribuição para a teologia e seu aspecto missionário (cf. Fernández, 1998, p. 264-268).

Assim como em De Lubac, a teologia de Jean Daniélou (1905-1974) está marcada pelo estudo dos padres, pela perspectiva histórica e pela atualização da vivência da fé. Porém, ampliou o arco da busca às fontes, explorando também o campo da liturgia e da Bíblia. Foi um grande apreciador da forma que os padres interpretavam a Bíblia. Daniélou é considerado um dos pioneiros a valorizar os contatos da teologia com a filosofia marxista e existencial, principalmente a de Søren Kierkegaard (1813-1855). Cria ele que tais correntes eram as mais aptas para expressar as categorias bíblico-patrísticas cristãs no contexto da subjetividade e da perspectiva histórica, além de boas mediações para as outras religiões e culturas (cf. Fernández, 1998, p. 274-276).

Daniélou, mais maduro, deu forte ênfase ao aspecto missionário da teologia, entendendo que deveria pensar a catolicidade da Igreja e da fé no seu diálogo com as outras religiões e culturas. Também refletiu acerca do laicato e de sua contribuição específica em teologia, especialmente na sua natureza missionária. No que diz respeito à missão teológica de alcance aos povos e culturas, foi contra as ideias de separação entre fé e cultura. Apesar disso, é identificado também com a ideia da defesa mais conservadora do papel magisterial e institucional da Igreja na condição de guardiã da fé revelada e professada, porém entendia que deveria haver liberdade no trabalho teológico. Ele defendeu a ideia de que os dogmas são aproximações sempre maiores às verdades plenas e inesgotáveis da revelação (cf. Fernández, 1998, p. 277-280).

Em seu diálogo crítico com os teólogos, bem como demostrando o valor dado ao ecumenismo, foi um debatedor das concepções de fé defendidas por Bultmann por meio do seu método desmitologizador. Daniélou cria que tais noções causam danos a natureza real, histórica e objetiva da fé: a encarnação e a ressurreição de Jesus Cristo. Esteve próximo às ideias de Barth quanto às questões de teologia natural e do conhecimento de Deus pela fé e pela graça, mas foi defensor da valorização das capacidades humanas (cf. Fernández, 1998, p. 280).

Com um profundo diálogo com a filosofia do seu tempo, um dos principais projetos de Karl Rahner (1904-1984) foi a reinterpretação da teologia tomista para o seu tempo. A filosofia é sua principal base teológica, tendo recebido o influxo do pensamento de Joseph Maréchal (1878-1944), de Heidegger, de Kant e de Hegel. Rahner confere um caráter fundamental ao existencialismo heideggeriano, mesclado à filosofia transcendental de Kant e ao neotomismo de Maréchal. Rahner buscou reinterpretar o tomismo levando em conta a historicidade. Também esteve atento aos estudos patrísticos. Sua maior originalidade foi afirmar que existe, na natureza humana, a prefiguração da revelação cristã e seus conteúdos, sem que isso negue seu caráter de gratuidade (cf. Mondin, 1979, I, p. 99-107).

Rahner entendia que o teólogo também deveria direcionar o seu trabalho para as questões humanas e sociais, decerto por entender que a teologia tem uma natureza eminentemente missionária. Em decorrência disso, foi um grande defensor da liberdade do trabalho do teólogo e sua livre reflexão em um mundo extremamente plural. Nesse contexto, Rahner refletiu acerca do problema do ateísmo e da secularização (cf. Baena *et al.* 2007b, p. 71-79).

O autor também é considerado um ponto de ruptura na maneira de fazer teologia em relação à tradição que o precede. Isso se prova pelo embate ocasionado pela interpretação que ele opera na teologia neoescolástica, tendo como critério formal a filosofia transcendental e existencial. Um dos principais fundamentos metodológicos de Rahner é o chamado giro antropológico, para que a teologia rompesse com o objetivismo escolástico. Isso significa que o teólogo não deveria partir de conteúdos objetivos acerca de um Deus revelado, mas que deveria partir daquilo que está implícito na própria natureza humana para chegar aos conteúdos da revelação prévia que está no próprio homem. Para ele, teologia é antropologia transcendental. Rahner dizia que o homem é um ser que tem transcendência absoluta para Deus e que, por isso, não existiam contradições entre antropocentrismo e teocentrismo, mas que seriam diferentes faces de uma mesma realidade, de modo que um é inteligível sem o outro. Nessa dinâmica metodológica, Rahner refletiu e trabalhou todos os conteúdos dogmáticos da fé (Baena, 2007a, p. 57-70).

Assim como seus contemporâneos, Edward Schillebeeckx (1914-2009) recebeu um forte influxo das tendências modernistas em sua metodologia teológica, são elas: a perspectiva histórica, o subjetivismo e a interpretação fenomenológica e personalista da vida. Sem negar as tendências do seu tempo, Schillebeeckx é grande devedor de sua formação tomista, tratando, baseado em Merleau-Ponty, dos problemas da especulação da teologia em perspectiva histórica e fenomenológica. É também um representante da teologia hermenêutica, principalmente quando se trata do aspecto prático da sua teologia e de suas análises da experiência cristã (cf. Delpero, 2001, p. 581). É classificado como um hermeneuta, em decorrência do influxo das concepções fenomenológicas e existenciais da teologia. Seu método teológico também esteve fortemente impregnado dos estudos patrísticos e bíblicos (cf. Mondin, 1979, I, p. 246-249).

Schillebeeckx é considerado um teólogo hermeneuta, pois interpretou os aspectos da fé tendo ela mesma como ponto de partida. Sua concepção do conceito de fé é a de que ela supõe uma confrontação com o Deus vivo que fala no presente, ao passo que é também uma recordação e audição, em todos os tempos, daquilo que foi testificado nas Escrituras e na tradição. Para ele, a fé é também o resultado de uma revelação atual de Cristo, na Igreja, por meio do Espírito. Quando ele afirma que é atual, não quer dizer que a palavra original sofra mutação, mesmo sendo reapropriada em diferentes épocas e contextos. Essa palavra reafirmada e aceita sempre novamente na história é registrada em fórmulas, tornando-se participante da palavra original. Nisso se expressa o seu conceito de tradição. Seu conceito de progresso dogmático deriva desse princípio de tradição. O dogma é sempre reinterpretado. Mesmo que tal reinterpretação resulte em conceitos distintos, linguagem distinta e novos sinais culturais, referem-se sempre à mesma realidade dogmática afirmada. O que mantém essa ligação é o duplo horizonte da teologia, o passado e o futuro, em vista do qual é apresentado o aspecto ortoprático do formular uma nova visão da mesma verdade (cf. Fernández, 1998, p. 293-294).

Destacou sua concepção missionária da teologia ao refletir a respeito dos problemas impostos pelo agnosticismo e pelo ateísmo. Porém, sua originalidade consistiu em tratar desse problema confrontando a interpretação cristã da realidade com aquela feita pelos representantes da secularização. Compreender o pensamento dessas correntes era necessário para apresentar a interpretação cristã de maneira mais eficaz e em linguagem própria. Ele entendia que era necessária uma nova formulação da teologia natural, pois essa havia sido negada na Reforma, na filosofia moderna e na filosofia contemporânea. Tal reformulação deveria partir de um interesse teológico legítimo a respeito dos problemas do mundo e dos homens. Tal caminho seria capaz de produzir um novo conhecimento de Deus. Schillebeeckx entendia que, no futuro, seria necessário à teologia um falar de Deus e prescindir da revelação (cf. Mondin, 1979, I, p. 253-254).

Apesar de sua ligação ao fundamento existencial de Rahner, Piet Schoonenberg (1911-1999) esteve ligado aos estudos bíblicos, em conexão com a experiência cristã. Para ele, toda a teologia deveria expor o significado prático das afirmações ortodoxas. Para ele, o trabalho teológico consiste em dar expressão reflexiva e sistemática àquilo que foi vivido pela comunidade de fé. Seu principal fundamento metodológico é a *ortopráxis*. Ela é o início de um caminho, bem como o seu fim (cf. Fernández, 1998, p. 297-298). Outra questão metodológica que marcou seu trabalho foi a interpretação hermenêutica dos dogmas. Para ele, os dogmas deveriam ser reinterpretados segundo uma tríplice base: o bem do homem atual, a hodiernidade da mensagem e a situação histórica. Além deles, existem mais três princípios decorrentes. Primeiro, ele afirmava que os textos apenas respondem às questões que podem ser levantadas em determinado momento. A hermenêutica deve ser realizada a partir do contexto histórico a que responde. Em decorrência do fato de que as formulações dogmáticas foram sempre recusa momentânea de alguma opinião herética ou heterodoxa, não foram a única expressão possível do mistério que se buscou defender e expressar; portanto é necessário uma melhor expressão e reinterpretação do mistério. Em relação às questões metodológicas nos estudos bíblicos, conjugou a interpretação literal com a alegórica e tipológica (cf. Fernández, 1998, p. 299-301).

### 2.2.12 O método teológico segundo o Concílio Vaticano II

Inúmeras questões desembocaram no Vaticano II (1962-1965). A volta às fontes para reincorporar conceitos que teriam ficado esquecidos; a valorização do aspecto histórico e progressivo da revelação, não mais vista apenas como transmissão de verdades, mas como encontro pessoal; as principais fontes da teologia, a Escritura e a tradição, que passaram a ser analisadas também a partir do método histórico; elaboração teológica desde uma perspectiva de pastoralidade e atenção às questões do mundo em decorrência de uma pluralidade secularizada; a mediação com o tempo presente, não apenas feita por meio da filosofia, mas por todas as ciências possíveis; a incorporação da experiência e da reflexão existencial, que se reflete em pilares teológicos desde a pessoa, da ontologia interpessoal e da perspectiva desde a historicidade e a funcionalidade (cf. Fernández, 1998, p. 303-306); uma nova perspectiva ecumênica para a teologia; a forte ênfase no aspecto comunitário da fé; novas eclesiologias; busca por maior ação social da igreja.

> A exposição conciliar, embora não querendo impor um esquema rígido ao método teológico, indica algumas orientações metodológicas essenciais, que não podem deixar de ser observadas, e convida a reflexão teológica a pensar, de modo orgânico e unitário, os princípios fundamentais da centralidade de Cristo no mistério da salvação, a atenção antropológica, a finalidade pastoral e espiritual (Pozzo, 2017, p. 509).

Os traços metodológicos e a natureza da teologia, como observados nos teólogos da subseção anterior, expressam as preocupações que chegavam ao Vaticano II e também serviriam como novos caminhos. O Vaticano II foi convocado para tratar de problemas teológicos concretos, visando a uma dimensão mais pastoral da Igreja. Pode-se dizer que o Vaticano II foi inovador para o método teológico e para a compreensão da própria teologia. Ele propôs a Bíblia com sua eterna verdade, a tradição, os padres em sua interpretação mais próxima ao dado e ao pensamento moderno como portador de algo a dizer. Além disso, buscou realmente ser ecumênico ao escutar e discernir aquilo que diziam os irmãos de outras confissões cristãs e religiões não cristãs. Tudo o que ficou decretado em relação ao método passou a exercer um papel irrenunciável no trabalho teológico católico (cf. Fernández, 1998, p. 311-315).

O Vaticano II propôs a renovação do método teológico no que tange também à formação dos futuros pastores. Em seus números 16 e 17, o Decreto *Optatam Totius* (1965) firmou importantes diretrizes para o método teológico. Neles, foi declarada a importância fundamental do magistério para a definição mais exata da doutrina. Também reafirmou o que disse a *Dei Verbum*: a Escritura deveria ser a alma da Igreja e, para tanto, a exegese é imprescindível. Também ressaltou o valor dos Santos Padres e da história da Igreja e dos dogmas como medida para a correta interpretação da revelação posterior. Santo Tomás também foi afirmado como a medida da especulação teológica mais correta possível. A liturgia também foi posta como lugar teológico. O ecumenismo e o diálogo inter-religioso foram postos como veículos teológicos. Além desses, itens fundamentais, o decreto estimulou a criação de novas propostas didáticas para o ensino teológico (cf. OT, 16-17).

Para o Concílio, conforme se encontra na *Dei Verbum* (1965), a Sagrada Escritura deve ser a alma da teologia, apoiada pela tradição (cf. Gonzaga, 2012, p. 207-209). No que diz respeito à Bíblia, o Concílio propôs uma exegese teológica, e não uma exegese puramente histórica. Ele entendeu que ambas se robustecem mutuamente. O Concílio entendia que a invocação dessas fontes deveria superar a maneira mecânica e objetivista; ademais, tal fato deveria ser superado a partir do momento em que tais fontes também o fossem para a liturgia e vida da Igreja (cf. DV, 8-9). A prova disso é a imensa profusão de conceitos bíblicos usados para compor o texto da *Lumen Gentium* (1964) (cf. Fernández, 1998, p. 315-317).

> O pensamento do Vaticano II sobre a natureza e sobre o método da teologia está expresso no n. 16 da *Optatam Totius*. Com base no conceito renovado de revelação, tal como está exposto em *Dei Verbum*, compreendem-se o sentido e o alcance da renovação do método teológico. O decreto *Optatam Totius* ensina que a Escritura é o ponto fundamental do procedimento, seja porque o desenvolvimento dos temas bíblicos está na base das verdades a aprofundar, seja porque a Escritura é a alma da teologia (*Dei Verbum* 24). O texto conciliar prossegue na direção de assumir a voz dos Padres da Igreja e a evolução histórica do dogma, entendida como percurso necessário para compreender o esclarecimento do dado revelado. Por conseguinte, as definições dogmáticas são ponto de chegada de uma longa caminhada de fé, no interior da vida e do pensamento da Igreja, e pontos normativos para compreender a mensagem revelada. Segue-se depois o momento especulativo da teologia, que consiste em ilustrar o máximo possível os mistérios salvíficos da fé, tendo em conta especialmente o exemplo de Tomás de Aquino. Finalmente, outra função da teologia é mostrar a continuidade entre anúncio bíblico, história da fé, reflexão especulativa e liturgia, piedade cristã e edificação da Igreja. Neste contexto, o Concílio convida a buscar a solução dos problemas humanos à luz da revelação, a aplicar suas verdades eternas às condições mutáveis da humanidade e a transmiti-las de maneira apropriada a nossos contemporâneos (Pozzo, 2017, p. 509).

O Concílio soube valorizar a categoria da imagem e do símbolo em teologia, declarando que a Escritura está repleta deles, bem como que os Padres da Igreja compreenderam tal realidade, expressando isso em sua forma de fazer teologia. Talvez seja por isso que propuseram a liturgia como fonte teológica. Sendo a Igreja o lugar teológico por excelência, pois é nela que se expressa a comunidade no caminho escatológico, em caráter ministerial e missional tendo em vista sempre que deve responder aos problemas do homem e do mundo (cf. Fernández, 1998, p. 318-319).

Existem três linhas gerais que podem mostrar os traços marcantes da compreensão da natureza e da missão da teologia, bem como de seu método, segundo o Vaticano II. São elas: a relação entre a teologia e o pensamento moderno e a teologia e o histórico, o pluralismo teológico e a liberdade na Igreja.

O Concílio admirou, valorizou e apreciou os valores que o mundo poderia contribuir. Buscou entender essa dinâmica para contribuir com aquilo que poderia ser compatível com a missão da Igreja. Além disso, soube apreciar as ciências, pois essas possibilitam uma melhor compreensão das realidades humanas. Dessa forma, é possível aos pastores e teólogos discernir melhor o contexto e aplicar de maneira mais eficaz a mensagem de salvação revelada em Jesus Cristo. Observa-se que a Igreja sempre deve ter o objetivo de evangelizar o mundo; isso, por sua vez, demonstra que os padres conciliares entendiam que esse deveria ser e sempre havia sido o objetivo da teologia. A teologia é a hermenêutica que deve interpretar os sinais dos tempos. Estes são dinâmicos e têm mudado aceleradamente (cf. Fernández, 1998, p. 320-323).

O Vaticano II levou em consideração a afirmação de que os dogmas estavam condicionados a uma determinada linguagem e cultura, sendo necessário compreender melhor tal realidade e seus possíveis entraves. Além disso, por se tratar de expressões da fé, o Concílio entendeu que era necessário utilizar os novos recursos para expressar seus conteúdos de verdade.

> Para que a vida cristã se acomode à índole e ao caráter de qualquer cultura (...) é necessário que em cada território sociocultural se promova a reflexão teológica pela qual são submetidas uma nova investigação, à luz da tradição da Igreja Universal, os fatos e as palavras reveladas por Deus, consignadas nas Sagradas Escrituras e explicadas pelos padres e o magistério da Igreja. Assim será mostrado por quais caminhos pode a inteligência chegar à fé, tendo em conta a sabedoria e a inteligência dos povos (AG, 21-22).

O Concílio enfatizou que as expressões teológicas são diferentes do depósito das verdades de fé e dependem dela. Por isso, os teólogos devem buscar a melhor expressão conceitual. Deve-se sempre reapresentar as verdades de fé sem alterar o seu verdadeiro sentido (GS, 62).

A respeito do pensamento histórico, o Concílio foi inovador e sóbrio. Sóbrio no que diz respeito à defesa de que tudo aquilo que, no passado, a Igreja discerniu, refletiu e registrou foi por meio do Espírito e da cultura de seu tempo, carrega sempre valor de verdade. Por isso, a teologia deve atentar para a história, não para descontruir ou modificar, mas para melhor compreender e explanar tudo o que foi registrado. Ao tratar do tema da Escritura, com vistas à historicidade no método, a *Dei Verbum* afirma que se deve inquirir o sentido que o hagiógrafo, em determinadas circunstâncias, dada a condição de seu tempo e cultura, quis expressar com a ajuda dos gêneros literários. A Sagrada Escritura deve ser lida e interpretada com o mesmo Espírito que foi escrita (cf. DV, 12) em vista de que deve atender ao contexto da unidade das Sagradas Escrituras, a tradição viva de toda a Igreja e a analogia da fé.

No que tange à liberdade da teologia, o Concílio declarou uma realidade já existente dentro da história da teologia. Sempre houve uma pluralidade de caminhos teológicos distintos entre si. Por isso, no tema da liberdade da teologia e da sua pluralidade, o Concílio foi, a um só tempo, inovador e prudente. De certa maneira, o magistério sempre tolerou e guardou tal fato. A pluralidade é legítima quando enriquece a unidade (cf. Fernández, 1998, p. 325-330). Assim, o Vaticano II expressou que a teologia não deve apenas dar respostas às questões mais urgentes e graves que o seu tempo exige, mas pode e deve usar como hermenêutica os conhecimentos e problemas de cada época para uma maior compreensão da mensagem (cf. Fernández, 1998, p. 330).

Além de buscar fazer teologia fundamentado naquilo que Concílio Vaticano II estabeleceu, Ratzinger participou do evento como perito teológico. O sétimo volume de suas obras completas, dividido em duas partes, trata de comentários aos documentos desse concílio. Em tais comentários, é possível observar como o Vaticano II influenciou a teologia de Ratzinger (cf. Ratzinger, 2013 VII/1, 2).

### 2.2.13 O método teológico na teologia contemporânea

Em decorrência das muitas e aceleradas mudanças atuais, a teologia se viu encarregada de uma tarefa complexa: responder às incontáveis demandas do tempo presente. O desafio não é mais intenso, e o resultado é uma pluralidade de propostas metodológicas diversas. Em meados do século XX, surgiram várias vertentes: a teologia da secularização e a teologia da morte de Deus, a teologia da libertação, a teologia da esperança, a teologia política, a teologia hermenêutica etc.

Tal fato também se expressa nas diferentes mediações que a teologia tem ao seu dispor (cf. Fernández, 1998, p. 333-332).

A teologia da secularização e a teologia da morte de Deus podem ser analisadas em conjunto, pois partem de um fundamento comum: a aceitação de uma cultura completamente secularizada e livre da religião cristã. Em perspectiva teológica, é possível afirmar que talvez sejam herdeiros da teologia protestante liberal ainda sustentada por alguns no contexto alemão do pós-guerra. Friedrich Gogarten (1887-1967) e Dietrich Bonhoeffer (1906-1945), cada um com seus matizes específicos, são os possíveis iniciadores das bases teológicas mais diretas dessas correntes. Ambos os teólogos propuseram uma nova maneira de expressão teológica, secularizando determinados conceitos teológicos. Gogarten tinha um princípio fundamental que sistematizou em oposição a Barth. Para ele, existia a lei de Deus e a lei humana. Segundo esse princípio, ele afirmou a tese de que caberia ao homem construir o seu mundo histórico de maneira secularizada (cf. Vilanova, 1991, III, p. 540-544). Bonhoeffer chega à mesma conclusão, mas critica o obrar puramente secularizado humano, bem como o nazismo e as Igrejas a ele aliadas. Para ele, em meio às contradições e sofrimentos do mundo, existe um cristianismo inconsciente (cf. Delpero, 2001, p. 585). Tendo como base os princípios desses teólogos, os protestantes norte-americanos formularão um novo método para interpretar o cristianismo (cf. Fernández, 1998, p. 333-332). Convêm destacar duas vertentes. O chamado ateísmo cristão, representado por Gabriel Vahanian (1927-2012), e o cristianismo irreligioso, liderado por Thomas Altizer (1927-2018). Essas correntes representam, de fato, um pensamento considerado radical. No contexto citado, é possível observar a influência do neopositivismo e da filosofia analítica de cunho linguístico (cf. Vilanova, 1991, III, p. 544). Tais filosofias negam a possibilidade de apreciação de tudo o que é transcendente. Suas bases teológicas se encontram em Bultmann e Paul Tillich (cf. Fernández, 1998, p. 335-336).

Fundamentalmente, a afirmação da morte de Deus não assume a morte do ser de Deus em si, mas sim no espírito e na cultura humana. A morte de Deus é uma morte para a subjetividade humana. É afirmada a manifestação daquilo que é sobrenatural e transcendente. Todas as afirmações de caráter metafisico devem ser substituídas por outras de corte político. Deus morreu em nosso tempo por não ser um conceito verificado em nossa história presente. Desse modo, morreu, literalmente, em Cristo. O conceito de fé é substituído pelo da liberdade, pois esta é verificável, ao passo que aquela remete à esfera daquilo que não é; logo, é irrelevante para a teologia (cf. Vilanova, 1991, III, p. 544). Essa proposta é teológica às avessas, pois pretende que teologia não fale de Deus, de seu ser e de suas realidades de maneira objetiva, mas prescindindo da fé sobrenatural baseada na aceitação de que

Deus se manifestou divinamente em Jesus Cristo. O mérito dessa teologia talvez esteja na intenção de buscar uma renovação da teologia natural e ter focalizado a atenção para os aspectos políticos e práticos da fé cristã, bem como uma atenção mais direta ao mundo secularizado e à aceitação de suas categorias de pensamento (cf. Fernández, 1998, p. 337-338).

Jürgen Moltmann (1926-2024) é o pai da teologia da esperança. Sua mediação filosófica encontra-se em Hegel e em Karl Marx (1818-1883). Ambos entendiam que a história sempre sinaliza e avança para o futuro. Com sua teologia, Moltmann buscou renovar as relações entre a fé e sua encarnação no mundo, entre o mundo de Deus e a terra dos homens e entre teoria e *práxis* (cf. Fernández, 1998, p. 338-339). Moltmann buscou ressaltar que o cristianismo sempre compreendeu a história como uma realidade de dinamismo aberto, sempre em novidade, na qual Deus é um Deus de promessas, responsável pelo desenrolar de um tempo imprevisível. Para ele, a ressurreição de Cristo não encerra algo definitivo, mas aponta para uma promessa nova, a qual cumpre uma promessa passada, e, ao mesmo tempo, aponta para uma promessa futura. Essa promessa deve resultar numa modificação na vida e na história (cf. Fernández, 1998, p. 340). O conceito de fé de Moltmann quer significar algo mais ligado a uma atitude de esperança. Em contraposição àquela fé que se firma apenas complacentemente no passado, em verdades imutáveis. Essa esperança deve resultar numa *práxis* de ação social e política da Igreja (cf. Vilanova, 1991, III, p. 552-553). Em decorrência desse conceito de fé, bem como de toda sua compreensão da missão da teologia e da Igreja, a disciplina escatológica assume papel fundamental no projeto de Moltmann (cf. Fernández, 1998, p. 341-342).

A teologia política tem seu principal representante em Johann Baptist Metz (1928-2019), o qual fora influenciado por Bultmann e Rahner. De Bultmann, Metz extraiu a tese de que a fé deve ser um sentimento básico acerca de uma decisão pessoal do crente. Disso, ele deduz que tal atitude deve virtualizar a condição sociopolítica do homem, em decorrência do caráter escatológico da fé. Rahner o influenciou nas questões ligadas à importância existencial que os enunciados de fé têm para o homem contemporâneo. Assim como Moltmann, parte dos enunciados escatológicos. A função da teologia é apropriar-se dos enunciados escatológicos e deles tirar as consequências políticas para a ação do cristão na sociedade em prol da construção do Reino de Deus. Teologia é escatologia não acerca das realidades futuras, mas acerca de como afetam o presente. A teologia deve ser capaz, segundo Metz, de extrair todas as implicações políticas e sociais da fé. Sua teologia é uma crítica às que se refugiavam na eclesialidade. O objetivo da teologia deve ser o de fazer a comunidade de fé ir para fora de seus próprios limites, definir uma vez mais as relações entre religião e sociedade, Igreja e domínio político e fé escatológica e *práxis* social. Metz entendia que a teologia deveria ter uma natureza eminentemente crítica e revolucionária (cf. Fernández, 1998, p. 342-347).

A motivação inicial dos pais da teologia da libertação, liderados por Gustavo Gutiérrez (1928), é intenção declarada de aplicar as virtualidades libertadoras do Vaticano II. Entendem eles que uma das principais missões da teologia é esta. A reflexão dos teólogos dessa corrente parte da situação injusta na política, na economia e na sociedade da América Latina, com o objetivo de libertar, por meio da *práxis* da Igreja, o continente subdesenvolvido das amarras que o prendem. Subentende-se que existe um correlato para o termo libertação. Os teólogos pressupõem que, de fato, existe no continente a dependência e dominação (cf. Bingemer, 2017, p. 11-19).

É possível observar o caráter prático de tal teologia. Todo o conteúdo teológico resultante deve ser base para uma *práxis* libertadora da Igreja, responsável por tal revolução. Tal teologia ficou marcada em seus inícios por sua mediação filosófica marxista, em virtude de ser uma filosofia que propunha uma análise histórica, social, cultural, econômica e política da realidade (cf. Medina, 2007, p. 157-183). Outro fundamento marcante de seu método é a chamada opção preferencial pelos pobres. A Igreja deve optar por isso, pois assim o fez Deus, como consta nas Sagradas Escrituras, segundo a interpretação dada pela corrente em questão. Tal fato é a fonte fundamental que serve de base para a reflexão desde a fé e a ação libertadora e transformadora. Tal lugar teológico é o que distingue tal teologia das produzidas no contexto europeu. Existe a vontade de diferenciar a sua compreensão da natureza e da missão da teologia daquelas de contexto mais desenvolvido. Apesar disso, eles buscam universalizar a sua teologia, pois compreendem que os problemas de que partem existem em todo o mundo. Ou seja, sua teologia tem o caráter de uma análise estrutural em vistas a uma desconstrução crítica. A sua crítica alcança até mesmo a Igreja, acusada, por muitos, de sustentar tal sistema estrutural, considerado maligno.

Outra premissa fundamental guia o seu método. O fundamento cristológico desde a perspectiva do Jesus histórico, pregador do amor, da igualdade entre os homens e da justiça (cf. Bingemer, 2017, p. 43-70).

A teologia da esperança, a teologia política e a teologia da libertação, foram objetos da reflexão crítica de Ratzinger. No décimo volume das suas obras completas quanto à escatologia, encontram-se textos nos quais tratou de suas questões metodológicas e reafirmou a que pensou ser ideal (Ratzinger, 2017c, p. 201).

Harvey Cox (1929) entende que a revelação divina deve ser interpretada em chave lúdica, livre e despretensiosa. Nessa perspectiva fundamental, desenvolve a teologia como uma espécie de hermenêutica. Ele é contra toda a sistematização teológica, até mesmo as do passado, porquanto um pensador isolado do diálogo com a tradição teológica que o precede. Ele entende que seu *Homo festivus* ou *Homo ludens* é o mais apto a captar e interpretar os conteúdos revelados. Todo esse conteúdo captado deve ser transmitido por meio do humor e da ludicidade, da alegria e da fantasia, bem como da festa, pois nessas realidades o homem expressa de forma mais verdadeira a essência daquilo que de fato é. Cox entende que a Bíblia expressa tal linguagem (cf. Fernández, 1998, p. 366-367).

O *Homo cogitans* e o *Homo faber*, que desenvolveram a teologia do passado e a presente civilização, tornaram-se paulatinamente inaptos para expressar o transcendente, pois se prenderam no pragmático e no empírico. Tal homem reprimiu as capacidades de humor, de diversão, de alegria, de festa e de fantasia. Por isso, a teologia do passado perdeu seu caráter de expressar o transcendente, deixou de ser teologia de fato: eis a morte de Deus. Para Cox, todo o conteúdo da revelação se expressa em chave festiva. Trata-se de uma reinterpretação dos conteúdos básicos da fé por meio de chaves hermenêuticas de caráter lúdico e espontâneo (cf. Fernández, 1998, p. 368).

## 2.3 Método teológico segundo Bernard Lonergan e Clodovis Boff

### 2.3.1 Bernard Lonergan

As contribuições mais expressivas de Bernard Lonergan estão no campo da metodologia teológica (cf. Mondin, 1979, I, p. 269-282); a mais conhecida é *Método em teologia*. Além disso, contribuiu de maneira deveras considerável nos campos da epistemologia e da filosofia da ciência em *Insight: um estudo sobre o conhecimento humano* (cf. Martínez, 2007, p. 86-87; Lonergan, 2012, p. 11-13; Lonergan, 2010, p. 12-15). Nessa obra, ele descreveu o fato cognitivo e suas implicações metafísicas e éticas. Desse modo, construiu uma filosofia metódica, crítica e compreensiva acerca da inteligência humana a fim de permitir o conhecimento das operações mentais do senso comum até às do saber científico.

> *Insight* é uma obra que busca voltar a pensar profundamente a teoria do conhecimento com base em sete séculos de matemática, química, biologia, psicologia profunda, ciências sociais e humanas e filosofia moderna. O resultado, claro, foi uma transformação do método transcendental desen-

volvido por Marechal, corrigido e completado por Kant: uma apropriação crítica da estrutura cognitiva humana como fundamento de uma ciência e filosofia metódicas (Crowe, 1967, I, p. 12-13).

Tais trabalhos demonstram sua importância na questão do método. Nessa obra, está uma proposta ousada e original da teoria da ciência (cf. Henriques, 2011a, p. 12-25). Atento à história das questões fundamentais da hermenêutica, e buscando uma proposta que leve em consideração as tensões existentes nesse campo, Lonergan abriu perspectivas para a hermenêutica teológica. Pelo rigor e originalidade de sua formulação, sua tese é deveras importante para a discussão filosófica hermenêutica: "E aqui está o elemento original de Lonergan, o primeiro autor a relacionar com fundamentos sólidos hermenêutica e metafísica, relação que buscou manter no contexto da filosofia hermenêutica contemporânea" (cf. Mura, 1997, p. 326-327). Característica principal do pensamento de Lonergan é a *inter/transdisciplinaridade*. A hermenêutica na condição de disciplina - até mesmo sua ramificação mais universal e filosófica - é um fruto da Modernidade (cf. Grondin, 1999, p. 23-45). Lonergan não busca uma simples superação da metafísica, sucumbindo à crítica dirigida contra ela, mas propõe uma metafísica crítica. Tal comentarista de Lonergan salienta como o pensamento do autor recebeu a influência de diversas correntes filosóficas e confluiu para propostas e para reflexões originais (cf. Henriques, 2011a, p. 60-80).

Lonergan buscou formular um método que estivesse à altura das exigências filosóficas e culturais da Modernidade, sendo um dos primeiros teólogos metodólogos católicos a fundamentar seu pensamento nessas categorias, enxergando nelas não uma espécie de paradigma antagônico ou herético - como muitos conservadores e tradicionalistas extremados de sua época -, mas uma oportunidade de crescimento para as reflexões teológicas. Ademais, o autor buscou revalorizar alguns conteúdos de sua tradição escolástica e neoescolástica, de modo que soube não somente determinar o seu valor, mas também apontar para suas inúmeras limitações (cf. Giustiniani, 2006, p. 20-35).

Em "Theology in its new context", o autor mostrou a urgente necessidade da teologia católica, ainda limitada aos métodos escolásticos, de repensar sua metodologia para estar apta a responder às questões modernas. As ciências naturais desenvolveram seus métodos, e estes são critérios para a análise crítica do método teológico enrijecido, basicamente composto de deduções lógicas das Escrituras, do magistério e da tradição (cf. Lonergan, 1974, p. 55-67). De senso histórico apurado, Lonergan detectou uma limitação da teologia católica, a qual ainda era compreendia, em sua acepção aristotélica, como ciência. Santo Tomás de Aquino buscou em Aristóteles um fundamento científico para responder às questões pertinentes à sua época. Desse modo, é um equívoco tentar reproduzir seu itinerário filosófico nos mesmos termos, crendo que as questões hodiernas são as mesmas, bem como que as categorias filosóficas do passado, condicionadas historicamente, são as únicas constitutivas da razão. Para Lonergan, a teologia católica tardou em responder às interpelações modernas (cf. Martínez, 2007, p. 83).

A ciência moderna tem metodologias diferentes e ocupa-se principalmente com a formulação e com a verificação de hipóteses, ou seja, é experimental. Esse princípio foi fortemente desenvolvido e exportado pela tradição do empirismo inglês. A ciência antiga exibia a estrutura necessária de algo por meio da lógica, um saber universal (cf. Castagnola; Padavoni, 1977, p. 315-336)ddg0. Para Aristóteles, a ciência é um saber verdadeiro e certo, enquanto para a ciência moderna o saber é o saber do possível, do provável e do verificável. A verdade e a certeza são conceitos limites, pois o conhecimento é progressivo, nunca pleno. Lonergan buscou uma metodologia que responda a essa característica. Em *Insight*, há um capítulo inteiramente dedicado a uma visão de mundo como probabilidade emergente (cf. Henriques, 2011b, p. 70-80).

O conhecimento universal não é um objetivo, é ferramenta de controle do concreto que aproxima de forma cada vez mais precisa o observador à realidade. A ciência aristotélica estava sob a base de um corpo rigoroso de silogismos retirados da mente; cria-se que o cientista poderia ter um conhecimento universal e completo. Para a ciência moderna, ninguém é capaz de conhecer a totalidade de sua disciplina. O conhecimento é compartilhado pela comunidade, que avança. Para Aristóteles, a ciência fundamental era a metafísica, de onde as demais extraem seus conceitos básicos, ao passo que a ciência moderna os retira das observações empíricas (Martínez, 2007, p. 83-84). Lonergan entende que a teologia contemporânea precisa se vincular cada vez mais à metodologia das ciências modernas.

Para Lonergan outra preocupação é o novo valor dado à história. Essa ciência recebeu novo significado e impostação a partir do século XIX. Assim, a evolução metodológica das ciências humanas afetou a teologia. A virada filosófica da hermenêutica em Wilhelm Dilthey (1833-1911) proporcionou fundamentos importantes para o desenvolvimento das ciências humanas, que a teologia precisa absorver (cf. Grondin, 2012, p. 32-36; 67-69; 103-112). As principais fontes da teologia são textos de outras épocas e culturas. Os cientistas humanos, principalmente os historiadores, lidam com reconstruções hipotéticas do passado e levam em consideração o presente. A teologia ignorou tal realidade, porquanto parte de noções metafísicas, cridas como acima da história. Para Lonergan, continuar com esse método é ignorar os desenvolvimentos filosóficos, hermenêuticos e científicos. Os maiores desenvolvimentos metodológicos que a teologia católica recebeu só foram possíveis graças à evolução dos métodos modernos de investigação histórica. Todos os textos-fonte da teologia passaram a ser analisados de maneira crítica, passando a ser vistos também como dados de culturas passadas, o que proporcionou maior compreensão dos contextos em que foram produzidos. Negar o valor de tais desenvolvimentos é, em suma, um regresso (Martínez, 2007, p. 85-86).

Uma das principais mudanças que afetaram a teologia foi a mudança da compreensão do papel da filosofia, outrora considerada uma serva da teologia (cf. Gilbert, 1991, p. 121-140). Com a sua autonomia no Ocidente, foi possível um giro em direção ao sujeito e um desenvolvimento da subjetividade. O eu pensante torna-se objeto e, consequentemente, uma questão para si mesmo. A relação sujeito-objeto, um dos fundamentos da reflexão kantiana, posteriormente desenvolvida por Fichte e por Schelling, será um dos ápices da reflexão moderna (cf. Pannenberg, 2008, p. 131-135). Tal tradição influiu em Lonergan. Os teólogos do século XX começaram a recepcionar os aportes da filosofia transcendental, da filosofia fenomenológica, da filosofia existencialista, da filosofia personalista, da filosofia marxista etc. Lonergan acredita que muitas falhas de sistematicidade e de especulação em determinadas teologias ocorrem em virtude de uma má compreensão das novas filosofias. A teologia necessita da filosofia, pois esta é capaz de mostrar ao teólogo o que faz quando produz teologia, mostrando como funciona o pensamento humano em suas operações. Quando o teólogo é capaz de responder, por meio da filosofia, como conhece algo, porquanto fazer isso é conhecer o que ele conhece, está capacitado para sua tarefa. Uma investigação filosófica prévia é o que permite à teologia uma consciência de si mesma.

#### 2.3.1.1 Método transcendental, empírico generalizado e fundamental

Nessa subseção apresentar-se-á a base filosófica da teoria do método teológico de Lonergan. Em suas obras, encontram-se três conceitos para a mesma realidade: o método transcendental, o qual se refere ao caráter dinâmico e apriorístico da intencionalidade humana; o método empírico generalizado, o qual expressa o que há de comum nas metodologias das formas de conhecimento observáveis; e, por fim, a metodologia fundamental, que Lonergan identifica com a filosofia, capaz de tematizar as operações e o acontecer do conhecimento humano. As três estão relacionadas a diferentes facetas da dinâmica básica da estrutura cognitiva humana, a qual é a base para o método. Lonergan parte do campo cognitivo e expande para o âmbito existencial, de modo que busca também, com isso, tratar das intencionalidades da ação humana. O autor privilegia o enfoque epistemológico (cf. Martínez, 2007, p. 88). Nele, a experiência do conhecer humano se torna objeto de análise rigorosa. Seu pensamento guarda relações explicitas com a filosofia transcendental moderna na medida em esta tem como objeto de reflexão a consciência acerca do mundo em direção à própria consciência, visando explicar como é o entendimento humano. O método transcendental, como aparece em Lonergan, recebe o influxo claro tanto da filosofia de Kant como da fenomenologia (cf. Mura, 1997, p. 327).

Como teólogo que fez um giro subjetivo, Lonergan entende que muitas operações do conhecimento humano são intencionais, pois estão direcionadas a objetos; isso permite ao sujeito tornar-se autoconsciente. Essas operações intencionais são, por conseguinte, objeto de reflexão. Lonergan distingue quatro níveis de operações: o nível empírico, mais básico, em que o sujeito sente, imagina, quer, vê; o intelectual, no qual o sujeito formula o experimentado no primeiro nível; o terceiro nível, o racional, é aquele no qual são formulados juízos mais complexos, bem como cálculos de probabilidade; por último, o mais ético no qual o sujeito passa a interessar-se por si mesmo e a elaborar o valor de suas ações. Essas operações estão guiadas pelo *télos* do conhecimento (cf. Martínez, 2007, p. 89).

Para Lonergan, um método não pode ser entendido como um conjunto de regras que leve a um resultado de forma deliberada. Ele busca apresentar um esquema de operações que produza resultados progressivos e cumulativos. São progressivos porque os resultados novos possibilitam novos descobrimentos, e são cumulativos pois devem permitir uma síntese com o anterior. Esse esquema básico de operações é o que ele chama de método transcendental (cf. Baena, 2007a, p. 53-80). Ele compreende que se trata de um método porque é um esquema de operações recorrentes e relacionadas entre si que produzem resultados acumulativos e progressivos. Porém, é também transcendental, pois não se restringe apenas a ser um método de um campo de investigação particular, mas também exibe as condições de possibilidade de todo conhecimento, enquanto o esquema de operações apresentado é um conhecimento *a priori* (cf. Lonergan, 2012, p. 21).

Lonergan deseja que todo homem seja capaz de descobrir em si essa realidade. Esse esquema deve funcionar como uma espécie de critério que possibilite julgar o que é responsável, inteligente, atento e racional. Visto que a busca pelo conhecimento é sempre intencional, o método deve ser capaz de proporcionar uma busca mais apurada, que tenha critérios de observação e revisão dos dados mais exigentes para que as revisões corretas possam ser efetuadas durante o processo e para que uma explicação mais provável seja alcançada. É dever evitar toda espécie de juízo imaturo e rápido, pois o conhecer é um processo lento e gradativo, sempre em construção. O método deve cumprir uma função crítica e, além disso, deve ser parte constitutiva das metodologias das outras ciências. No entanto, Lonergan abandonou a nomenclatura *método transcendental*, pois depois a publicação de *Método em teologia* foi alvo de críticas e alguns mal-entendidos ligados a tal expressão.

Em resposta, empregou a expressão *método empírico generalizado* (cf. Martínez, 2007, p. 90-91). Não se trata de outro método, mas de outra nomenclatura para a estrutura fundamental da consciência humana, um ponto de partida para melhor desenvolver outros elementos do método descrito anteriormente. Chama-se "empírico generalizado" por ser uma tentativa de tematizar seus conceitos por meio das observações dos métodos das diversas ciências. Para ele, a filosofia é a ciência mais básica e total. Um dos principais trabalhos do filósofo é refletir acerca das operações que os diversos cientistas realizam; assim, esse método é:

> Consolidado por meio da observação dos métodos particulares, que se desenvolvem em diversas disciplinas científicas. Atendendo aos dados da experiência externa e interna, descrevendo com maior precisão tais dados, encontrando dificuldades, formulando problemas, buscando soluções, compondo hipóteses, descobrindo novos pontos de vista, deduzindo pressupostos e implicações, planejando processos de controle mediante observação e experimentação, confirmando hipóteses ou a necessidade de uma revisão, recorrendo novamente a tal processo metódico, emitir juízos e decidir tendo como base a investigação feita (cf. Martínez, 2007, p. 93).

Tal processo deve ser capaz de resultados progressivos, sintéticos e cumulativos. Realidade comum a todas as formas de conhecimento.

> Antes dos métodos das ciências particulares está o método empírico generalizado nascido da interação reflexiva entre a prática das operações das disciplinas particulares e o tematizar as operações que alguém realiza. Nesta interação, os termos e relações básicas da análise da intencionalidade dá sua significação e verificação. Dá-se sua significação porque o que significam os termos são as operações que alguém realiza de forma consciente, e o que significam as relações é o dinamismo consciente da espontaneidade sensitiva, da criatividade inteligente, a reflexão racional, e a liberdade responsável, que nos tornam conscientes de uma operação até a operação seguinte. Também se verifica por que as operações conscientes e o fundamento do dinamismo consciente a que se referem os termos e as relações estão sempre ocorrendo (Lonergan, 1984, p. 6).

Em seu ensaio *Filosofia e fenômeno religioso*, ele concebe a filosofia como metodologia fundamental. Tal condição é capaz de devolver à filosofia sua importância. A metodologia fundamental está dividida em três partes: teoria cognitiva, epistemologia e metafísica (cf. Lonergan, 1996, p. 131-158). Partindo dessa perspectiva, a metafísica não é a ciência básica e total, pois ela não deve se preocupar com os objetos, mas com as operações cognitivas. Nesse sentido, Lonergan pretende introduzir a metodologia fundamental no lugar da metafísica. Ele acredita que a filosofia atual está sob o imperativo do princípio empírico. As demais ciências têm seus elementos, os quais são transformados em dados para a consciência. Esta relação é o objeto da filosofia. A descoberta desse método tem de se tornar uma filosofia entendida como a *metodologia fundamental*, que proporcionará o fundamento e o critério para todos os métodos particulares.

> A filosofia como *metodologia fundamental* teria muito mais a dizer à teologia como sua orientação metódica. Não obstante, a teologia, em si mesma, não se configurará em uma simples dedução do método, e sim em sua aplicação. Isso significa que a atenção, a inteligência, a racionalidade e a responsabilidade com que se aplicará esse método não recai no filósofo, e sim no teólogo, que é quem conjectura as operações. Dessa forma, a filosofia está livre da responsabilidade teológica, porém, como metodologia fundamental, pode dizer algo sobre a validez e a viabilidade de como procedem os teólogos ao fazerem reologia (Martínez, 2007, p. 95).

### 2.3.1.2 Método em teologia

A teoria do método teológico de Lonergan é a aplicação da sua metodologia fundamental, a qual, em teologia, apresenta-se por meio das três expressões.

Lonergan tem como objetivo principal, na segunda parte de sua obra *Método em teologia*, elaborar uma estrutura na qual todo aquele que pretende fazer teologia deverá seguir, ou ainda segue, mesmo que de maneira inconsciente. Ele distinguiu duas direções principais, e o que chamou de oito especializações funcionais, algo que se configura como um percurso. A primeira direção é a recuperação da tradição teológica, ao passo que a segunda está voltada para o presente e para o futuro. Quem deseja fazer teologia precisa estar consciente de que responderá a determinado contexto cultural, visando ao desenvolvimento cumulativo do conhecimento, pois um dia, talvez, será parte dessa tradição. As oito especializações funcionais são: investigação dos dados, interpretação, história, dialética, fundamentos, doutrinas, sistematização e comunicação. As quatro primeiras operações inserem-se na primeira direção, as quatro últimas, na segunda.

Investigação: trata-se de ter contato com as fontes. As principais são as Escrituras e a tradição. Visto que se pretenderá responder a um problema delimitado em um tema específico, é necessário um trabalho de catalogação retroativo da tradição e um levantamento de passagens específicas da Escritura (cf. Lonergan, 2012, p. 171-173).

Interpretação: é o trabalho que será realizado quanto ao dado extraído antes. Lonergan chama de tarefa exegética, uma vez que as palavras hermenêutica ou interpretação têm significados mais amplos. Consiste em julgar se a compreensão do texto ou a interpretação está correta. É eminentemente uma tarefa crítica, assim como todo o método deve ser. Nesse sentido, é necessário buscar formas de expressar os resultados da forma mais correta possível. Lonergan observa que o teólogo consciente do seu condicionamento presente e de sua situação atual está mais apto a compreender os textos do passado (cf. Lonergan, 2012, p. 175-196). Mura afirma que Lonergan é capaz de conjugar o momento metodológico da interpretação com as questões ontológicas e existenciais da hermenêutica em direção a uma fundamentação que assume as disposições mais válidas da hermenêutica clássica (cf. Mura, 1997, p. 326-327).

História: o homem é um ser histórico. A ciência histórica é complexa, pois por meio de dados tenta-se reconstruir uma vida ou uma época. Com isso, acumulam-se hipóteses, perguntas e respostas. Lonergan crê que o fundamental para o historiador é recriar o contexto geral de um período, de uma comunidade, pois assim as formas particulares serão mais bem compreendidas. Na teologia, uma das tarefas da história é compreender os motivos de determinados desenvolvimentos doutrinários e teológicos, visando a também reconhecer seus efeitos na tradição. Nessa etapa, Lonergan explicita de forma mais clara como o conhecimento científico é passível de progressão e aperfeiçoamento, pois, supostamente, com o avanço do conhecimento histórico melhor se conhece a própria história (cf. Lonergan, 2012, p. 197-261).

Dialética: Lonergan afirma que essa especialização se ocupa dos conflitos, das orientações e das hipóteses contrárias, muitas vezes também presentes no sujeito. Para o autor, essa especialização é útil para trazer à luz o fundamento das diferenças subjetivas e das diferenças teóricas a fim de alcançar a conversão intelectual, moral e religiosa. Essa tarefa valoriza o encontro de diferentes perspectivas, na esperança de que as diferenças sejam diluídas no diálogo aproximativo e o encontro de elementos em comum que possam ser fundamento para prosseguir na busca de conhecimento. Lonergan busca uma síntese por meio da dialética (cf. Lonergan, 2012, p. 263-297).

Fundamentos: nesse momento, busca-se fundar o processo de elaboração de uma determinada teologia sistemática. Lonergan propõe o sujeito voltado para o seu horizonte último como o fundamento. É necessário um dinamismo transcendental adequado. Para ele, o sujeito fundamento é aquele que se converteu a uma determinada experiência religiosa, a qual lhe proporcionará categorias com as quais traçará o seu percurso teológico. Nesse caso, não é uma espécie de fideísmo, de uma crença injustificada em uma suposta revelação. Lonergan crê que a disposição cognitiva do convertido é um pressuposto para fazer teologia. Essas categorias são os conteúdos das fontes, primeira especialização. O tratamento delas é mutável, pois com o amadurecimento religioso e intelectual o sujeito autocrítico é capaz de revê-las e de aperfeiçoá-las (cf. Lonergan, 2012, p. 299-327).

Doutrinas: o teólogo é herdeiro de uma determinada tradição doutrinária, a partir da qual escolherá o sentido de vida a que ela se propõe. O teólogo decide ou não se se enquadra em determinada tradição. Ao assumir uma tradição, o teólogo vai ou não a transmitir de maneira autêntica. A tradição pode ou não ser transformada nesse processo comunitário e dinâmico. Lonergan acredita que as doutrinas necessitam constantemente de ser adaptadas aos contextos culturais daqueles sujeitos que decidirão em favor delas e, nelas, justificar o fundamento de sua ação. O teólogo é capaz de interpretar, dentro da tradição, os conteúdos do passado: Sagradas Escrituras, Padres da Igreja, grandes concílios e magistério; nesse processo, ele é um elemento fundamental para a transformação do sentido e para a aplicação dos conteúdos dessa tradição. Uma vez que a própria comunidade é interpretativa, as doutrinas são resultado natural desse processo, de modo que cabe ao teólogo estar consciente disso e saber usar de forma correta e responsável tal conteúdo e tal dinâmica (cf. Lonergan, 2012, p. 329-370).

Na sistemática, o teólogo é capaz de dar sentido aos conteúdos e valores cristãos no contexto cultural em que vive. Lonergan é cristão e explicita que ele próprio busca elaborar um método mais próximo da tradição católica, embora ele observe que tem sensibilidade ecumênica nessas questões metodológicas. Não se trata, para Lonergan, de provar alguma afirmação, mas sim de tornar, fazendo uso da filosofia e das demais ciências, o conteúdo de determinada tradição ou religião o mais pleno de sentido possível. A certeza deve ser cautelosa. É possível detectar uma espécie de dúvida quanto ao que se busca conhecer e afirmar. Mas, então, por que continuar a buscar se não é possível ter certeza acerca de algo? Sobretudo ao se ter em vista que esse algo é o fundamento no qual se busca viver e compreender o sentido da vida. Tal ação pode ajudar na superação de traços fundamentalistas, proporcionando o diálogo entre as diferentes tradições cristã e religiosas. Na sistemática, é possível ao teólogo dialogar e se relacionar com os diversos ramos do saber (cf. Lonergan, 2012, p. 371-390).

A comunicação, a última das especializações, é a responsável por expressar o mistério da religião cristã, que é, em Jesus Cristo, crida como a autocomunicação doadora de Deus. E a Igreja, segundo Lonergan, surge dessa dinâmica e dela deve viver, isto é, fazer da autodoação seu norte. Nisso consiste o amor, segundo a tradição judaico-cristã. Comunicar ao outro a mensagem significa levar ao outro a mesma significação; trata-se de uma tarefa difícil, pois para cada sujeito a mesma mensagem é passível de uma significação e de um sentido diferente. Nesse sentido, a pluralidade e o que é relativo podem ser compreendidos de maneira positiva. Deve-se viver, pois, caso contrário, a comunicação falha; aqui, Lonergan identifica um dos maiores erros da história cristã. A mensagem cristã está sempre posta em uma determinada cultura, pressupõe sempre um diálogo cultural. O teólogo deve estudar a cultura a que se propõe comunicar. Nessa especialização, é possível observar que, em seu entender, a teologia é também um serviço pastoral para a Igreja e da Igreja ao mundo (cf. Lonergan, 2012, p. 391-405).

Lonergan definiu a teologia como "uma mediação entre determinada matriz cultural e o significado e função de uma religião dentro dessa matriz" (Lonergan, 2012, p. 11). Seu principal objetivo foi mostrar em que consistia essa mediação, apresentando as especializações, as quais são caminhos a serem percorridos. Esses caminhos são dinâmicos, pois cada especialização completa a outra. Lonergan deixou claro que a sua função era mostrar as tarefas, e não as realizar. O que propôs não deve ser compreendido de forma alguma como uma regra rígida que deva ser seguida cegamente; muito pelo contrário, as perspectivas que ele explicitou devem desafiar os teólogos à criatividade, à crítica e ao trabalho em conjunto. Além disso, tal método deve ser aperfeiçoado e renovado no decurso da história (cf. Martínez, 2007, p. 99-100).

### 2.3.2 Clodovis Boff

A *Teoria do método teológico* de Clodovis Boff é uma referência no assunto. Está, sem dúvida alguma, entre as principais obras dessa temática. A teoria será aqui apresentada por ter uma forte sensibilidade hermenêutica. Em toda a obra o autor expressa a centralidade do papel da hermenêutica no método. Apesar de estar claramente fundamentado na síntese entre a teologia escolástica e agostiniana, ele também recorre às teorias mais contemporâneas para solidificar a sua proposta, principalmente as contribuições da teologia da libertação, pois uma de suas intenções declaradas é fornecer à teologia brasileira uma teoria que esteja de acordo com seu contexto. Clodovis utiliza os grandes nomes da história de toda a teologia para fundamentar a sua teoria. Recorre amplamente aos padres, aos medievais, aos modernos e aos contemporâneos. A teoria está na obra como um todo. Portanto, ao falar da obra, fala-se da teoria; ao falar da teoria, trata-se da obra em toda a sua totalidade. Nessa seção será apresentada a teoria e se seguirá o escopo e a organização da obra tendo em vista seu caráter didático, claro e extremamente articulado.

### 2.3.2.1 Questões nucleares

A obra está dividida em duas partes fundamentais. A primeira parte está dividida em três seções e é chamada de *Questões nucleares*. A primeira seção trata dos fundamentos, ao passo que a segunda trata dos processos e a terceira trata das articulações. O escopo principal da teoria está nessa parte da obra.

#### 2.3.2.1.1 Fundamentos

A primeira seção da primeira parte é nomeada de *Fundamentos*. Seguindo a ordem apresentada nos capítulos que a compõem, são trabalhadas as questões relativas ao nascimento concreto da teologia; o que estuda a teologia e em que perspectiva; a racionalidade própria da teologia; a fé-palavra, fonte primeira e decisiva da teologia; a fé-experiência, outra fonte da teologia; e, por fim, a fé-prática, mais outra fonte da teologia. As fontes são apresentadas em ordem de importância.

Para Boff, fundamentado em Santo Anselmo e em Santo Agostinho, a teologia nasce naturalmente do desejo do cristão em saber acerca daquilo que se creu, isto é, do desejo de compreender a fé recebida para atestar sua verdade e ter um saber concreto e consciente a seu respeito. A própria fé tem essa dinâmica, que aflora na alma daquele que creu. Além disso, fundamentado em Aristóteles e no Vaticano I, ele também afirma que o espírito humano busca incansavelmente o conhecimento, de modo que a teologia é um processo natural no cristão, assim como a ciência é natural na humanidade racional. Mas, para que nasça a teologia, é necessária a conversão do espírito humano a Cristo; assim, a fé é, para ele, conversão. A teologia é o início de um novo modo de saber acerca de Deus e do mundo. Por conseguinte, a fé é, simultaneamente, o princípio e o objetivo da teologia. A teologia é a própria fé que se vertebra a partir do discurso racional. Ele entende que, de acordo com toda a tradição teológica, a fé tem sempre a primazia em relação à teologia (cf. Boff, 1998, p. 25-39).

Questão central para Clodovis é a distinção entre o objeto material (o que se estuda) e o formal (em qual perspectiva o objeto é estudado). Para ele, o objeto formal determina o método. O objeto material da teologia é Deus e tudo o mais. Tudo é objeto da teologia, pois seu objeto formal é Deus na condição de ser revelado, porquanto, de acordo com a revelação, tudo se relaciona a Ele. Tal formalidade dá qualidade teológica ao discurso. A teologia é feita a partir do momento em que se reflete a respeito de qualquer tema à luz da fé e da revelação. Na medida em que é tratado à luz da fé, própria da teologia, o teólogo é por ela iluminado. Em relação às diversas teologias, ele afirma que elas não constituem novos temas, mas novas perspectivas, as quais investem o conjunto da teologia; assim, cada um desses enfoques tem sua metodologia própria, determinada pelo seu objeto específico que se relaciona ao enfoque básico e originário, a saber, a fé e a revelação (cf. Boff, 1998, p. 40-60).

Quanto à racionalidade própria da teologia, Boff afirmou primeiro que a teologia é ciência na medida em que realiza uma tripla caracterização formal de toda e qualquer ciência: ser crítica, sistemática e amplificativa (autonomamente). Em geral, a racionalidade própria da teologia, na condição de ciência humana, é de tipo hermenêutico, pois procura compreender, tanto quanto possível, a Palavra de Deus ou o sentido da fé, primeiro da Bíblia, e, em seguida, da vida.

> Digamos que sua razão própria também tem uma constituição hermenêutica. E isso num duplo sentido. É hermenêutica, em primeiro lugar, porque trabalha os textos da tradição da fé: Bíblia, padres, magistério etc. É hermenêutica no sentido estrito. Nessa linha, a teologia como hermenêutica procura a verdade absoluta dos oráculos proféticos, mediação da revelação. Todo seu esforço racional neste caso consiste em interpretar corretamente a Palavra de Deus. Mas, como particularmente própria, a teologia não precisa perguntar, como fazem as outras ciências humanas: Será que tal sentido intencionado é verdadeiro? Pois ela já daria por assentada, de antemão, no âmbito da fé, a verdade do oráculo divino. As questões que ficam para a teologia e que ela tem que enfrentar são duas: Foi Deus mesmo que falou isso? O que ele quis mesmo dizer com isso? Mas a teologia é hermenêutica também num segundo sentido: porque interpreta sempre de novo a tradição viva da fé em função dos tempos. É então hermenêutica no sentido largo. Efetivamente, a revelação da Verdade divina se manifesta também através dos eventos, conexos com as Palavras. Foi assim para a revelação fundante (encontrável nas Escrituras e na tradição) e continua assim na

> revelação renovada ao longo da história. Para a interpretação do texto concreto da história viva como sendo história de graça e salvação, é necessário um discurso hermenêutico de segunda ordem. Ora, o que é a teologia senão precisamente tal interpretação. Assim, a teologia não possuiria apenas uma mediação hermenêutica: ela seria, por inteiro, hermenêutica. Nesse caso, a hermenêutica da fé se confunde com a própria teologia. A teologia está entre as ciências hermenêuticas na medida em que cada uma delas busca o máximo da inteligibilidade dos textos/dados que lhe são propostos através da elaboração de sistemas de significação que busquem saturar o quanto possível seu campo específico de leitura. Para a pragmática da linguagem teológica, seria útil reservar o conceito de hermenêutica para seu uso técnico e estrito, ou seja, para o momento interpretativo dos grandes textos da teologia, principalmente dos textos bíblicos. Para interpretação mais larga da grande tradição da fé, e, mais ainda, da realidade concreta em que a fé revelada é recebida e vivida, conviria falar simplesmente em teologia ou discurso, teoria, análise ou razão teológica, embora não deva escapar a ninguém que a natureza epistemológica da racionalidade teológica é de tipo nitidamente hermenêutico (Boff, 1998, p. 87-89).

Do ponto de vista analítico, essa racionalidade se desdobra em duas: as razões de conveniência, que são primárias, e as razões necessárias ou dedutivas, que têm uma função especulativa. Além de se apresentar como ciência, a teologia se mostra como sabedoria na medida em que seu discurso é do tipo da gnose, ou seja, global, experiencial e místico. Essa natureza mostra que a teologia tem uma essencial dimensão espiritual, pois se alimenta da fé, dom teologal, infundida como dádiva do Espírito. Segundo Boff, a fé tem sua inteligência própria, a qual se constitui em uma intuição suprarracional e conceitual do mistério de Deus. Ele entende que a fé é, em alguns aspectos, racionalizável, embora em outros não o seja. Para ele, a razão teológica é o ponto mais alto que a razão humana pode atingir. Por causa do pecado, a razão tende a se fechar em si mesma, por isso, em teologia, é necessária a experiência da conversão e da cruz, que a purifica (cf. Boff, 1998, p. 61-109).

Quanto à questão das fontes da teologia, Boff afirma que a fonte decisiva da teologia é a fé-palavra. O princípio formal objetivo e subjetivo da teologia é a revelação ou a Palavra de Deus, de modo que fazer teologia é enxergar tudo sob essa luz. Boff entende que a revelação se constitui, primordialmente, de fatos, os quais são registrados em palavras; ela é princípio determinante como interpretação profética dos atos da salvação, isto é, como narrativa significativa. Boff faz questão de esclarecer que a Palavra de Deus se encontra concretamente nas Escrituras, lida e transmitida na Igreja e por ela. A revelação detém primazia em relação à razão e encontra correspondência no ser humano, por isso só é possível acolher a Palavra por meio da conversão amorosa, a qual é fonte da teologia. O ponto de partida epistemológico do discurso teológico só pode ser a fé positiva, ao passo que o ponto de partida prático (didático, expositivo, pastoral) pode ser a realidade, a vida e a *práxis*. A teologia parte de princípios (não preconceitos), que ela explica com o máximo de clareza. O princípio determinante da teoria teológica não pode ser a experiência ou a prática, mas a Palavra de Deus. Esta mede aquelas. Ou seja, para o autor, a Palavra de Deus é a medida de todas as outras possíveis fontes da teologia (cf. Boff, 1998, p. 110-128).

Em seu entender, a fé-experiência é outra fonte da teologia. A palavra da fé é determinada pela experiência da fé. A teologia se nutre dela. Todo cristão simples e sincero, discípulo do Espírito, pode conhecer o sentido da vida de forma mais profunda que o maior pensador, caso este esteja privado dessa fé. O conhecimento espiritual e místico é modelo do saber originário da fé; assim, ele é de tipo experiencial e apofático. Boff reafirma o valor das tradições monásticas agostiniana e franciscana para defender que toda a teologia autêntica nasce de uma experiência espiritual genuína. Do ponto de vista do conteúdo, teologia é sempre sabedoria, saber das coisas divinas, ainda que esteja em estado científico. Do ponto de vista de sua forma de expressão, só a teologia sapiencial é sabedoria. Independentemente da forma, a teologia não é formalmente sabedoria-dom, mas sabedoria-virtude, porquanto se origina do trabalho conceitual, segundo Tomás de Aquino. Mas, ainda quanto à expressão, ele entende que a teologia também pode se expressar pela forma da sabedoria, sendo experiencial e afetiva, assim como o era para São Boaventura. Mas só um teólogo que tenha experiencia espiritual cristã autêntica será capaz de produzir uma teologia viva e vivificadora (cf. Boff, 1998, p. 129-165).

Fundamentado na constituição pastoral *Gaudium et Spes* do Vaticano II, Boff afirmou que a fé-prática também é outra fonte da teologia, porém desde que iluminada pela Palavra da fé, podendo, assim, em retorno dialético, iluminar a fé e contribuir, com seu potencial epistemológico próprio, para a teologia. A pratica só ilumina a fé quando é prática da fé; ilumina enquanto é iluminada. Assim, revelação é também evento; em virtude desse fato, a teologia encontra, na prática das palavras da revelação, fonte de conhecimento que atualiza e encarna a Palavra no presente. A Palavra de Deus é a prática divina da salvação, que se encontra na narrativa das Escrituras. Mas isso só é valido enquanto a prática é iluminada pela Palavra. Boff afirma que a liturgia e a vida dos santos gozam de uma luz particular que a teologia deve acolher. A história também pode ser considerada outra fonte para a teologia. Atrelado ao tema da prática, Boff afirma que o teólogo deve estar ligado vitalmente à comunidade eclesial não apenas na teoria, pois só assim se dá o confronto verdadeiro da fé com a prática da fé na experiência concreta. De tudo isso, o autor conclui que o método teológico não tem apenas uma estrutura dedutiva e indutiva, mas também dialética, a qual tem como processos a fé-palavra, a fé-experiência e a fé-prática (cf. Boff, 1998, p. 157-195).

#### 2.3.2.1.2 Processos

A segunda seção é intitulada *Processos*. Seguindo a ordem apresentada nos capítulos que a compõem, são apuradas as questões ligadas à prática da teologia. Nas duas primeiras ele trata das questões ligadas à teologia positiva: a Sagrada Escritura, a tradição e o dogma. Em seguida, ele trata da construção da teologia, em especial de sua sistematização. Depois, trata da questão do confronto com a vida. Por fim, nos últimos dois capítulos, ele trata da linguagem teológica, que entende ser, por excelência, a analogia, a linguagem do mistério. Para Boff, existem três momentos essenciais que compõem o processo de produção da teologia. Ele chama esse momento de prática teológica. Primeiro se ausculta a fé (*auditus fidei*), depois se explica a fé (*intellectus fidei*), e, por último, ocorre a atualização da fé (*applicatio fidei*). O primeiro momento é chamado de hermenêutico, pois quer compreender o sentido da mensagem da fé registrada nas Escrituras, na tradição e nos dogmas da Igreja. O momento especulativo busca explicar o conteúdo da fé de forma teórica; é também construtivo, pois se propõe à formulação de uma inteligência teológica aprofundada. O momento prático corresponde à aplicação da teologia na vida concreta, objetivando a atualização da fé.

Boff afirma que, entre os testemunhos que o teólogo deve ouvir, existem os primários, que são as Sagradas Escrituras e a tradição, bem como os secundários, que são os outros testemunhos eclesiais: credos, liturgias, magistério, Santos Padres, doutores e teólogos. Depois cita os alheios: religiões, filosofias, ideologias, ciências, história e sinais dos tempos. Essa enumeração é inspirada nos *Loci* de Cano. A escuta da fé é sempre ativa. Ele diz que ela é heurística, pois busca os textos autênticos; é também hermenêutica, pois tenta interpretar esses textos de forma adequada; é também crítica porque busca apreciá-los de maneira justa. Na verdade, ele segue o Vaticano II, que afirma a Escritura como a alma da teologia, sua serva. Ademais, o autor se preocupa em enumerar as regras corretas para a interpretação das Escrituras: escuta obediente e orante, o correto situar do texto no contexto da história e do cânon, no qual Cristo é o ápice. Primeiro, deve-se fixar o sentido textual e depois desdobrar o sentido atual. Fundamental também é levar em conta a comunhão com toda a Igreja, com sua tradição e magistério (cf. Boff, 1998, p. 197-236). Afirmamos que sua teoria tem sensibilidade hermenêutica:

> O núcleo desta hermenêutica coincide com o núcleo da metodologia teológica: confrontar Fé e Amor, ou mais concretamente ainda: Bíblia e Vida. Isso significa que a teologia é o desdobramento teórico da Bíblia. O estudo da Bíblia, central na teologia, deve entrar em diálogo fecundo com as outras disciplinas teológicas nestes termos: essas disciplinas propõem ao estudo bíblico novas perguntas e novas hipóteses, e a Bíblia lhes oferece um fundamento seguro e lhes abre novos aspectos do mistério de Deus (Boff, 1998, p. 229).

O segundo momento positivo da teologia é a escuta da tradição e do Dogma. Antes, é preciso distinguir a verdadeira tradição: ela é um processo vivo, dinâmico e criativo. O tradicionalismo mata a tradição. A tradição é fundamental para a manutenção da identidade cristã. Assim, as principais funções da tradição são: constituir o texto bíblico; conservá-lo, passando-o adiante e atualizá-lo de maneira criativa por meio de novas leituras. A Escritura só é viva e irradia seu sentido integral quando lida dentro da tradição que a gerou e a acompanha em todos os tempos. Boff distingue dois tipos de tradições: a tradição apostólica, que é fundadora dos textos do Novo Testamento e é condição formal para explicitação do seu sentido; e a tradição eclesial, que prolonga a primeira e cria novas tradições que concretizam, nos tempos, as exigências apostólicas. A tradição apostólica é divina e, por isso, é a norma crítica para renovar e corrigir todas as tradições eclesiásticas (cf. Boff, 1998, p. 237-246).

O dogma é outra fonte da teologia, pois é uma verdade de fé revelada, de caráter vinculante, pois assim é declarada pelo magistério pastoral. Não devem ser entendidos como barreiras, mas suportes, proteção e apoio para degraus mais altos na compreensão evolutiva da fé e da revelação. Boff afirma que é imponte distinguir no dogma a substância visada e a formulação cultural. A substância visada permanece, mas, em decorrência da historicidade, existe a possibilidade de novas formulações, que apenas são legítimas se permanecerem na dinâmica das formulações irreformáveis. É nesse sentido que o dogma muda e progride; ele cresce, porém não se altera. Para interpretar o dogma, o autor enumera alguns princípios hermenêuticos: o tipo de linguagem (normalmente o comum da época), o contexto histórico (frequentemente de índole polêmica) e o lugar do dogma em questão na hierarquia das verdades. O dogma está finalizado na confissão de fé e na pregação. Já a sua evolução existe porque o Espírito sempre leva a comunidade de fé à verdade plena. Toda evolução explica melhor o que foi formulado anteriormente (cf. Boff, 1998, p. 247-264).

O momento especulativo, segundo Boff, é formado por três partes: a análise do conteúdo interno da fé, a sistematização desse conteúdo numa síntese orgânica e a criação, na qual se desenvolvem novas perspectivas de fé. A análise teológica busca explicar e explicitar a lógica da fé, suas raízes ou razões próprias. Trata-se de mostrar as razões e as maneiras pelas quais se creem nos mistérios. A sistematização é, para ele, o passo mais importante da teorização da fé. É a articulação dos dados de fé num todo orgânico, a partir do nexo entre os mistérios. Toda síntese teológica será sempre aberta, pois o mistério é sempre maior. A criação consiste em lançar novas hipóteses teológicas para avançar na compreensão da fé (cf. Boff, 1998, p. 265-281).

Para o autor, o método teológico culmina na atualização da fé. É uma exigência da própria fé cristã, uma vez que é pela salvação dos homens. Para ele, o momento histórico, marcado pelo signo da *práxis*, e a realidade da América Latina clamam por tal desfecho. No âmbito sociológico da vida, a teologia deverá confrontar também fé e realidade social, sem abstrair das representações culturais incorporadas nessa realidade (filosofias, ideologias e religiões). O confronto fé-vida opera nos dois níveis, os quais estão devidamente entrelaçados. A atualização da fé tem uma lógica, chamada por ele "lógica do agir", e compreende três passos: a determinação dos objetivos da ação, a proposta dos meios concretos, e, por fim, a decisão voltada para a ação (cf. Boff, 1998, p. 282-296).

O pensamento e a experiência da fé buscam sempre uma linguagem. Boff entende que a linguagem sempre será inadequada para expressar o mistério, porém é imprescindível. Apesar disso, nem sempre o falar de Deus é inadequado; para tanto, é necessária a linguagem analógica. Ela é a linguagem da comparação. Por uma parte, diz algo verdadeiro de Deus, mas, por outra, diz de modo inadequado. A analogia teológica não tem apenas função didática, mas também epistemológica. A analogia não lança luz total no mistério, mas apenas alguns reflexos. A parte de dessemelhança da analogia é sempre maior que a da semelhança, pois Deus sempre é maior. A linguagem analógica é habitada por um dinamismo autotranscendente que aponta para a realidade infinita, quando intuída pela experiência, para além das palavras (cf. Boff, 1998, p. 297-326).

Existem dois tipos de analogia: a conceitual e a metafórica. A primeira é abstrata, ao passo que a segunda é concreta. A conceitual fala dos atributos de Deus, é inadequada em relação ao modo de atribuí-los a Ele, porém apresenta um poder particular de cientificidade. As metáforas ou símbolos são os caminhos mais diretos e as vias privilegiadas para evocar os mistérios e fazê-los presentes; embora não tenham validade argumentativa, comovem o coração, promovem a conversão e movem à ação. A metáfora é a linguagem preferida da Bíblia e mais acessível ao povo e, em geral, mais recomendável do ponto de vista pastoral. Boff entende que é preciso articular os dois tipos de analogia.

Para interpretar as metáforas, especialmente as bíblicas, é preciso levar em conta sua utilização, seu fundamento antropológico e seu contexto cultural. Existem três formas de articulação da linguagem analógico-teológica: a via da afirmação, a via da remoção e a via da eminência. A via da remoção é a mais importante de todas, pois está de acordo com a natureza do mistério divino, acerca do qual menos sabemos (cf. Boff, 1998, p. 327-358).

#### 2.3.2.1.3 Articulações

A terceira seção é nomeada de *Articulações*. Nessa parte, ele trata, em primeiro lugar, da relação da teologia com a filosofia e com as demais ciências, em especial a respeito de qual é a sua utilidade; ademais, expõe as relações entre teologia, Igreja e magistério, focando os desdobramentos do magistério da Igreja e suas relações com a teologia. Em um capítulo ele trabalha a relação entre teologia, Igreja e magistério, focando a relação da teologia com o magistério pastoral. Por último, nessa seção que finaliza a parte nuclear, ele trata da temática do pluralismo teológico.

A teologia representa o saber mais elevado e a sabedoria mais absoluta, pois considera Deus, isto é, o objeto máximo do pensar humano. A teologia precisa das demais ciências para se constituir como discurso concreto. O lugar da teologia entre as ciências na universidade se justifica, pois as demais ciências têm por objeto o ser parcial, e remetem a um fundamento absoluto, o objeto da teologia. A relação entre a teologia e as demais ciências se dá ao respeitar a autonomia de cada uma, mas, apesar disso, a teologia tem o direito de criticar as pretensões pseudofilosóficas e teológicas da razão moderna. Assim, ela se serve principalmente das ciências sociais e históricas, mas estas não substituem a mediação filosófica. A teologia utiliza a filosofia e as ciências seguindo dois critérios básicos: a absorção do que é positivo e a recusa do que é negativo. Boff entende que a fé pressupõe sempre uma filosofia, pois é uma postura existencial radical de buscar o sentido da vida; nesse sentido, a filosofia é intrínseca à fé e tem lugar estrutural na teologia. A função da filosofia na teologia é, para ele, a de refletir acerca do fundo ontológico dos conceitos teológicos. Como a graça supõe a natureza, a razão teológica pressupõe a filosófica. A filosofia serve à teologia como mediação cultural, como modelo para a arte de pensar e para elaborar criticamente o fundo filosófico implicado nas questões teológica (cf. Boff, 1998, p. 358-389).

Importante para compreender a sua teoria do método é a sua noção da natureza e da missão da teologia, bem como o que justifica a sua existência. A teologia existe em razão do conhecimento de Deus, isto é, para amá-lo e servi-lo, praticando a sua vontade. Eis, pois, a principal vontade de todo teólogo cristão.

Conhecer melhor a Deus para melhor se relacionar com Ele. A teologia é necessária para a Igreja em seu conjunto, mormente na missão de evangelizar o mundo frente às exigências da racionalidade moderna e pós-moderna. A teologia é, para alguns cristãos, sua vocação. Ela deve servir à sociedade. Ademais, ela é também serviço pastoral e espiritual (cf. Boff, 1998, p. 390-424).

Em vista do seu objeto e de sua fonte, a teologia é essencialmente eclesial. A Igreja é o sujeito primário e o espaço vital do exercício da teologia. Essa vinculação não tolhe a devida atenção para com as outras confissões e religiões, para delas aprender e a elas ensinar. Por ser de natureza eclesial, a teologia está vinculada ao magistério. O primeiro e máximo magistério é o da Palavra de Deus, depois se segue o do povo de Deus e, por fim, o magistério dos pastores, incluído aí o do papa. A Igreja exerce o seu magistério comum pelo testemunho e pela prática do Evangelho. Porém, o magistério comum se funda no *sensus fidelium* pelo qual a Igreja como um todo adere infalivelmente a uma verdade de Fé que, para ser autêntica, deve ser testemunhada e vivida por longo tempo pela universalidade dos fiéis e dos pastores. O magistério pastoral é, por mandato divino, o primeiro responsável pela verdade de fé. Este administra o ensino autêntico e autorizado, representa a Igreja docente. Suas tarefas são: testemunhar a fé por meio do anúncio da Palavra, recomendar a prudência nas questões delicadas, ser juiz da fé, ter a coragem, quando necessário, de emitir decisão dogmática e declarar outrem anátema. O magistério pontifício é a expressão concentrada e culminante do magistério pastoral e é dotado de uma assistência especial do Espírito, de modo que é singularmente dotado do carisma da infalibilidade. Para interpretar os documentos do magistério eclesiástico devem ser aplicadas algumas regras hermenêuticas específicas: o contexto histórico, cultural e polêmico do tempo; o núcleo intencionado, distinto dos elementos marginais; a intencionalidade espiritual, pastoral e ecumênica, o lugar na hierarquia de verdades e sua qualificação teológica (cf. Boff, 1998, p. 425-468).

Ainda no que tange à questão da relação entre magistério e teologia, Boff afirma que essas realidades, em princípio, não estão em relação de subordinação, mas de colaboração, porquanto ambos estão subordinados à Palavra de Deus e a serviço da Igreja. Frente à doutrina da fé, ambos têm funções distintas e complementares. A contribuição que o pastor dá ao teólogo é estímulo e advertência. Já a contribuição do teólogo ao pastor é assessoria e vanguarda para novas perspectivas da fé. Nos casos de conflito entre magistério e teologia, a regra é o diálogo, cuja iniciativa é do magistério, exercido na caridade cristã. Cabe ao magistério a decisão final, bem como ao teólogo a acolhida respeitosa nos termos do religioso obséquio (cf. Boff, 1998, p. 426-492).

Acerca do pluralismo teológico, Boff afirma que ele é legítimo e motivado por dois motivos principais: a transcendência da fé e o contexto cultural imediato da teologia, que o condiciona. A própria Bíblia é um exemplo de pluralismo teológico, porquanto nela se encontram distintas visões da mesma verdade. A fórmula do pluralismo é, segundo o autor, uma fé e muitas teologias. A teologia que está legitimamente dentro do pluralismo teológico é aquela que respeita a única regra de fé (cf. Boff, 1998, p. 493-521).

#### 2.3.2.2 Questões complementares

Em primeiro lugar, ele apresenta as disposições básicas para o estudo da teologia, que são: amor ao estudo da revelação, senso do mistério e compromisso com o povo de Deus e a Igreja. Em seguida, realiza um apanhado histórico acerca da história do termo "teologia" e extrai importantes lições para a compreensão da teologia e do seu método. Temática propriamente teológica, mas fundamental também para o método é tratada no capítulo intitulado: *O que há de teologia na Bíblia*. Este expõe os três caminhos para Deus, com ênfase na teologia natural, nas formas do discurso teológico e nas divisões e as articulações da teologia. Nos últimos capítulos, de caráter histórico, ele apresenta os modelos históricos da prática teológica, bem como uma cronologia da produção teológica que elenca nomes e obras importantes para a história da teologia, tanto da tradição católica quanto na protestante. Ademais, oferece dicas de como estudar teologia, bem como os instrumentos básicos para esse trabalho. Por último, apresenta obras que servem como uma boa revisão bibliográfica para o *status questionis* da disciplina e do método teológico (cf. Boff, 1998, p. 528-730).

A segunda parte da obra, intitulada *Questões Complementares*, não compõe a estrutura principal da teoria, mas relaciona-se com ela de forma tangencial, tratando de temáticas relacionadas indiretamente ao método. Não acrescenta argumentos específicos à teoria, porém a enrobustece e complementa. Configuram-se como questões auxiliares temas de caráter histórico, didático, introdutório, ferramentas auxiliares e enciclopédicas, bem como instruções e conselhos para os que desejam introduzir-se na prática teológica.

### 2.3.3 Síntese conclusiva

Para compor a sua teoria do método, Clodovis Boff realiza uma síntese da evolução histórico-dogmática da questão, priorizando fundamentalmente as linhas tomista e agostiniana, com sensibilidade para as questões que a hermenêutica trouxe para o debate teológico, e, além disso, atenção para o contexto latino-americano representado pela teologia da libertação. Bernard Lonergan segue uma perspectiva bastante diferente de Clodovis, pois sua intenção fundamental é apresentar uma teoria do método que contemple o aspecto transcendental e filosófico. Como foi visto, seu método goza de sensibilidade hermenêutica, mas em diálogo com a filosofia de corte transcendental kantiano. Para os fins desta tese, o estudo de tais teorias contemporâneas mostra como a hermenêutica influiu no método e é uma questão ainda em debate. Além disso, Boff apresenta uma teoria que finaliza e vai ao encontro do que foi exposto na seção 2.2 desta tese, fornecendo um conceito mais acabado e desenvolvido do método teológico, com considerável atenção à teologia compreendida como hermenêutica.

## 2.4 Considerações conclusivas acerca da história do método teológico. Problemáticas metodológicas atuais e latentes em Ratzinger

O problema do método foi central na teologia do final do século XX. Tanto a teologia católica como a protestante enfrentaram um problema semelhante, porém a católica o fez mais intensamente, pois trata-se do conflito entre a dogmática e a exegese ou a Igreja e a Escritura. Depois da Segunda Guerra Mundial, com a publicação da Encíclica *Divino Afflante Spiritu*, em 1945, a questão mais urgente em teologia passou a ser a mútua relação entre a pregação doutrinal da Igreja e a Sagrada Escritura. Por outro lado, a linha de evolução seguiu uma forma diferente entre os países de língua alemã e francesa (cf. Beumer, 1977, p. 119-120).

A teologia alemã, de 1920 a 1940, com raras exceções, deu importância prioritária às questões tipicamente escolásticas. Os temas desenvolvidos eram basicamente quanto à cientificidade da teologia. Outra questão foi o embate com o protestantismo liberal que erigiu, em ideal, a pretensão de independência das ciências do espírito de toda a condição prévia. Tal fato contribuiu para focar a atenção na questão anteriormente aludida. Os progressos registrados pela teoria geral das ciências, motivadas por desenvolvimentos significativos em todos os campos de conhecimento humano, suscitou o problema de que a teologia deveria fundamentar a sua natureza e seu método de modo distinto das demais ciências, reclamando uma posição especial. Portanto, deveria aproveitar os progressos da teoria geral das ciências como estímulo para formular novas analogias. Na Alemanha, defendia-se a tese de que a teologia tinha, em sua função positiva, semelhança com ciência histórica, sobretudo em sua tarefa de fixar o significado dos fatos. Devido ao abandono do conceito aristotélico de ciência, a teologia deveria aproveitar esses novos pressupostos para justificar-se no corpo geral das ciências; eis a serventia do método histórico (cf. Beumer, 1977, p. 120).

Depois de 1950, o problema essencial debatido em teologia, ligado à questão do método, foi em relação aos pressupostos fundamentais dos argumentos da teologia positiva. A questão central era a prova da Escritura e o argumento do ensino doutrinal da Igreja. O fator que desencadeou tal questão foi, sem dúvida, a encíclica citada, bem como o Concílio Vaticano II. Porém, antes, deve ser mencionado o influxo que a teologia católica recebera, ainda que com atraso, da metodologia científica que os protestantes já utilizavam para a interpretação da Bíblia na exegese e na teologia em geral. Nesse período, o problema do emprego dogmático das Escrituras já ocupava um ponto central. A exegese católica conheceu um desenvolvimento e uma mudança significativa. Com a aprovação fundamental do magistério eclesiástico dos métodos histórico-críticos, a exegese e a teologia bíblica alcançaram um desenvolvimento sem precedentes. Por isso, questiona-se hoje, para a dogmática, a questão do emprego da Escritura de maneira renovada (cf. Beumer, 1977, p. 122).

A condenação do modernismo e a virada para uma compreensão teológica e eclesiástica da Escritura fizeram retroceder a plano secundário, na dogmática, os problemas e os avanços do estudo histórico-crítico da Escritura. Já nos anos 1960, os dogmáticos católicos estavam, naturalmente, atraídos para as discussões fundamentais em torno da relação precisa entre exegese e dogmática. Porém, observam-se pontos de partida e conclusões diferentes no que diz respeito às exposições de conjunto. Alguns dogmáticos, como O. Semmelroth (1912-1979), M. Schmaus (1897-1993) e Karl Rahner tentam aplicar às Escrituras categorias pessoais e existenciais. A consideração histórico-salvífica se impõe cada vez mais. Em decorrência da proeminência da teologia protestante dentro do contexto alemão, a teologia católica procura, em primeiro lugar, determinar a relação entre o conteúdo bíblico e a expressão doutrinal da Igreja, com ainda mais atenção que a francesa. Os efeitos dessa problemática no método teológico ainda estavam em desenvolvimento. Naquele contexto, de maneira geral, a questão das relações entre exegese e dogmática dominou de certa forma as questões metodológicas da teologia, tanto positiva quanto especulativa (cf. Beumer, 1977, p. 122).

Mesmo que seja fundamental considerar como uma instância totalmente legítima salientar a homogeneidade da única compreensão teológica, por outro lado segue sendo aconselhável para a prática, por razões didáticas, manter a diferenciação do procedimento positivo-constatável do procedimento explicativo-especulativo, a não ser por uma divisão melhor, porém nunca se conseguiu isso a não ser na discussão dos princípios. Portanto, ainda ficou pendente a questão da união entre o argumento positivo e o argumento especulativo. A ideia de que estes devem se completar é amplamente aceita. Seria pouco utilizar a razão apenas como elemento unificador de todo o dado positivo. Na realidade, a argumentação positiva adquire, por meio da especulação, um incremento com uma modalidade essencialmente distinta, que a torna capaz de atingir uma realização profunda. O objeto material, em ambas, é a fé. É apenas no objeto formal que aparecem algumas diferenças: o argumento positivo se ocupa do crível, o qual é comprovado pela existência das fontes. O procedimento especulativo corresponde à nova tarefa de descobrir, no mesmo objeto, os aspectos que o tornam compreensível. O abandono da divisão completa entre ambos não é viável, pois, sozinhos, não atingem os resultados uns dos outros, nem mesmo a sua realização plena. O especulativo se remete ao positivo, ao passo que o positivo necessita do especulativo para ganhar maior luz (cf. Beumer, 1977, p. 123).

O segundo problema se encontra no campo da teologia positiva. Atualmente, sua importância é ainda maior, porquanto ainda carece de resolução. A questão, assim, configura-se: entra a prova da Escritura no começo da exposição teológica ou só deve ser acrescentada depois de haver sido levantada a prova do magistério doutrinal da Igreja? Tal problemática avança ainda mais e alcança a essência do método teológico. Os exegetas exigem da dogmática uma orientação mais bíblica, enquanto os dogmáticos exigem dos exegetas uma orientação mais teológica. A independência entre ambas não é viável em teologia católica, já que a ciência da Bíblia recebe, da Igreja, a Escritura para explicá-la e propô-la sob a sua direção e porque também, por outra parte, a ciência da fé reconhece na palavra escrita de Deus o principal documento da revelação. De todos os modos, essas questões são apenas pontos de partida, que, por si mesmos, não podem determinar a relação do argumento da Escritura com a prova pela doutrina da Igreja (cf. Beumer, 1977, p. 124).

A teoria do sentido pleno da Escritura parece propor uma saída, apesar das críticas. Por ela se entende o sentido complementário mais profundo do texto bíblico, o qual teria sido pretendido por Deus. O sentido literal deve ser ampliado. Ele é justificado pelo fato de o Antigo Testamento receber uma luz posterior em Jesus e no Novo Testamento, e esses recebem uma luz posterior no desenvolvimento do seu sentido dentro da Igreja. Tal doutrina se justifica pelo fato de o magistério mais recente ter ressaltado o sentido mais profundo e pleno das Escrituras, pretendido e inspirado por Deus, além daquele atingido pelo uso dos métodos histórico-críticos. Porém, não devem ser ignoradas as dificuldades metodológicas dessa teoria. Ela justifica e descobre a unidade de toda a Bíblia, bem como desta com a Igreja. Porém, essa teoria, segundo alguns, põe em risco a historicidade das formulações bíblicas (cf. Beumer, 1977, p. 124-125).

Tais embates tornam difícil usá-la para justificar o equilíbrio entre as Escrituras e o magistério da Igreja. Esses dois pilares da teologia positiva estão em certa tensão. Certamente, o dogma deve ser para o exegeta uma norma diretiva, pois tudo o que é teológico é de interesse da dogmática. A exegese se encontra entre duas alternativas: ou se entende como uma disciplina teológica e, nesse caso, o dogma pode ser para ela norma diretiva, ou, por outro lado, se aparta do dogma e se torna uma ciência auxiliar ordenada à verdadeira teologia.

> A união, livre de contradição, do argumento da Escritura e a prova da autoridade na teologia fica garantida, no fundo, devido a que o mesmo Espírito Santo, que inspirou a Palavra de Deus escrita, assiste também a Igreja em suas decisões contra o erro. Finalmente, devemos acrescentar a seguinte consideração: a Escritura consignou o Evangelho, ou seja, o *kerygma* dos profetas, do Senhor e seus apóstolos; segundo, porque a Igreja alude continuamente de forma totalmente geral ou em casos particulares, a palavra bíblica como a fonte mais singular de sua pregação, a convertendo em objeto de sua pregação mesma. A inspiração da Escritura não se opõe a esse raciocínio, já que deixa intacto o estado de coisas existentes originariamente. Porém, sem dúvida, deve sempre ter-se em conta que só é constitutivo da revelação o conteúdo da Escritura (junto com uma tradição verdadeiramente apostólica, enquanto pode provar sua existência) e que toda pregação apostólica, em geral a Igreja pós-apostólica, só pode corresponder à missão de conservar o depósito da fé, de transmiti-lo e interpretá-lo. A Escritura se preserva, assim, de interpretações errôneas e a pregação doutrinal da Igreja mantém, em consequência do apoio constante da Bíblia, não só a linguagem viva e clara, mas também o nexo com a doutrina de Cristo (Beumer, 1977, p. 125-126).

Beumer entende que, em relação ao argumento positivo da teologia, não existem problemas especiais de índole fundamental. O principal recurso são os métodos histórico-críticos. Eles podem ser utilizados de maneira progressiva, desde a Escritura, acerca da patrística e das decisões do magistério, mas também percorrendo o caminho inverso. O primeiro procedimento seria, talvez, o mais indicado, pois ele permite que sejam encontrados os nexos da história dos dogmas. Por óbvio, influi uma compreensão prévia fundamentada na doutrina da Igreja, o que pode resultar na acusação de que a conclusão já está previamente definida.

> O argumento patrístico não tem total independência, deve servir ao essencial para que se constate a proclamação do magistério ordinário e a tradição eclesiástica, mas dificilmente acessível por via direta. Na prova, não é fácil

dar o justo lugar devido ao sentido da fé da Igreja ou ao sentido da fé do povo católico, já que, todavia, são amplamente discrepantes quanto a esses pontos de vista (Beumer, 1977, p. 126).

Quando se valoriza como eco da proclamação precedente do magistério ordinário o sentido da fé da Igreja ouvinte, que, todavia, manifesta de forma ativa sua consciência de fé, persiste a possibilidade de que o próprio Espírito Santo estimule diretamente a uma compreensão mais plena da revelação divina. Em todo caso, não pode haver dúvida, segundo a opinião católica, da necessidade de um controle da autoridade eclesiástica, de maneira que na inclusão do sentido de fé, na argumentação teológica apareça, portanto, em cada caso, o fato da autoridade. Também se deve levar em consideração a consciência de fé do povo pela importância prática do objeto em questão, justamente pelo assento na vida.

Na argumentação especulativa, o método é diverso, não pela autoridade, mas pelos motivos essencialmente estruturais da razão, de maneira que tal procedimento seja chamado filosófico. Nesse caso, a definição do Concílio Vaticano I é ainda clarificadora. Nesse caso, a definição do Concílio trata da questão, utilizando uma linguagem filosófica e um sistema filosófico específicos, cabendo ao teólogo, se for utilizar de outros sistemas filosóficos, verificar se tal filosofia está de acordo com o uso dos padres e da Igreja em seus documentos. Tal questão é polêmica, pois muitas das filosofias que surgiram depois da Modernidade buscam invalidar, de certa maneira, a compreensão filosófica que a Igreja utilizou na sua história. O grande perigo está em acoplar violentamente em uma unidade as distintas argumentações. Além disso, outro perigo é acentuar aspectos especiais da teologia, erigindo-os à visão de conjunto, como o fazem muitas das teologias contemporâneas, por exemplo: a teologia carismática, a teologia dos leigos, a teologia política, a teologia do *kerygma*, a teologia histórico-salvífica etc. (Beumer, 1977, p. 127).

Naturalmente, hoje é possível encontrar outras diferenças na teologia católica. Em algumas, predomina a argumentação positiva, noutras, a especulativa. Porém, em geral, mais que antes, tem se prestado uma grande atenção à fundamentação bíblica, de maneira que não se inserem simplesmente as passagens das Escrituras sem prestar a devida atenção ao contexto e à teologia bíblica. Muitos teólogos têm se preocupado em apresentar uma visão concisa e completa, levando em consideração o método histórico-positivo e o sistemático-especulativo (cf. Beumer, 1977, p. 127).

As tensões da teologia atual se indicam mais ou menos pelos pares de opostos, que podem atenuar-se mutuamente: fé e ciência, apresentação positiva e especulativa, Sagrada Escritura e doutrina da Igreja.

> Como já se indicou, a questão do método da teologia é fundamental na teologia católica e protestante de hoje. Sob o tema da hermenêutica, se trata da essência da teologia, inclusive da Igreja cristã e do cristianismo, em suma. O método se define desde o que se entende como realização total da teologia: teologia da palavra (G. Ebeling), teologia da esperança (J. Moltmann), teologia da história (W. Pannenberg), teologia como pergunta pela totalidade consumada do homem (salvação como salvação do sujeito integral), teologia transcendental (K. Rahner). Porém, o que deve ser teologia não se define só desde a palavra e a realização da hermenêutica. As exigências no método teológico crescem de tal modo que apenas é realizável o trabalho em conjunto, como mais ou menos salientou E. Schillebeeckx. A teologia supõe uma compreensão do que é linguagem. O teólogo tem que ter em conta a linguística estruturalista e a análise lógica da linguagem. Deve também tomar conselho da filosofia fenomenológica da linguagem. Porém, como a realidade fala ao teólogo em seus documentos, necessita da ontologia da linguagem. O estruturalismo apresenta algumas exigências mínimas que a teologia deve considerar antes de poder passar à hermenêutica propriamente dita da linguagem bíblica e do magistério. O método estruturalista e o hermenêutico devem combinar-se, pois, isolados, anulam-se os dois. Não nos encontramos, pois, ante uma alternativa, como afirmam alguns críticos. A teoria crítica apresenta exigências especiais na hermenêutica teológica, porém ela mesma está em perigo de não ser teologia. Como última e, em certo sentido, hoje como primeira questão se tratada a teologia como ciência, e isso no marco dos esforços por uma teoria da ciência. Só poderíamos aludir a toda esta coleção de problemas que se impõem com rapidez e expressar a esperança de que a crise metodológica da teologia não a isole do seu conteúdo (Beumer, 1977, p. 128-129).

Quanto à questão central tratada nessa conclusão e salientada nesta citação, Ratzinger refletiu em sua obra teológica. No que tange à teologia hermenêutica, compreendida como a teologia em sua natureza e método, ele também se pronunciou e tal questão é fundamental para compreender a sua visão específica acerca dessas disciplinas teológicas. No capítulo seguinte, será tratada de maneira mais detalhada a questão da hermenêutica e da teologia hermenêutica, relacionando tais questões ao pensamento de Ratzinger para, posteriormente, analisando a sua obra, apresentar as respostas que ele deu a tais questões.

# 3 Teologia e hermenêutica

O que há de comum entre as várias compreensões do que seja a hermenêutica é o fato de amiúde se afirmar que ela está fundamentalmente relacionada à interpretação e a temas conexos.

> Fé e teologia não são a mesma coisa, cada uma tem uma voz própria, mas a voz da teologia é dependente da voz da fé, e está relacionada com ela. Teologia é interpretação, e tem de continuar sendo interpretação. Mas quando deixa de interpretar para, por assim dizer, atacar e modificar a substância, para dar a si própria um novo texto, então ela deixa de subsistir como teologia. Pois já não interpreta mais coisa alguma, e sim fala por si própria. Isto pode ser chamado filosofia da religião, e como tal pode ser interessante, mas não tem mais razão nem autoridade para além da própria reflexão de quem fala. Fé e teologia são tão diferentes quanto texto e interpretação (Ratzinger, 2016f, p. 80).

Nessa citação, Ratzinger estabelece uma analogia entre fé e texto, por um lado, e entre teologia e interpretação, por outro, e chega a afirmar explicitamente que teologia é interpretação. A Escritura é o principal dos textos em que se encontra testemunhada a fé. A natureza da teologia, sendo interpretativa, restringiria sua missão à intepretação? É possível entender que Ratzinger está propenso a crer que a natureza da teologia seja hermenêutica. Em outros textos, Ratzinger utiliza a expressão hermenêutica da fé. Em uma inicial investigação acerca do que significa essa expressão, é possível observar que o autor a utiliza para caracterizar o conjunto global da teologia em seus procedimentos metodológicos. Porém, Ratzinger não explica em detalhes o que entende por hermenêutica, tampouco o sentido da afirmação de que a teologia é interpretação. O uso que ele faz de tais termos é amplo. É desse problema que essa pesquisa parte.

A hermenêutica tornou-se uma das principais temáticas tanto para a filosofia como para a teologia. A concepção clássica da hermenêutica foi base e inspiração para o desenvolvimento da questão hermenêutica na filosofia, que a transformou em uma de suas correntes, de modo que se tornou até mesmo, para alguns filósofos, a única acepção possível da filosofia. Tal processo resultou na compreensão cada vez maior da razão e da atividade intelectual como detentoras de uma natureza interpretativa. Nesse processo, para alguns filósofos, a razão filosófica abriu mão de seu caráter metafísico, ontológico e analítico para assumir uma natureza historicista, linguística, relativista, niilista e interpretativa. O resultado do debate filosófico quanto à hermenêutica influiu e ainda influi na teologia. A busca por responder a tal contexto intelectual afetou as bases da compreensão do que é teologia, bem como no que consiste o seu método. O fundamento metafísico e ontológico do método e das formas de teologias tradicionais foram postos em questão. A noção de verdade e absoluto foram substituídas pelos conceitos de historicidade, contexto, particularidade, relatividade, desenvolvimento, construção e interpretação. É nesse contexto intelectual que as questões hermenêuticas passam a integrar as discussões acerca do método teológico, da natureza e da missão da teologia (cf. Bordoni, 1993, p. 11-17; Geffré, 2009, p. 9-11). Portanto, surgiu a noção da teologia como hermenêutica, o que modificou a compreensão do método teológico.

A teologia pode ser compreendida integralmente como hermenêutica, pois depende dos textos como um de seus principais fundamentos e como material para construção. Assim, seria hermenêutica em sentido clássico, porquanto ainda deteria os aspectos metafísicos que se manifestam na busca pela verdade acerca de Deus, de sua obra de salvação e do mundo, nos textos que registram os conteúdos da fé. Dentro dessa linha existem subdivisões, e uma delas afirma que a verdade do texto nunca é alcançada de maneira plena devido ao contexto histórico em que se situa o leitor, de modo que, em virtude disso, são imprescindíveis sucessivas e constantes reinterpretações para que o cristianismo seja vivo. Tal vertente absorveu influxos das hermenêuticas de corte historicista e linguística. O pioneiro Bultmann e sua escola entendem a teologia como hermenêutica à maneira como Martin Heidegger e Hans-Georg Gadamer (1900-2002) entendem a filosofia como hermenêutica. De certa forma, as diferentes vertentes se complementam, pois as compreensões da teologia como hermenêutica são fundadas na filosofia, a qual afirma que a atividade racional é hermenêutica. Assim, não apenas os textos são objeto da hermenêutica, mas toda a realidade, isto é, a linguagem, os símbolos e o próprio ser. Desse modo, para atingir uma compreensão mais precisa da teologia como hermenêutica é necessário entender o desenvolvimento histórico da hermenêutica por meio de uma análise dos principais contributos de seus teóricos.

Para a investigação da hipótese proposta nessa pesquisa é necessário alcançar uma compreensão articulada do método teológico de Ratzinger, situando-o na relação com a discussão atual da teoria do método sob a peculiar concepção da teologia como hermenêutica. Além disso, é preciso esclarecer o significado e as consequências da compreensão da natureza e da missão da teologia na condição de hermenêutica da fé a fim de detectar suas implicações metodológicas e verificar se, com essa compreensão da natureza da teologia, Ratzinger se insere na corrente que se denomina teologia hermenêutica. Por isso, o presente capítulo se detém no desenvolvimento histórico da hermenêutica para compreender suas possíveis acepções, visando a uma análise do que Ratzinger entende pela expressão "hermenêutica da fé". Assim, a primeira seção é dedicada à etimologia da palavra "hermenêutica". Na segunda, por meio de um percurso histórico, é apresentado o desenvolvimento da questão hermenêutica, que se inicia na sua concepção clássica e culmina na compreensão da própria razão e da filosofia como hermenêuticas. Por fim, atém-se ao desenvolvimento da compreensão da teologia como hermenêutica.

## 3.1 Etimologia de "hermenêutica"

A palavra "hermenêutica" surgiu do termo grego *ermeneia* (interpretação); dela derivam o verbo *ermeneuo* (interpretar) (cf. Palmer, 1999, p. 23), o substantivo *ermeneus* (o intérprete) (cf. Coreth, 1973, p. 1-2) e os adjetivos *ermeneutikos* e *ermeneutiké* (interpretados) (cf. Mura, 1990, p. 13). A raiz *ermene* derivou de *ermeios*, sacerdote do oráculo de Delfos ou do deus mensageiro Hermes. Sua função era tornar compreensível aquilo que ultrapassa o intelecto e a capacidade humanos e portar as mensagens dos outros deuses do panteão (cf. Bleicher, 1980, p. 23). Os gregos atribuíram a Hermes a descoberta da linguagem e da escrita, as quais foram utilizadas para alcançar e transmitir o significado das coisas. O termo surge quando Hermes passou a significar mais que um nome, mas também estar associado às funções de traduzir, de interpretar, de tornar claro, de entregar e de outros correlatos. A palavra "hermenêutica", portanto, sugere o processo de tornar compreensível na medida em que esse processo envolve a linguagem, uma vez que ela é o veículo, por excelência, da transmissão do objeto a ser compreendido (cf. Palmer, 1999, p. 24; Ferraris, 2002, p. 11-12).

Essa etimologia tem três "orientações profundas": dizer, explicar e traduzir. Nas diferentes acepções que a hermenêutica aglutinou no seu desenvolvimento histórico, identifica-se ao menos uma dessas orientações (cf. Palmer, 1999, p. 25-41). Existem dois sentidos fundamentais: o termo pode designar, ao mesmo tempo, o processo de elocução (enunciar, dizer, afirmar algo, proclamar), ou de interpretar, mas também de traduzir (o que, por sua vez, não deixa de ser uma busca por compreensão). Nos dois casos, se está diante de questões relacionadas à transmissão de sentido, que pode ser operado em duas direções: do pensamento para o discurso, ou, em sentido contrário, do discurso ao pensamento (cf. Grondin, 1999, p. 52). Os estoicos, em sua concepção de discurso - semelhante à de Aristóteles -, distinguiam entre o *logos prophorikos*, que era a palavra falada, enunciada, proclamada, em suma, a primeira direção, e o *logos endiatetos*, o movimento contrário, isto é, a busca de elucidação do pensamento daquele que proclama. A *ermeneia* (enunciação) é o pensamento expresso em palavras, e para explicá-las é necessário realizar o caminho inverso. *Ermeneuein* é a ação de mediação de significado ao retornar do exterior para o interior, onde é encontrado o sentido mais pleno (cf. Grondin, 1999, p. 53).

Alguns filósofos e escritores gregos compreendiam o processo de elocução e enunciação como operação hermenêutica. A obra de Aristóteles *Da Interpretação* representa tal fato (cf. Grondin, 1999, p. 53-56), pois trata de questões relacionadas às proposições lógicas, mas tal título pode conotar também algo ligado às investigações acerca das expressões linguísticas (cf. Pannenberg, 1981, p. 116). Apesar das particularidades no emprego, sempre fundamentados de maneira aristotélica, o termo foi utilizado por Xenofonte (430-355 a.C.), Plutarco (46-120 d.C.), Eurípedes (480-406 a.C.), Epicuro (341-271 a.C.), Lucrécio (99-55 a.C.) e Longino (213-273 a.C.) (cf. Palmer, 1999, p. 23).

A palavra "hermenêutica" é considerada uma criação da Modernidade, uma tradução latinizada de *ermeneutiké*, termo conhecido, explorado e utilizado no contexto grego antigo (cf. Grondin, 1999, p. 53). A primeira vez que a palavra foi utilizada para nomear uma disciplina foi no século XVII pelo teólogo protestante Johann Conrad Dannhauer (1603-1666). Antes, ele já havia empregado o termo para nomear sua obra: *Hermeneutica sacra sive methodus exponendarum sacrarum litterarum* (1654). Ele é considerado o inventor desse neologismo (cf. Grondin, 2012, p. 17). Seu objetivo era nomear o que antes dele se denominava, em alemão, *Auslegungslehre* ou *Auslegenkunst e kunstlehre* (cf. Bleicher, 1980, p. 363), que significam arte da interpretação ou sistema de procedimentos formais para a determinação do sentido dos textos. Mais tarde, o termo frequentemente passou a ser empregado pelo protestantismo alemão para intitular os manuais de interpretação bíblica, o que consolidou a disciplina. No século XVIII, o mesmo fenômeno ocorreu na Inglaterra e na América de modo que, nesse período, o termo também foi empregado para nomear manuais de filologia (cf. Palmer, 1999, p. 44-45).

A teologia hermenêutica encontrou nessa etimologia os fundamentos para as suas concepções teóricas. A palavra grega detém o sentido fundamental de dizer e de interpretar o significado obscuro e inexato das expressões linguísticas, de tradução de uma língua para outra, bem como de comentários explicativos. Essa etimologia justifica a ligação entre a hermenêutica e a capacidade de linguagem da existência humana. A ligação explícita entre o termo grego e o deus Hermes manifesta que a hermenêutica carrega um significado profundo do falar, que é portar uma mensagem, um anúncio, além do poder de interpretação das mensagens e anúncios obscuros. Tal recurso etimológico visa atingir uma dimensão mais profunda do significado ontológico da linguagem, bem como a fonte do anúncio e da interpretação, isto é, o próprio ser. Tal uso da etimologia também serve para empreender uma crítica às acepções restritivamente clássicas da hermenêutica (cf. Mura, 1990, p. 13-16).

## 3.2 Desenvolvimento histórico da hermenêutica

A palavra hermenêutica tem diferentes significados, usos e aplicações. A sua etimologia permite tal fato. Antes de chegar a esse estágio, a hermenêutica passou por longo processo histórico. Atualmente, em filosofia, a palavra é empregada para nomear a filosofia de Gadamer e de Paul Ricœur (1913-2005), desenvolvedores de uma filosofia universal da intepretação e do entendimento histórico, fundamento para a metodologia das ciências humanas (cf. Japiassú; Marcondes, 2008, p. 166). Ademais, esses dois grandes pensadores e seus seguidores estão relacionados à tradição clássica e metodológica da hermenêutica. No cenário atual, a hermenêutica também está fortemente ligada às questões do historicismo, que acentuou a natureza histórica e linguística da experiência humana com a realidade. Essa questão marca grande parte dos debates intelectuais dos séculos XIX e XX. O estruturalismo, a crítica das ideologias, a desconstrução e o pós-modernismo também guardam relações muito estreitas e diretas com o debate a respeito da questão hermenêutica, de modo que são considerados os filhos da nova razão hermenêutica (cf. Grondin, 2012, p. 11-12).

Uma maneira de alcançar o significado das palavras é por meio de seus usos (cf. Marcondes, 2017; 2005). Por isso, analisar a história do desenvolvimento da questão hermenêutica é um recurso para compreendê-la de maneira aprofundada e defini-la com mais precisão. Para delimitar as etapas desse desenvolvimento e precisar melhor as diferentes compreensões da hermenêutica, nessa tese é proposta uma divisão histórica baseada em quatro acepções (cf. Palmer, 1999, p. 43-54), até hoje, verificáveis e defensáveis como tarefas da hermenêutica e como definições de sua natureza.

A primeira acepção é o período clássico do termo no qual a hermenêutica era apenas uma disciplina, uma metodologia e uma técnica de interpretar textos. Dividida em teoria da exegese bíblica e metodologia filológica geral (que também pode absorver a exegese bíblica). Nesse período, a hermenêutica desenvolveu-se como uma disciplina auxiliar no interior das disciplinas ligadas à interpretação dos textos sagrados e autoritativos (seja qual fosse o campo de conhecimento). A teologia desenvolveu a chamada *hermeneutica sacra*, o direito desenvolveu a *hermeneutica iuris* e a filologia desenvolveu a *hermeneutica profana*. Havia, assim, um aspecto normativo, pois propunha regras para interpretação, as quais eram extraídas da retórica. Posteriormente, na Modernidade, tal acepção desenvolveu-se, sobretudo, em contexto protestante, no qual foram produzidos incontáveis manuais de interpretação bíblica.

Essa tradição persistiu como a única até Schleiermacher. Sua hermenêutica representa a segunda acepção, isto é, uma ciência universal da compreensão de toda expressão linguística (cf. Grondin, 2012, p. 12-13).

Tal projeto foi absorvido por Dilthey, que transformou a hermenêutica em fundamento e metodologia para as ciências humanas. Em Dilthey, a hermenêutica tornou-se o fundamento para a pretensão e para definição da espécie de verdade e do estatuto científico das ciências humanas (cf. Grondin, 2012, p. 13). Essa iniciativa é a que representa a terceira grande acepção.

Na quarta, a hermenêutica é transformada em filosofia universal da interpretação. Esta nasceu como tentativa de levar o projeto de Schleiermacher e Dilthey às últimas consequências. Segundo essa acepção, o entendimento e a interpretação não estão apenas ligados às ciências humanas ou à hermenêutica clássica, mas à própria razão e ao intelecto, impondo-se como uma característica essencial da existência humana. Essas noções são o fundamento da hermenêutica de Heidegger e de Gadamer. Para estes autores, a hermenêutica é uma fenomenologia da compreensão existencial. A hermenêutica torna-se, assim, uma serva da filosofia da existência, confundindo-se com ela. Os maiores representantes da hermenêutica contemporânea seguem Heidegger, mas não como representantes de uma filosofia da existência. Além disso, também buscam um retorno ao diálogo com as ciências humanas sem assumir uma concepção exclusivamente metodológica da hermenêutica. Dessa maneira, buscam justificar a cientificidade das ciências humanas por meio de uma valorização da experiência linguística e histórica do entendimento. Dessa forma, ao assumir uma filosofia universal do entendimento e da interpretação, deixaram o âmbito de uma reflexão científica para criar uma pretensão também universal da hermenêutica (cf. Grondin, 2012, p. 13-15).

### 3.2.1 Hermenêutica clássica: metodologia, teoria da interpretação, técnica e metafísica

Apesar do uso expressivo do termo *hermeneia* e de seus derivados na Antiguidade, a noção de hermenêutica como metodologia ou disciplina ainda não existia. A palavra hermenêutica foi utilizada primeiro para nomear algumas obras do século XVII e XVIII. Porém, a história da interpretação e a busca por uma metodologia são bem mais antigas. Da Antiguidade até a Modernidade, é possível encontrar as raízes e os fundamentos teóricos do que viria a se consolidar em uma disciplina (cf. Mura, 1990, p. 29-31). São identificadas duas tradições que se desenvolveram e influenciaram uma a outra, a saber, a exegese bíblica e a metodologia filológica (textos literários e jurídicos) (cf. Palmer, 1999, p. 25-30). Além disso, em exegese, a princípio, é possível identificar que existiram duas matrizes culturais que marcaram tal desenvolvimento, a grega e a hebraica, que posteriormente se fundiram com o advento da interpretação cristã (cf. Mura, 1990, p. 31). Nessa acepção, o objetivo principal é a busca da verdade do texto. A explicação, por conseguinte, pressupunha a compreensão.

Na Antiguidade, é possível encontrar inúmeros autores e obras que foram importantes para o desenvolvimento da hermenêutica metodológica. O conceito de técnica hermenêutica aparece pela primeira vez no *Epínomis* pseudoplatônico, explicitamente utilizado para a interpretação de textos da tradição religiosa ou mitológica (cf. Pannenberg, 1981, p. 165; Grondin, 1999, p. 53-56). Segundo Platão, a *hermeneutike tekne* não é responsável por emitir juízo quanto ao que é verdadeiro ou falso, mas deve apenas fornecer regras de interpretação, comparáveis ao que hoje se entende por exegese científica do texto, junto à gramatical e à filológica, mas não à teórica ou à teológica. Em Platão, o termo se refere só ao que é dito, não acerca da verdade da teoria (no sentido metafísico das essências), mas acerca da clareza e da verdade do texto, de seu significado literal (cf. Mura, 1990, p. 11). Em seu diálogo *Ion*, Platão chama os poetas de "intérpretes dos deuses" (*ermenes ton teon*), enquanto os rapsodos são chamados de "intérpretes dos intérpretes" (*ermenes ton ermenes*). Pannenberg afirma que o conceito de hermeneuta, como empregado por Platão (mais ligado ao âmbito religioso), é uma variação diferente de hermenêutica, porquanto esta, na Grécia, de maneira mais geral, foi utilizada em sentido profano (cf. Pannenberg, 1981, p. 164; Ferraris, 2002, p. 13).

Um exemplo do que seria o uso profano é a parte da obra de Aristóteles que compõe o *Órgano, Interpretação* (cf. Ferraris, 2002, p. 14). Esse texto pode ser considerado o mais completo tratado acerca da interpretação da Antiguidade. Aristóteles relaciona de forma explícita o problema da interpretação ao problema lógico, inserido no contexto da filosofia do conhecimento. Para Aristóteles, a hermenêutica seria uma parte da lógica, parte que se preocupa com a verdade ou com a falsidade das proposições. Também tinha a função de desvendar o que não foi dito no discurso (desdobramentos lógicos), ou a sua intenção (cf. Mura, 1990, p. 11-12).

Algumas passagens dos textos sacros eram consideradas de difícil interpretação. Esse problema afetava tanto os judeus como os gregos. Muitas vezes, os conflitos de interpretação eram ocasionados mormente por passagens ambíguas. Assim, os livros ou manuais de interpretação deveriam ser um auxílio. Nesse contexto, a hermenêutica pode ser considerada uma disciplina auxiliar da exegese. Muitas vezes, por imprecisão, confunde-se com ela. A maioria dessas regras era formulada fundamentada com os conteúdos extraídos da arte retórica. Um grande representante dessa vertente é Quintiliano (30-100), que tratou da exegese (*enarratio*) em sua obra *Instituição Oratória* (cf. Grondin, 2012, p. 12).

A retórica antiga e a filosofia estoica desenvolveram a interpretação alegórica da tradição mítica; desse modo, forneceram algumas bases para a formulação das regras de interpretação cristãs dos textos sacros. A interpretação tipológica foi acrescentada à intepretação alegórica e literal, a qual amadureceu no seio cristão. Dessa maneira, paulatinamente foram sendo criadas regras de interpretação, de modo que foram distinguidas duas vertentes, a da interpretação sacra e a da interpretação profana (cf. Pannenberg, 1981, p. 166). Convém observar também, para maior precisão histórica, que a interpretação cristã da Bíblia foi influenciada pela exegese judaica, a qual já gozava de cânones desenvolvidos. Um grande representante dessa tradição é Fílon de Alexandria. Com base na filosofia platônica e estoica, ele formulou uma técnica de interpretação alegórica complexa e bem sistematizada (cf. Ferraris, 2002, p. 19-22). Para Fílon, a alegoria era o recurso para chegar ao sentido mais profundo dos textos. No contexto cultural judaico, os fariseus, saduceus, os essênios e os qumran, bem como os samaritanos, também tinham conjuntos normativos de regras diferentes para a interpretação do Antigo Testamento (cf. Bray, 2017, p. 47-60).

No cristianismo primitivo, existiam inúmeras formas e práticas de interpretação da Bíblia que podem ser encontradas em autores como: Marcião (85-150), Justino Mártir, Irineu, Tertuliano, Clemente de Alexandria, Orígenes, Atanásio de Alexandria (296-373), Gregório de Nissa, Eusébio de Cesareia (263-340), João Crisóstomo (347-407), Basílio de Cesareia, Jerônimo e Agostinho. Estes contribuíram no desenvolvimento da chamada interpretação patrística (cf. Bray, 2017, p. 79-93). Uma característica comum dos teóricos desse período é a busca da verdade contida no texto bíblico e um maior entendimento e compreensão da sua mensagem. Poucos foram os que compuseram tratados de interpretação, uma vez que a maioria deles contribuiu com comentários bíblicos a partir dos quais podem ser extraídos os métodos de interpretação (cf. Bray, 2017, p. 95-127). Alguns compuseram tratados exclusivamente dedicados às regras de interpretação bíblica. Tal elenco de nomes demonstra que as regras para a correta interpretação da Bíblia sempre foi uma questão fundamental em teologia. Orígenes pode ser considerado um dos primeiros desse período a compor explicitamente um tratado exclusivo para regras de interpretação das Sagradas Escrituras. Porém, o que chama a atenção em suas regras é o uso quase que exclusivo da alegoria e da tipologia (cf. Grondin, 1999, p. 64-70).

Santo Agostinho pode ser considerado um dos maiores representantes desse período. *A doutrina cristã* marcou profundamente toda a história da hermenêutica (cf. Grondin, 2012, p. 12). Nela, Agostinho compilou e desenvolveu de maneira original algumas das regras de interpretação, as quais estavam espalhadas em diversas correntes anteriores a ele. É possível detectar traços das teorias de Fílon de Alexandria, de Irineu e de Orígenes (cf. Grondin, 1999, p. 70-71). Agostinho foi marcado profundamente pela retórica de Cícero. Antes de ser um teórico, ele foi um praticante dessa arte. Em sua tese do sentido quadruplo das Escrituras, é possível enxergar um critério para interpretação extremamente sistematizado. Segundo Agostinho, é necessário também estudar a gramática. Além disso, entende que a retórica ensina a distinguir o sentido literal e o figurado na Bíblia. Assim, nessa obra o autor funda critérios que serão utilizados e desenvolvidos na exegese medieval e, mais tarde, retomados por Flacius Illyricus (1520-1575) (cf. Grondin, 2012, p. 19).

*A doutrina cristã* pode ser considerada a principal fonte de autoridade para a fundamentação e o desenvolvimento da exegese medieval, a qual recorreu amplamente à tradição patrística. Esse período, assim como o anterior, também legou à história da interpretação bíblica inúmeros e importantes autores e obras. Dentre os cristãos: Isidoro de Sevilha, Máximo, o Confessor, João Escoto Erígena (m. 877), Bruno Cartuxo (1030-1101), Hugo de São Vítor, Pedro Abelardo, Bernardo de Claraval, Gilbert de la Porrée (1076-1154), Pedro Lombardo, Joaquim de Fiore (m. 1204), Tomás de Aquino, São Boaventura. Esses autores compilaram dicionários; debateram acerca do sentido literal das Escrituras, bem como o sentido alegórico; escreveram importantes introduções à Bíblia contendo datas, locais e dicionários etimológicos; trataram de questões de geografia bíblica; compuseram inúmeros comentários; desenvolveram e aprofundaram a doutrina dos quatro sentidos (cf. Bray, 2017, p. 129-157). Assim, na Idade Média, a retórica era parte do *Trivium*, em que existem reflexões hermenêuticas a respeito da arte de interpretar.

Tal fato mostra que as regras de interpretação continuaram a ser consideradas um importante tema ao qual se dedicava atenção (cf. Mura, 1990, p. 99-100).

Dois representantes importantes na Idade Média são Santo Tomás de Aquino e São Boaventura. Tomás de Aquino produziu um comentário ao *Perí ermeneias* de Aristóteles. Além disso, trabalhou intensamente para desenvolver a teoria dos quatro sentidos das Escrituras e a importância da metáfora. Santo Tomás também aplicou e buscou desenvolver a teoria dos sinais de Santo Agostinho. Importante contribuição desse santo foi a formulação de uma teoria lógica e metafísica da interpretação relacionada ao problema maior do conhecimento humano ligado ao problema do ser (cf. Mura, 1990, p. 101-122). São Boaventura, de tradição agostiniana, recorreu amplamente à *Doutrina cristã* e buscou aplicar seus princípios de interpretação (cf. Mura, 1990, p. 123-129).

Também é importante observar que a tradição de interpretação judaica também enviou influxos à tradição cristã. Exemplos de grandes teóricos desse período são: Maimônides (1135-1204), Rashi (1040-1105), Ibn Ezra (1089-1164) e David Kimchi (1160-1235). Esses autores foram responsáveis pelo desenvolvimento de questões filológicas, históricas e geográficas para melhor compreensão do sentido literal do Antigo Testamento, perspectiva até então pouco desenvolvida e que fora motivada pela aceitação praticamente universal do *Midrash* (cf. Bray, 2017, p. 139).

A tradição metodológica desenvolveu-se de forma marcante graças ao protestantismo. O impulso para tanto foi a busca por uma compreensão mais exata do sentido literal da Bíblia. Por motivos teológicos, a revelação e a Palavra de Deus eram identificadas com o sentido literal. Grande parte das obras que fizeram parte desse processo era inspirada na *Rhetorica* (1519) de Filipe Melâncton (cf. Grondin, 2012, p. 12). Este enfatizava o caráter fundamentalmente gramático e histórico da interpretação. Dessa forma, influenciou fortemente a tradição da hermenêutica literária e filológica. Marcado pelo humanismo renascentista de então, Melâncton também deu forte ênfase nas regras de uma boa tradução. Nesse sentido, estava mais próximo de Erasmo de Roterdã que Martinho Lutero (1483-1546). Além dele, João Calvino e Ulrich Zwínglio (1484-1531) também seguiram o mesmo influxo, compondo regras de interpretação das Escrituras que marcaram profundamente o desenvolvimento da hermenêutica protestante dos séculos seguintes (cf. Mura, 1990, p. 132-135).

Em sua controvérsia com o catolicismo, Martinho Lutero buscou desenvolver princípios para a correta compreensão das Sagradas Escrituras. Sua tese dos *Cinco Solas* funcionou como uma crítica a determinadas doutrinas católicas e como princípios gerais para a interpretação da Bíblia (cf. Grondin, 1999, p. 81-84).

Lutero não desenvolveu um tratado sistemático de metodologia da interpretação, mas é possível encontrar suas regras em seus comentários exegéticos. Um de seus principais fundamentos hermenêuticos era a centralidade do pressuposto da fé em Cristo para a compreensão das Escrituras. Lutero também pode ser considerado um dos pioneiros em relação à importância da compreensão do todo e das partes (cf. Ferraris, 2002, p. 36-38; Mura, 1990, p. 129-132).

Porém, *Clavis Scripturae sacrae* é considerada a primeira obra de hermenêutica das Sagradas Escrituras na tradição protestante. Seu autor, Flacius Ilirycus, compilou e desenvolveu as regras de interpretação propostas pelos reformadores Lutero e Melâncton. Sua obra tem como objetivo principal desvendar os sentidos das passagens mais obscuras da bíblia. Outra característica é a forte ênfase dada às análises gramaticais (cf. Mura, 1990, p. 34-35; Ferraris, 2002, p. 36-38). Assim, essa obra é responsável por influenciar a exegese protestante do século XVI e XVII, porquanto se ancora, principalmente, no sentido literal das Escrituras, em oposição à exegese alegórica. Para Flacius, as obscuridades das Escrituras deviam-se à falta de conhecimento histórico e gramatical dos textos bíblicos. Flacius pode ser considerado um dos pioneiros daquilo que hoje se entende por sentido literal do texto em exegese bíblica de cunho histórico-crítico. A primeira parte da sua obra é um dicionário de concordância de passagens bíblicas (cf. Grondin, 1999, p. 85-89).

A acepção clássica da hermenêutica continua a gozar de extrema importância para a teologia, sendo uma de suas principais disciplinas e ferramentas, de modo que usufrui da mesma importância em outras ciências que lidam com textos. O desenvolvimento das outras acepções não anulou essa. Clodovis Boff afirmou que é possível considerar a teologia como hermenêutica levando em consideração apenas essa acepção (cf. Boff, 1998, p. 87-89). Ao analisar as correntes de teologia hermenêutica, é possível observar que elas não se apartam dessa acepção, pois entendem que a teologia é dependente, na maior parte da construção do seu trabalho, de textos. Portanto, é possível afirmar que tal acepção é, além de pioneira, fundamental. Tal acepção depende filosoficamente da tradição metafísica e clássica, porquanto os elementos desta ainda permanecem nos manuais de hermenêutica mais atuais, apesar do influxo das novas acepções que serão vistas a seguir.

### 3.2.2 Início da virada universal da hermenêutica

No início do século XVII, a hermenêutica começou a se desvincular das disciplinas da quais era apenas auxiliar e iniciou seu processo de autonomia. Aqui se inicia o processo de surgimento da segunda acepção de hermenêutica.

Para ilustrar a compreensão global que se tinha da hermenêutica à época, evoca-se a diferenciação cada vez maior entre hermenêutica e exegese. A primeira seria responsável pelas regras gerais de todo fenômeno de interpretação. Já a segunda seria uma metodologia que receberia da hermenêutica sua fundamentação teórica. Tal fato salientou o quanto ela é fundamental (cf. Bravo; Schokel, 1994, p. 13-16).

Um dos primeiros a focar nessa delimitação foi Dannhauer (cf. Mura, 1990, p. 141-145), considerado um dos pioneiros no processo de universalização da hermenêutica (cf. Ferraris, 2002, p. 42-44). Dannhauer não foi apenas o primeiro a usar o termo hermenêutica para intitular uma de suas obras. A sua ideia do bom intérprete já esboçava a teoria de uma hermenêutica universal, vinculada à busca de uma nova metodologia das ciências que rompia com a escolástica. Ele buscou formular uma ciência universal do interpretar, cuja marca era o caráter propedêutico. Por isso, buscou uma filosofia que justificasse a ciência geral do interpretar, aplicável em todas as ciências. Para Dannhauer existia apenas uma hermenêutica, a geral, utilizada em objetos particulares, a qual seria formulada pela filosofia e se confundiria também com ela. Além disso, deveria permitir que as outras ciências interpretassem melhor seus registros escritos (cf. Ferraris, 2002, p. 45; Grondin, 1999, p. 94-95).

Nessa época, crescia a ideia de que todos os ramos do saber se baseavam principalmente em interpretações de textos. Essa ideia cresceu devido ao contexto marcado pela imprensa. A busca era por registrar todo conhecimento científico possível em textos. Muitas vezes, os doutos se preocupavam mais com os escritos do que com a realidade. Dannhauer desenvolveu uma hermenêutica geral, de maneira paralela e complementar à tradicional lógica da metodologia aristotélica, que servia como propedêutica. A inspiração básica de Dannhauer foi o *Da interpretação* de Aristóteles. Essa obra tinha como objeto as conexões conceituais que se tornavam manifestas no discurso expressado. Nesse sentido, a palavra hermenêutica assumia um caráter fortemente analítico. Essa análise lógica consistia na recondução das elocuções do discurso ao seu sentido pensado. A elocução é a vocalização de um sentido pensado. Como doutrina universal da verdade, a lógica tinha como tarefa separar as sentenças lógicas das ilógicas, ou seja, a verdadeira intenção do pensamento pelo que fora expressado. Isso marcou fortemente todo o desenvolvimento da hermenêutica. Tal hermenêutica está ligada à verdadeira intenção do que foi dito, sem relacionar isso à verdade da realidade (cf. Mura, 1990, p. 161-162). Grondin acreditava ser uma injustiça histórica considerar Schleiermacher o único impulsionador de uma hermenêutica universal. Em muitos sentidos, o projeto de Dannhauer pode ser reconhecido mais abrangente (cf. Grondin, 1999, p. 96-98). Nesse autor, apesar da valorização da experiência racional como eminentemente interpretativa, a fundamentação ainda era por meio da metafísica, de modo que a valorização da historicidade da experiência ainda não estava em questão.

Johann Martin Chladenius (1710-1759) também merece especial atenção na história da hermenêutica. Sua principal obra foi: *Introdução à verdadeira arte de interpretação de discursos e escritos racionais* (1742). Ele ultrapassou o âmbito lógico proposto por Dannhauer ao buscar estabelecer a hermenêutica como um grande ramo do saber humano. Para ele, existiam duas espécies de atividades, as que propunham algo novo e as que buscavam extrair conteúdos dessas novidades deixadas por meio da interpretação de seus registros escritos. Por isso, dependeriam de uma metodologia fundamentalmente universal que facilitasse tal tarefa, a qual seria nomeada hermenêutica (cf. Ferraris, 2002, p. 68-71). Os esforços de Chladenius consistiram em formular regras de interpretação que deveriam eliminar as ambiguidades e as obscuridades de palavras, frases e textos. Mas tal hermenêutica também forneceria fundamentos para as ciências das novas descobertas, pois em suas bases também subjaz a interpretação (cf. Grondin, 1999, p. 99-106).

Outro representante desse processo é Georg Friedrich Meier (1718-1777), que buscou formular uma arte universal da interpretação que tivesse processos de regras aplicáveis a qualquer fenômeno. Para ele, qualquer manifestação da realidade em sinais e linguagem é objeto da hermenêutica, pois todo significado é alcançado pela interpretação de sinais. As expressões linguísticas são apenas um recorte específico do âmbito maior do que é sinal. Ele dividiu os sinais em duas categorias: naturais e artificiais. Tudo o que é sinal é passível de ser interpretado, pois quer significar algo, isto é, tem sentido, logo, é objeto hermenêutico (cf. Mura, 1990, p. 165-166). Ele entende a hermenêutica como ligada à questão mais fundamental do sentido, ao passo que Dannhauer e Chladenius tinham como objeto as mais variadas expressões linguísticas, mas principalmente as escritas (cf. Ferraris, 2002, p. 71-73).

Nesses teóricos, de forma mais clara, é iniciado o processo de compreensão cada vez maior da razão como instância de natureza eminentemente interpretativa. Contudo, apenas eles esboçam e não configuram uma filosofia hermenêutica. Importante é salientar que a compreensão diferenciada da hermenêutica desenvolve-se paralelamente à nova compreensão da razão e da filosofia. Tal fato é crucial para as questões da compreensão do método, da natureza e da missão da teologia.

### 3.2.3 Friedrich Schleiermacher: hermenêutica para toda a expressão linguística

Na história da hermenêutica, Friedrich Schleiermacher geralmente é considerado o representante do projeto de uma hermenêutica universal, bem como marco do surgimento da segunda acepção (cf. Mura, 1997, p. 55). A filosofia de Immanuel Kant foi responsável pelo enfraquecimento do racionalismo. Schleiermacher está situado no contexto do romantismo, corrente que buscou superar tanto o racionalismo como a crítica kantiana, lançando uma das bases filosóficas para a crítica à metafísica rumo ao historicismo e à hermenêutica (cf. Mura, 1997, p. 57).

Schleiermacher recebeu os influxos do pensamento de Friedrich August Wolf (1759-1824) e de Friedrich Ast (1778-1841), bem como fez parte do romantismo alemão. Os princípios desse movimento são facilmente encontrados em seu pensamento hermenêutico (cf. Ferraris, 2002, p. 95-104). Ast acreditava que o dever da hermenêutica era captar o espírito da Antiguidade por meio dos textos. Esse ideal é chamado por alguns historiadores de "o sonho do romantismo". É dele que Schleiermacher extrai as noções fundamentais de círculo hermenêutico (cf. Bleicher, 1980, p. 358) que desenvolverá posteriormente. Para Ast, o espírito geral pode ser encontrado por meio das partes menores. O mesmo espírito é o que torna possível a captação do sentido das unidades menores. Assim, captar tal sentido deve ser o objetivo do intérprete. Ast esteve mais ligado à filologia, porém suas contribuições estão explicitamente direcionadas também ao campo da hermenêutica (cf. Palmer, 1999, p. 83-88). Wolf estava demasiado próximo das concepções de Meier, porquanto acreditava que a hermenêutica tinha a ver com símbolos. Para cada estilo de texto deve haver regras específicas, as quais podem ser alcançadas por meio da prática constante da interpretação. Em sua concepção, a hermenêutica seria uma disciplina mais prática que especulativa e teórica. O objetivo da interpretação é captar o pensamento do autor de forma perfeita, isto é, como ele gostaria de ser compreendido. Para ele, explicar pressupõe compreender. Assim, compreender é uma dadiva para o intérprete, explicar é doar o compreendido (cf. Palmer, 1999, p. 88-90).

A única obra de Schleiermacher quanto ao tema foi *O conceito de hermenêutica, com referência às indicações de F. A. Wolf e ao Compêndio de Ast*, publicada no Brasil como parte do livro *Hermenêutica: arte e técnica da interpretação* pela Editora Vozes. Tal obra agrupou as regras esparsas desses dois autores para compor uma hermenêutica que pudesse ser aplicada em qualquer expressão linguística. Nessa obra, ele chamou para si a responsabilidade de formular um projeto de hermenêutica geral (cf. Palmer, 1999, p. 91-92). Em sua carreira docente, ministrou diversos cursos, dentre os quais alguns manuscritos foram reunidos, editados e publicados postumamente pelo seu aluno Friedrich Lücke (1791-1855) no volume intitulado *Hermenêutica e crítica, sobretudo em vista do Novo Testamento* (cf. Grondin, 2012, p. 23-24).

A base das formulações hermenêuticas de Schleiermacher é a retórica. Todo ato de entendimento é a inversão do discurso com o objetivo de trazer à luz o pensamento e a intenção fundamental que o gerou. Para ele, a hermenêutica pode ser compreendida como a inversão da retórica. O entendimento se dá por meio da linguagem. Por isso, a hermenêutica deve ser dividida em duas partes, a gramatical e a psicológica (cf. Palmer, 1999, p. 95-96). A interpretação gramatical deve entender todo discurso a partir de como uma determinada língua funciona (cf. Bleicher, 1980, p. 27-28). Já a interpretação psicológica deve buscar, no discurso, o significado de uma expressão individual. A hermenêutica é necessária, pois diferentes indivíduos se expressam, ao utilizarem a mesma linguagem, com intenções as mais diversas. A interpretação psicológica pode ser considerada a contribuição mais importante e original de Schleiermacher (cf. Mura, 1990, p. 175-176). Ele a nomeou de interpretação técnica. Por meio desse recurso, seria possível compreender a especificidade de um autor (cf. Grondin, 2012, p. 25-26).

Schleiermacher cria que não existia ainda uma hermenêutica universal, mas várias hermenêuticas especiais (cf. Palmer, 1999, p. 91-93). Estas pressupunham sempre que o entendimento é algo natural e, por conseguinte, que o desentendimento é uma exceção. Os que recorriam a elas buscavam evitar o entendimento errado. Por isso, essa hermenêutica era uma disciplina auxiliar à qual se recorria para interpretar passagens ambíguas de determinadas espécies de textos. Uma de suas principais intenções foi formular uma hermenêutica como arte do entender que não estivesse limitada a um campo específico. Esse entender tem um sentido deveras original. Até então, a hermenêutica era uma disciplina que deveria conduzir ao entendimento. Para ele, trata-se de assegurar, por meio de uma arte, o próprio ato de entender (cf. Mura, 1990, p. 168-173).

Schleiermacher pressupõe o desentendimento como algo natural e sempre possível, e é precisamente em virtude disso que o autor preza pela busca do entendimento. Para ele, uma das condições da hermenêutica é que sempre haverá algo de estranho ao receptor de qualquer expressão de linguagem. O trabalho da hermenêutica consiste também, portanto, em buscar, desde o início de qualquer processo de compreensão, o melhor entendimento possível. Em decorrência disso, para Schleiermacher, é necessário que a hermenêutica seja mais metódica. A partir desse momento, portanto, a hermenêutica deixará de ser apenas uma disciplina auxiliar para torna-se a condição básica de todo entendimento. Desse modo, percebe-se a importância da retórica, pois para tão ousada empreitada é necessário que o intérprete seja capaz de, por meio de uma operação hermenêutica metodológica, reconstruir o discurso, dominando-o como se fosse o próprio autor. Para Schleiermacher, é possível entender o discurso tão bem, ou até melhor que seu próprio autor, numa espécie de vidência. Essa máxima se tornou um dos princípios básicos do seu pensamento hermenêutico. Tal pressuposto tornou possível uma via de explicação genética na qual entender significa ser capaz de alcançar a gênese do pensamento (cf. Mura, 1990, p. 176-178). Nisso consiste a característica psicológica de sua hermenêutica. Em posse dessa concepção, é possível reconstruir a expressão linguística em sua integridade, como uma replicação feita por outro sujeito (cf. Grondin, 2012, p. 27-29).

Uma das grandes contribuições de Schleiermacher consiste no desenvolvimento da teoria do círculo hermenêutico, presente na retórica e na hermenêutica antiga (cf. Mura, 1990, p. 173-175; Palmer, 1999, p. 93-95). De certa forma, ele criticará essa regra, pois entende que ela, além de poder levar ao alargamento das possibilidades, pode ser aplicada em instâncias cada vez maiores e horizontes de sentido cada vez mais englobantes (cf. Grondin, 2012, p. 31).

A importância de Schleiermacher para o desenvolvimento da hermenêutica se deu sobretudo pelo fato de que ele anunciou explicitamente a concretização da tendência à universalidade, a qual é identificada no seu projeto de uma hermenêutica geral, que deveria preceder às hermenêuticas particulares, assegurando os princípios mais básicos do possível entender e da aplicação a todo justo entendimento (cf. Palmer, 1999, p. 100-103). Além disso, traços de universalidade são encontrados quando Schleiermacher direciona a hermenêutica a toda expressão linguística (cf. Mura, 1990, p. 178-180).

### 3.2.4 A hermenêutica de Wilhelm Dilthey: historicismo, fundamento interpretativo da vida e metodologia para as ciências humanas

No século XIX, a consciência de que todo conhecimento era marcado historicamente passou a ser um pressuposto básico para o estudo das ciências humanas, o que despertou cada vez mais seu caráter crítico, bem como a crítica empreendida a tais ciências (cf. Bleicher, 1980, p. 363). Nesse contexto, a hermenêutica passou a ser reconhecida como uma disciplina ligada à questão do significado e da compreensão. Nessa perspectiva, August Boeckh (1785-1867) e Johann Gustav Droysen (1808-1884) foram os responsáveis por relacionar explicitamente a hermenêutica à ciência histórica de caráter crítico (cf. Grondin, 1999, p. 135-145). As reflexões de

Dilthey estiveram ligadas intrinsecamente a esse contexto intelectual e representam o surgimento da terceira acepção da hermenêutica. Seu projeto era justificar a cientificidade das ciências humanas tendo, na hermenêutica, o método e o projeto de uma filosofia fundamental.

Em Dilthey, a hermenêutica receberá um novo e mais amplo sentido metodológico, cujo caráter é uma forte natureza filosófica. Aqui, o termo metodológico deve ser compreendido como a reflexão a respeito da metodologia constitutiva de uma determinada ciência, isto é, sua fundamentação (cf. Ferraris, 2002, p. 131-132). O problema da justificação das ciências humanas não era uma questão em Schleiermacher. No entanto, veio a tornar-se na segunda metade do século XIX, em decorrência do impulso pelo qual passaram as ciências naturais, cuja metodologia seria proposta por Kant, considerado o filósofo que desferiu o golpe fatal à metafísica e que transformou a filosofia em metodologia das ciências exatas e da epistemologia. Em decorrência desse contexto, as ciências humanas deveriam comprovar a sua cientificidade por meio de uma justificação metodológica. Essa tarefa foi assumida por Dilthey, que buscou responder a algumas questões propostas por Kant por meio de uma crítica da razão histórica, que deu origem a sua *Introdução às ciências humanas*, em que se encontra uma busca por fundamentação lógica, epistemológica e metodológica das ciências humanas (cf. Palmer, 1999, p. 105-106).

Ele buscou fundamentar tais ciências por meio de categorias próprias, uma teoria do conhecimento específica e um método que lhes seria compatível. Sua disputa é contra o positivismo empírico de Auguste Comte (1798-1857) e John Stuart Mill (1806-1873), que afirmavam que não existem métodos específicos para as ciências humanas. Segundo a lógica proposta por Kant, no dito desses últimos dois filósofos, as prerrogativas de cientificidade das ciências humanas estariam invalidadas. Segundo eles, as ciências humanas devem replicar o método das ciências naturais (cf. Ferraris, 2002, p. 120-124). Além desses, debateu com o pensamento metafísico histórico do idealismo de Hegel, que pretendia reconstruir o curso da história. Assim como Kant lutou contra o ceticismo de David Hume e a metafísica dogmática, Dilthey buscou conduzir as ciências humanas desviando-se das propostas que buscara refutar (cf. Grondin, 2012, p. 32-33).

Para fundamentar uma metodologia específica para as ciências humanas, Dilthey inspirou-se nas distinções de Droysen entre o explicar e o compreender (cf. Mura, 1990, p. 209-212). As ciências exatas e as da natureza tentam explicar os fenômenos a partir de hipóteses e de leis gerais. Já as ciências humanas buscam entender uma individualidade histórica por meio de suas manifestações, por isso deverá ter uma metodologia do entendimento (cf. Palmer, 1999, p. 106-113). Esta sofreu um influxo explícito da hermenêutica na condição de teoria geral da interpretação de Schleiermacher, principalmente da hermenêutica psicológica. Em sua época, Dilthey era um estudioso de Schleiermacher. Em sua obra *A origem da hermenêutica*, Dilthey esboça as linhas gerais da história dessa disciplina, a qual era, para ele, amplamente desconhecida, tendo em Schleiermacher seu principal teórico. Porém, tal obra não tem um simples objetivo histórico, mas sim conferir à hermenêutica a função de justificar metodologicamente as ciências humanas. A hermenêutica, portanto, deveria resolver a questão do conhecimento científico dos indivíduos históricos e das grandes formas de existência humana em geral. Para Dilthey, a hermenêutica, na condição de método, deveria ser capaz de extrair as leis gerais para a apreensão do singular. Os processos de entendimento e de interpretação serão colocados por Dilthey como o fundamento para tais operações. A hermenêutica, que era apenas uma arte de interpretação das manifestações linguísticas escritas, passa a ser uma metodologia que busca compreender as manifestações históricas individuais que não estão necessariamente postas em textos (cf. Mura, 1990, p. 213-217). O objetivo da interpretação é entender determinada interioridade por meio de seus sinais exteriores. Essa interioridade corresponde ao que Dilthey chamou de *erlebnis* (cf. Bleicher, 1980, p. 361) (sentimento vivido) (cf. Grondin, 2012, p. 34).

Um dos méritos de Dilthey no desenvolvimento da hermenêutica consiste na visibilidade e pertinência (antes desconhecida) dada a ela ao vinculá-la à metodologia das ciências humanas. Tal vertente da hermenêutica se consolidou e perdura até a atualidade. Todavia, outro contributo de Dilthey que impulsionou a hermenêutica em noutra direção é a ideia segundo a qual o entendimento que se desdobra nas ciências humanas é justamente o prolongamento de uma busca de compreensão e de formulação que, de antemão, distingue a vida humana e histórica como tal. Segundo ele, a própria vida se articula por meio das expressões que as humanidades buscam entender ao recriar a experiência da qual elas brotam. Dilthey está fundamentado em uma filosofia universal da vida histórica. Sua intuição mais madura é de que o entendimento e a interpretação não são apenas métodos característicos das ciências humanas, mas são fundamentalmente a tradução de uma busca de sentido e expressão do impulso mais originário da própria vida (cf. Palmer, 1999, p. 124-128). Assim, Dilthey perfilou um passo importante para a questão da universalidade da hermenêutica. Esses traços influíram em Heidegger e em Gadamer, ao passo que também criticaram e desenvolveram outras perspectivas (cf. Grondin, 2012, p. 35-36).

Se a teologia é classificada como uma ciência humana de natureza hermenêutica, as intuições fundamentais de Dilthey podem servir de argumentos para justificar o caráter científico da teologia frente a um novo contexto intelectual, cada vez mais afastado da metafísica e da noção de que as ciências naturais são o paradigma da manifestação única e acabada da razão, bem como as únicas proprietárias da verdade e do conhecimento científico. Nesse sentido, a hermenêutica de Dilthey pode ser até mesmo uma espécie de reação crítica ao projeto desconstrutivista de Kant.

### 3.2.5 A hermenêutica de Martin Heidegger: rumo à fenomenologia e ontologia, filosofia hermenêutica

Ao tratar do fundamento da vida como busca por entendimento e interpretação, Dilthey contribuiu com determinadas bases filosóficas que serviram para a transformação da hermenêutica em uma filosofia, ou ainda para a busca de uma filosofia hermenêutica. Georg Misch (1878-1965), aluno de Dilthey, buscou formular uma lógica hermenêutica. Ele acreditava que a própria lógica e as diversas ciências referem-se, fundamentalmente, a uma busca por entendimento e interpretação da própria vida (cf. Palmer, 1999, p. 129).

Porém, é com Martin Heidegger que a hermenêutica atinge a posição de uma filosofia autônoma, a quarta acepção. Com ele, a hermenêutica muda de objeto, deixando de incidir apenas nos textos ou nas ciências humanas, de modo que passa a atentar-se à própria existência (cf. Mura, 1990, p. 218-222). Ademais, outra razão para mudar de posição é o fato de que se confundirá com a própria filosofia. Além disso, a hermenêutica sofre, em Heidegger, uma virada filosófica de natureza dupla, fenomenológica e existencial (cf. Grondin, 2012, p. 37-38). Heidegger é considerado o primeiro a fazer da hermenêutica o título de uma filosofia. Esse processo se inicia em seus primeiros escritos, posteriormente aprofundado e sistematizado em *Ser e tempo*, sua principal obra. Heidegger utiliza o termo "hermenêutica da facticidade", que é a existência individual e concreta, que, de início, não é um objeto para si mesma. O ente é jogado e projetado nela, cabe a ele despertar ou não. A hermenêutica da facticidade, como a da existência, comporta um sentido duplo (cf. Mura, 1990, p. 222-225). Heidegger é o principal fundamento filosófico dos principais representantes da teologia hermenêutica. Analisar as linhas gerais de sua proposta proporciona um melhor entendimento da teologia hermenêutica. No seu projeto de destruição da metafísica, Heidegger distanciou a filosofia das questões ligadas à verdade e ao absoluto; tal projeto foi criticado por Ratzinger no primeiro capítulo de *Natureza e missão da teologia* (cf. Ratzinger, 2016b, p. 13-26).

Essa hermenêutica tem o sentido de uma filosofia que tem como objeto a existência humana, entendida radicalmente como um modo de ser hermenêutico.

Tal concepção é explicitamente influenciada por Dilthey, em sua filosofia interpretativa da vida, e também pela concepção da intencionalidade de Edmund Husserl, segundo a qual a consciência vive inicialmente da intenção de sentido, percebendo o mundo a partir de uma perspectiva de entendimento constituinte. Além dessas, sua inspiração está também de Kierkegaard, ao tratar do problema da escolha diante da qual a existência individual é posta: decidir a sua orientação fundamental. Essas três influências denotam que o ente é um ser de interpretação (cf. Palmer, 1999, p. 132-135).

A hermenêutica deve ser efetuada pela própria existência. Não é possível ao sujeito subtrair-se, porquanto o que pode fazer é elaborar categorias formais que o permitirão apropriar-se de suas possibilidades existenciais. É a própria existência que deve elaborar a hermenêutica da sua facticidade. Em certo sentido, ela pratica de maneira mais ou menos inconsciente, pois é lançada e vive no interior de interpretações já formuladas. Cabe à existência, assim, elucidar tais interpretações - que podem ser alienantes - com o objetivo de libertar-se e criar um espaço aberto onde possa determinar sua orientação vital fundamental. Dessa maneira, será capaz de experimentar as diversas possibilidades de ser (cf. Grondin, 2012, p. 39-40).

Em Heidegger, a facticidade é o caráter fundamental da existência humana, chamada *Dasein* (o ser que é lançado aí) (cf. Mura, 1990, p. 219-222). A cada momento, o sujeito pode apropriar-se de si mesmo. O conceito de hermenêutica não foi escolhido por acaso por Heidegger. A própria facticidade é o que proporciona tal relação, pois ela é, ao mesmo tempo, capaz de interpretação, isto é, está em expectativa e precisa de interpretação, e é desde sempre vivida no interior de uma determinada interpretação do seu ser. A hermenêutica é necessária para Heidegger, pois a facticidade esquece, passando a viver como que por instinto. A tarefa da hermenêutica é, por conseguinte, lembrar o sujeito da sua própria constituição existencial, tornando-o atento ao seu próprio ser, comunicando-o e livrando-o da constante ameaça de alienação. Trata-se de despertar a existência para si mesma (cf. Bleicher, 1980, p. 139-144).

Desse modo, a hermenêutica terá um aspecto destrutivo, pois precisará ser uma ferramenta para desmascarar e libertar o ser das interpretações alienantes. Isso torna-se imprescindível, pois para Heidegger a existência tenta evitar-se a si mesma, adaptando-se a uma espécie de zona de conforto de interpretações existenciais, como um cuidado consigo. Esse processo é o que traz a inautenticidade do ser. Para ele, a tarefa da hermenêutica é descontruir essas interpretações e abrir espaço ao ser para que experimente o seu potencial, o qual é a autenticidade presente em seu próprio ser, a sua autodeterminação (cf. Grondin, 2012, p. 41-42).

Heidegger está em busca de um projeto para uma ontologia fundamental. De início, a filosofia será compreendida como ontologia, porque sua questão principal é o ser. Essa questão é fundamental para a ciência, pois todo conhecimento e forma de relação com um objeto se dá à luz de certa compreensão do ser de que se trata. Para a existência, essa questão também é essencial pois ela vai ao seu ser por seu próprio ser. Para Heidegger, não há questão mais importante para a filosofia. Porém, segundo ele, essa reflexão caiu no esquecimento da tradição filosófica de caráter eminentemente metafísico. Heidegger é um crítico da metafísica. Para uma nova ontologia ele propôs um método fenomenológico. A dificuldade da ontologia está em que o ser não se mostra. Para o autor, esse esquecimento se deu, em parte, pela atenção demasiada à teoria do conhecimento, isto é, pelas sucessivas tentativas de responder à questão da dificuldade de acesso ao ser. A fenomenologia deverá, por conseguinte, trazer à luz aquilo que não se mostra à primeira vista, mas que, contudo, precisa ser evidente, isto é, o ser, fundamento de todo fenômeno. Em fazer ver aquilo que não se mostra é onde residem, em Heidegger, as relações entre hermenêutica, fenomenologia e ontologia (cf. Palmer, 1999, p. 132-135).

Heidegger recorrerá à hermenêutica para que a fenomenologia possa ser um caminho de acesso ao ser. Nesse aspecto, a fenomenologia sofre uma virada hermenêutica, até então inédita. Nesse autor, hermenêutica e fenomenologia têm significados bastante distintos em relação ao passado dessas disciplinas (cf. Grondin, 2012, p. 42-44).

Para ele, o encobrimento do ser não é inocente. Trata-se em uma autodissimulação da existência que, ao ocultar o tema do ser, busca, sobretudo, esquivar-se de seu ser finito e mortal. A tarefa da hermenêutica consiste justamente em reconquistar o tema do ser na filosofia, com o objetivo de mostrar à existência o seu fundamento, possibilitando o combate à tendência de ocultar-se a si mesma. O esquecimento tem um aspecto duplo. A existência esqueceu de si mesma como projeto de ser. E o ser, mais fundamental tema em filosofia, foi esquecido. Para Heidegger, é necessário esclarecer os motivos e, em seguida, destruí-los. Trata-se, para ele, de uma forma de pensamento presente na tradição ocidental que proporciona o esquecimento do ser como tema central da existência e da filosofia. Mas aqui se deve entender hermenêutica como uma tarefa de descoberta e destruição. Isto é, de um lado, uma hermenêutica da própria existência particular que a tire do seu velamento voluntário e, do outro, uma hermenêutica do esquecimento filosófico do ser na filosofia que seja uma destruição da história da ontologia. Uma proposta considerada ousada. A hermenêutica, em seu entender, funciona como uma descrição fenomenológica, como resultado preciso de uma descrição derivada de um trabalho de interpretação. O caráter hermenêutico da fenomenologia ressalta que duas coisas devem ser anunciadas à compreensão do ser que é a nossa existência: o sentido autêntico do ser e as estruturas fundamentais de seu próprio ser. Para isso, é necessário também partir de uma explicitação expressa do ser da existência. Esse é o sentido filosófico da hermenêutica em Heidegger. Esse é o fundamento da ontologia fenomenológica por ele proposta. Para chegar ao ser, é necessário explicitar ao existente a sua própria compreensão do ser. Para Heidegger, é apenas de modo derivado que hermenêutica pode ser uma metodologia. Ele se afasta da acepção clássica em aproximação a uma forma de pensamento que vincula a hermenêutica à própria existência (cf. Grondin, 2012, p. 45-46).

A hermenêutica deve recordar à existência as estruturas essenciais do seu ser. A existência é habitada por um entendimento de si. O entendimento será uma estrutura fundamental. Heidegger lhe dará um novo sentido, o qual será fundamental para o desenvolvimento posterior de sua hermenêutica. Para ele, entender significa menos uma intelecção ou um conhecimento objetivo e mais um poder, ou capacidade, uma habilidade do ser, quando a existência é capaz de se entender e participar do entendimento. Ao entender uma manifestação do ser, enxergo uma possibilidade do meu ser, uma espécie de autoentendimento. Ao ser também subjaz uma inquietude acerca de si. Para Heidegger, todo entendimento será um projeto, ou seja, se dará no seio de uma estrutura de antecipação de significados, pois a existência precisa de orientação. Essa antecipação não é consciente (cf. Palmer, 1999, p. 138-141). O existente é nela lançado. O entendimento inicial são tantas outras possibilidades de se livrar da alienação. A hermenêutica, desse modo, deve esclarecer esse anteprojeto, trazer à luz essas antecipações, para que o existente seja capaz de formular o seu próprio projeto de entendimento. Esse esclarecimento ocorrerá por meio do que Heidegger nomeou de *Auslegung* (cf. Grondin, 2012, p. 46-47).

Esse termo liga Heidegger à tarefa clássica da hermenêutica, mas ele lhe dará um sentido novo. Para ele, a interpretação é a explicitação do entendimento. O termo *Auslegung* remete à explicitação. Não se trata de explicitar o sentido de um texto ou a intenção do seu autor, mas a intenção que habita a própria existência. Nisso consiste também a virada existencial da hermenêutica. Mas tal não deixa de influenciar a tarefa mais clássica da hermenêutica. Em Heidegger, a intepretação é a antecipação crítica de um entendimento que precede o processo do entendimento ou da interpretação. Primeiro vem o entendimento, e somente depois a interpretação na qual o entendimento vem a se entender a si mesmo, isto é, a apoderar-se de suas antecipações. Para Heidegger, o entendimento é dotado de uma estrutura que goza de um pré-saber (horizonte a partir do qual se entende), pré-visão (pois se efetua dentro de certa intenção) e pré-apropriação (por estar inserida no seio de uma conceitualidade que antecipa o que há de ser entendido). O propósito da interpretação explicitante é salientar para si mesma a estrutura de antecipação e aquilo que ela implica (cf. Coreth, 1973, p. 83-86). O modelo de antecipação buscado por Heidegger não é aquele encontrado nas ciências filológicas tradicionais. Existem pelo menos duas estruturas de antecipação: a concepção determinada do ser e da existência. Para ele, a questão é descobrir de onde vêm tais entendimentos prévios ou ainda se eles alguma vez foram elucidados. Heidegger se propõe a fazer essa elucidação aplicando a questão do ser e do homem à estrutura da existência. Eis a hermenêutica do ser e da existência que já opera no seio da existência. Sua ambição é elucidar o entendimento prévio da existência a fim de determinar se ela provém de uma apreensão autêntica do ser (cf. Grondin, 2012, p. 48-50).

Essa questão remete ao círculo hermenêutico. Heidegger dará uma nova roupagem teórica e filosófica a tal questão. Todo entendimento se eleva contra o fundo de algumas interpretações ditadas pela existência e por sua autodefesa. Ela se entende a partir de certo saber, intenção e conceitualidade. Não existe neutralidade no conhecimento, de modo que é impossível uma interpretação ou processo de conhecimento objetivo puro. Por isso as ciências humanas, para ele, são incapazes de objetividade pura, mas, em virtude da mesma razão, nem mesmo as outras ciências o são. Toda interpretação parece ser apenas a elaboração do entendimento prévio. Como chegar a uma interpretação neutra? Para ele é impossível. Sair desse círculo, aos seus olhos, seria manter a esperança de chegar a um entendimento que não brota da existência. O decisivo não é sair dos círculos do entendimento prévio, mas neles entrar de forma consciente, saber usá-los em favor de um entendimento autêntico. Para Heidegger, uma interpretação deve partir de estruturas prévias formuladas sem preconceitos arbitrários que atenda ao objeto em questão. O entendimento deve ser alcançado a partir do próprio objeto. Uma das grandes ideias de Heidegger consistia em explicitar a estrutura de antecipação do entendimento, ao invés de ignorá-la. O exercício de autocrítica a que ele convida será direcionado a uma interrogação quanto aos pressupostos hermenêuticos da compreensão dominante do ser e da existência (cf. Grondin, 2012, p. 50-51).

Essa crítica terá importância central na sua última hermenêutica. Esta se efetivará por meio de uma explicação histórica da metafísica e de sua concepção dominante do ser como presença disponível. Ele pouco usará o termo hermenêutica, mas toda sua reflexão anterior será aplicada à desconstrução da metafísica, considerada por ele a responsável pelo esquecimento do ser. Segundo ele, essa forma de pensamento foi responsável pelo apagamento do mistério mais original do ser, seu surgimento gratuito, sem motivação alguma. Essa metafísica encontra seu ápice na técnica moderna. Nela, o ser não passa de algo disponível e compatível à razão humana. Ele deseja uma compreensão menos agressiva do ser (cf. Palmer, 1999, p. 142-153). O chamado "último Heidegger" dedicou mais atenção à linguagem e à poesia (cf. Palmer, 1999, p. 156-160). Nesse momento, a tarefa da hermenêutica é anunciar à existência o sentido do ser. Heidegger encontrou a morada do ser na linguagem, a qual é a responsável pela relação original e fundante entre o ser e a existência. Nos últimos escritos e entrevistas, Heidegger cita Schleiermacher e Dilthey, pois ambos os autores tinham na linguagem – especialmente Schleiermacher – o objeto central da hermenêutica (cf. Grondin, 2012, p. 51-53).

Assim, Heidegger propôs uma concepção de hermenêutica mais distante da acepção clássica até então. Seu objetivo principal era a questão ontológica e existencial. À primeira vista, esse projeto parece não manter relações com a tradição precedente, de modo que muitos historiadores da hermenêutica se permitem ignorá-lo por enxergar nele um risco à objetividade da interpretação – como fora o caso de Emilio Betti (1890-1968). Porém, existem aqueles – considerados seus descendentes – que afirmam que são as suas reflexões revolucionárias acerca do entendimento, da interpretação e da linguagem que deveriam provocar consequências para o pensamento hermenêutico dedicado à interpretação de textos e à justificação das ciências humanas. Autores como Rudolf Bultmann, Hans-Georg Gadamer, Paul Ricœur, Jacques Derrida (1930-2004), Gianni Vattimo (1936-2023) e Richard Rorty (1931-2007) concentraram-se em aplicar, cada um de uma forma bastante específica, as lições hermenêuticas de Heidegger às questões tradicionais que impulsionavam a hermenêutica.

### 3.2.6 Hans-George Gadamer: a razão é hermenêutica

Gadamer é considerado responsável por impor o termo hermenêutica à consciência filosófica geral. Sua obra *Verdade e método* transformou a hermenêutica em tema de grandes debates filosóficos. Ele retomou traços da hermenêutica heideggeriana da existência para pensar a problemática da hermenêutica metodológica das ciências humanas. Nesse projeto, ultrapassou os limites de tal temática na medida em que elaborou um novo sistema de reflexão, a chamada "hermenêutica universal da linguagem" (cf. Palmer, 1999, p. 167-171). Tal filosofia foi também um dos principais fundamentos da teologia hermenêutica, principalmente após Bultmann, e, sobretudo, em Gerhard Ebeling (1912-2001) e em Ernst Fuchs (1903-1983).

Gadamer foi influenciado pela ideia Heideggeriana do círculo hermenêutico, da qual extraiu a noção de que não existe entendimento puramente objetivo em ciências humanas. Sua aplicação do círculo hermenêutico visa a uma interpretação mais positiva. Apesar disso, criticou a noção de Dilthey segundo a qual uma metodologia dará conta da noção de verdade e de objetividade nas ciências humanas. Sua reflexão levanta a questão quanto a se a verdade é apenas uma questão de método. Para ele, o método quer dizer, na maioria das vezes, a distância entre o observador e o objeto. Esse modelo pode realmente ser apropriado às ciências humanas? O sujeito não estará sempre comprometido? Essas questões provêm de Heidegger. Gadamer quer justificar a noção de verdade nas ciências humanas ao recorrer à concepção de entendimento participativo. Para ele, Dilthey sucumbiu à noção de verdade das ciências exatas. Por isso, quer, assim como Heidegger, fundamentar uma hermenêutica que valorize o envolvimento correto da subjetividade. Para Gadamer, as ciências humanas deveriam ser guiadas pelo modelo humanista. Desse modo, a reconquista do problema hermenêutico é uma questão de reabilitação do conceito de saber do humanismo. Este não visa a resultados objetiváveis, mas sim à formação dos indivíduos, os quais são considerados participante vivos (cf. Grondin, 2012, p. 61-64).

Gadamer reconhece a legitimidade do método das ciências exatas, mas critica que tal método se imponha como universalmente válido. Buscando superar essa limitação, encontrou, na experiência da arte, um outro modelo para interpretação. A obra de arte não oferece apenas uma fruição estética, ela propõe a sua própria verdade. Para compreender tal proposta é preciso evocar a noção de jogo. Entender a obra de arte é deixar-se levar por seu jogo (cf. Palmer, 1999, p. 175-180). Essa dinâmica de compreensão é mais passiva. O sujeito é conduzido à verdade. O subjetivo, assim, consiste na submissão do jogador às regras do jogo e de sua autonomia. A subjetividade que está implicada nessa experiência se dobra àquilo que a obra lhe propõe. O sujeito, ao engajar-se, transforma-se. A obra é capaz de revelar ao sujeito um acréscimo de realidade, apresentando-lhe novas possibilidades do ser daquilo que ela busca representar. Nesse encontro com a verdade da obra, o sujeito encontra-se consigo mesmo. Nesse sentido, é possível falar de verdade participativa; eis a razão de existirem diferentes interpretações de uma mesma obra. A variedade faz parte dessa experiência, de modo que erradicá-la seria o mesmo que a destruir. A perspectiva do sujeito intérprete deve ser ampliada nesse encontro, não o contrário. Para Gadamer, o conceito de verdade em ciências humanas decorre mais desse modelo do que do método puramente objetivo. A verdade se dá no acontecimento do encontro. Nesse sentido, Gadamer acredita poder lançar fundamentos para a noção de verdade das ciências humanas, uma forma de interpretação não apenas metódica (cf. Grondin, 2012, p. 65-67).

O autor também se opôs à concepção crítica aos pré-juízos em ciências humanas. Estes são condições necessárias para o entendimento. Essa noção não justifica o subjetivismo. Trata-se do desenvolvimento de antecipações que são adequadas ao objeto da interpretação. Em Heidegger, a hermenêutica estava ligada mais às estruturas prévias da interpretação. Assim, Gadamer também enfatizou a revisão constante dessas estruturas, pois, para ele, uma justa interpretação deve precaver-se dos preconceitos e voltar seu olhar para a coisa em si. Ele não é inimigo da ideia de adequação, mas sim da noção iluminista de um entendimento desprovido de pré-juízos. O preconceito com os pré-juízos surgiu de um pressuposto iluminista não criticado. Essa noção se fundamenta na ideia de que só é verdadeiro aquilo que é fundado na razão e que se baseia em certezas primeiras (cf. Palmer, 1999, p. 184-187). Isso resultou em uma corrente de pensamentos que desqualificam a autoridade e a tradição. Para ele, podem existir pré-juízos legítimos, os quais nos são concedidos pela tradição. Gadamer questionou se é possível uma verdade que nada deva à tradição. A capacidade de linguagem, por si só, já é um condicionante necessário para a tradição. Toda linguagem implica uma tradição. Gadamer, entretanto, não tem em mente nenhuma tradição especifica. Essa noção é clarificada caso seja compreendida também como o trabalho da história, o qual ocorre acima de qualquer objetivação do entendimento e que, não obstante, o condiciona (cf. Mura, 1990, p. 272-278). O entendimento acontece por meio de expectativas e objetivos de um passado que nem sempre se pode pôr em perspectiva. Nesse sentido, Gadamer duvida da possibilidade de plena objetivação dos pré-juízos. Para ele, esse ideal não faz justiça à historicidade do entendimento. É justamente essa historicidade que possibilita a resolução da questão crítica do problema hermenêutico. Como determinar pré-juízos legítimos para o entendimento? Assim, Gadamer defende que a distância temporal permite essa triagem. As grandes contribuições são reveladas pelo tempo. Talvez, contudo, tal resolução seja impossível, pois esse processo às vezes descobre contribuições equivocadas e, ao mesmo tempo, encobre as legítimas. A tradição pode ser repressora, como ele mesmo afirmou, porém não salientou tanto essa opinião por se tratar de um pressuposto eminentemente iluminista (cf. Grondin, 2012, p. 68-70).

Uma noção fundamental da hermenêutica de Gadamer é a história dos efeitos, isto é, a maneira pela qual a obra foi recebida e interpretada. Para ele, trata-se fundamentalmente de um trabalho da história (cf. Palmer, 1999, p. 187-188). Ele questionou a possibilidade de se subtrair das interpretações presentes na história em direção a um entendimento do passado tal como ele realmente foi. Para Gadamer, isto é impossível, pois o estudo dos efeitos de tal obra já é efetuado por meio de pré-juízos determinados. Esse processo resulta em preconceitos que, por si mesmos, já anulam uma análise objetiva do passado. Para ele, esse processo é um obrar subterrâneo da história, o qual, em busca da neutralidade, é impossível de exaurir. Gadamer buscou desenvolver um trabalho filosófico de uma consciência histórica adequada. Trata-se, de início, do esclarecimento das condições históricas atuais do processo maior que o interprete se mantém. O fundamental é a consciência humilde dos nossos limites. A história determina a consciência do presente mais do que se pode mensurar. Uma consciência histórica humilde jamais tentaria ser senhora de suas determinações. Essa consciência deve levar o sujeito a abrir-se à alteridade e a novas experiências (cf. Grondin, 2012, p. 71-72).

Outro conceito caro à hermenêutica de Gadamer é a fusão de horizontes (cf. Mura, 1990, p. 279-280). Para ele, o entendimento é mais um trabalho da história, um acontecimento de tradição, do que do sujeito. Isto é, trata-se de uma mediação constante entre o passado e o presente. Isso é o que subjaz à noção de fusão de horizontes. Entender o passado não é sair do horizonte presente, mas ser capaz de traduzir o passado na linguagem presente. O sucesso da fusão está na não distinção entre passado e presente. Essa fusão está referida ao intérprete e ao objeto do seu entendimento de tal maneira que talvez não seja possível identificar o que provém do intérprete e o que deriva do objeto. A noção clássica de verdade, em Gadamer, encontra-se aqui na adequação do sujeito ao objeto. A fusão encerra também a ideia de aplicação. O intérprete deve ser capaz de aplicar um sentido do passado no presente. O verdadeiro entendimento consiste nisso. Gadamer se opõe, dessa maneira, ao ideal de Dilthey e de Schleiermacher, os quais buscavam a não intervenção do passado no presente e vice-versa. Para ele, um exemplo da fusão se encontra na tradução. Traduzir o texto é fazê-lo falar em outra língua. Só transmitimos o sentido para nossa língua se o entendermos. Uma boa tradução é, por conseguinte, a que não parece ser uma tradução. Só se traduz quando se aplica os recursos da nossa língua a fim de fazer o texto original falar por si mesmo. A aplicação do intérprete não é um arbítrio subjetivo. O modelo de tradução não é qualquer um, pois ressalta o elemento linguístico de todo entendimento, traço essencial que conclui a sua principal obra (cf. Grondin, 2012, p. 73-75).

O sentido é exprimido linguisticamente. O processo de entendimento e o seu objeto são essencialmente linguísticos. Não há entendimento que não seja expressão linguística. Entender é ser interpelado por um sentido e traduzi-lo em uma linguagem própria, uma visão entre entendimento e expressão. Para Gadamer, a linguagem não é apenas tradução de um processo intelectual que o precede e que, posteriormente, torna-se linguagem. Não existe pensamento sem linguagem. O pensamento não é uma grandeza autônoma em relação à linguagem. Só é possível pensamento, pois há a linguagem que o precede. Para Gadamer, a linguagem foi esquecida pela tradição ocidental. O único, em sua opinião, que se apropriou dessa noção fora Santo Agostinho, que defendia uma identidade de essência entre o pensamento (*logos*) e a linguagem (sua encarnação). Tal linguagem do entendimento pode abarcar todo o ser suscetível de entendimento. A linguagem, portanto, não está restrita em sua própria perspectiva. A condição linguística de nossa experiência de mundo não é um perspectivismo (cf. Mura, 1990, p. 280-284).

A linguagem implica abertura. Para Gadamer o que fundamenta tal fato é a noção de diálogo (cf. Bleicher, 1980, p. 160-161). Este possibilita à linguagem se abrir à alteridade do que pode ser entendido, bem como outros horizontes linguísticos capazes de ampliar o próprio. A tradução e o diálogo são, em princípio, sempre possíveis. Mas a linguagem tem limites. Para Gadamer, nossas palavras, com frequência, são impotentes para exprimir tudo o que provém do nosso ser. Esses limites são também os do nosso entendimento. Toda crítica à linguagem se dá em seu seio. Para Gadamer, a universalidade da linguagem é a universalidade da própria razão (cf. Grondin, 2012, p. 75-77).

Segundo Gadamer, tudo isso é possível, pois a linguagem é a luz do próprio ser. Essa afirmação subjaz a uma de suas grandes teses: o objeto do próprio entendimento é linguístico. Esse é o sentido de seu famoso adágio que afirma que o ser que pode ser entendido é linguagem. Nossa experiência de mundo, além dos textos, é orientada pela linguagem. A legítima experiência de sentido se dá por meio da linguagem. No processo de entendimento, o sujeito busca um ser que já é linguagem, por isso pode ser entendido (cf. Bleicher, 1980, p. 161-164).

A linguagem faz o ser do mundo aparecer porque é ela que permite desdobrar a linguagem das próprias coisas. Com isso, Gadamer não quer afirmar que o ser é incognoscível e que a linguagem se apropria de sua totalidade. A linguagem é o que permite o conhecimento do ser. Desse modo, o autor não sucumbe à ideia de que o real só é apreendido pela nossa experiência linguística. Gadamer critica a concepção nominalista e instrumental da linguagem. A linguagem, para ele, já é a articulação do ser das próprias coisas. Ela é, por assim dizer, o instrumento universal do qual se banham o ser e o entendimento. Esse instrumento é o que habilita a experiência universal de sua concepção hermenêutica. Desse modo, Gadamer quer também criticar a linguagem fechada da metafísica. Esta havia se fechado para a verdadeira fonte da linguagem, o diálogo vivo. Sua crítica, porém, é mais construtora que desconstrutora (cf. Grondin, 2012, p. 119). Assim, a hermenêutica ultrapassa o horizonte de uma reflexão metodológica para se tornar uma reflexão filosófica quanto ao caráter universal da nossa experiência linguística de mundo e do próprio ser (cf. Grondin, 2012, p. 78-79).

### 3.2.7 Emilio Betti: resistência do caráter clássico e metafísico da hermenêutica

As reflexões hermenêuticas de Heidegger e Gadamer marcaram não apenas esse campo, mas tiveram forte impacto na tradição filosófica ocidental. Ambos os autores são um marco. A maioria dos que se inserirão na tradição hermenêutica posterior serão, de alguma forma, seus discípulos ou seus críticos. Esse é o caso de Emilio Betti, que formulou uma noção rigorosamente metodológica da hermenêutica em sua obra *Teoria geral da interpretação*. Essa obra, bem como a sua teoria, insere-se na tradição que remonta a Schleiermacher e Dilthey, porém sua contribuição é mais desenvolvida, hierarquizada e sistematizada (cf. Mura, 1990, p. 284-289). As linhas gerais do seu pensamento foram apresentadas e resumidas em dois artigos, "Fundação de uma teoria geral da interpretação" e "A hermenêutica como metodologia geral das ciências humanas" (cf. Grondin, 2012, p. 81).

Betti se levanta contra as noções de Heidegger acerca dos pré-juízos como condições necessárias para a interpretação. Para ele, estes são mais prejudiciais que benéficos. O entendimento é resultado da interpretação, e não o inverso. Também se levantou contra o pensamento de Gadamer. Para ele, Gadamer confundiu o significado da obra, querido pelo autor, com a sua significância presente para o intérprete (cf. Mura, 1990, p. 284-289). Para Betti, a tarefa essencial da hermenêutica não é aplicar o sentido ao presente, o que levaria ao subjetivismo, mas de reconstruir, como pretendeu Schleiermacher, a intenção do autor. Ele criticou a concepção metodológica positiva proposta por Gadamer, pois acredita que ela sucumbe ao subjetivismo. Para ele, trata-se de um problema já presente na hermenêutica de Heidegger (cf. Grondin, 2012, p. 82-83).

Na condição de teórico, Betti foi importante no desenvolvimento da hermenêutica, pois ele é um dos bastiões da defesa do aspecto clássico da questão, na medida em que advogava, mesmo que de forma indireta, o valor da verdade e da metafísica em hermenêutica.

### 3.2.8 Jürgen Habermas: a hermenêutica como crítica das ideologias

Em sua obra *Lógica das ciências sociais*, Habermas buscou justificar a experiência de verdade das ciências sociais. Sua intenção foi mostrar que as ciências são animadas pelo interesse do conhecimento emancipador (cf. Bleicher, 1980, p. 217-223). Tal conhecimento é o que possibilita a crítica à sociedade existente. Habermas lutou contra o imperialismo do positivismo objetivista. Para ele, o pesquisador está implicado em seu objeto, do qual faz parte. Assim, justificou a validade dos pré-juízos, mas estes precisam ser emancipadores. Habermas também sofreu forte influência da noção gadameriana de linguagem. Segundo ele, o agir social é também linguagem, seja no processo de articulação, seja no processo de autoentendimento. Assim como Gadamer, Habermas afirma que a linguagem não é um universo fechado em si mesmo. Além disso, recebeu o influxo direto das noções de tradução, de diálogo e de racionalidade linguística propostas por Gadamer (cf. Grondin, 2012, p. 83-86).

Habermas criticou a ideia de que a tradição fornece as bases necessárias para o entendimento e a comunicação, com seu projeto de crítica das ideologias. Para ele, a tradição pode facilmente provocar o desentendimento, pois ela é reprodutora de uma ideologia repressora que distorce a verdadeira comunicação (cf. Bleicher, 1980, p. 219-220).

Habermas acredita que todo ato de fala subentende uma expectativa de comunicação ideal. Para ele, o cientista social deve ser capaz de abstrair-se de determinada tradição cultural e criticá-la, tendo como objetivo principal desvendar o falso consenso ocasionado por uma consciência social distorcida. Habermas acredita que é possível formular um quadro de comunicação ideal apartado da tradição, tornando possível a não determinação das consciências pela tradição. Habermas acusa Gadamer de considerar as tradições culturais como instâncias absolutas. Para isso, usou a noção de transcendência da linguagem para superar a noção de tradição. Um dos grandes méritos de Habermas talvez tenha sido este, a saber, reconhecer o valor da concepção de Gadamer de que a linguagem é autotranscendente, aplicando-a para criticar o seu sistematizador. Sua originalidade, porém, consiste na aplicação dessa noção. O próprio Gadamer, em uma resposta a Habermas, reiterou que não era a sua intenção tornar uma determinada tradição cultural absoluta, mas sim reconhecer que existe uma espécie de autoridade normativa no ato de linguagem e de entendimento. O conceito de tradição, em Gadamer, é fundamental, porém não é absoluto (cf. Grondin, 2012, p. 86-88).

Para Habermas, ao transcender os limites de uma tradição pela da crítica das ideologias a reflexão não deixa o campo hermenêutico, pois a questão é também determinar até que ponto a tomada de consciência do poder determinante da tradição deixa de influenciar a compreensão e a comunicação. Para Habermas, a reflexão tem o poder de suspender a força determinante de uma tradição distorcida. Ele tinha consciência de estar inserido em uma determinada tradição (psicanálise e marxismo), que fornecia categorias para empreender a sua crítica (cf. Grondin, 2012, p. 90-91).

Habermas também se dedicou ao que ele nomeou de *Teoria do agir comunicativo.* Esta está fundamentada em uma ética do discurso, a qual afirma que a linguagem é capaz de transcender a si mesma. Tal teoria sofreu o influxo de Gadamer, que afirmava que a linguagem visa a um acordo com a alteridade. Habermas entendia que, para isso, era necessário engajamento recíproco entre os comunicantes, bem como determinado acordo acerca do argumento mais razoável. Apesar de ainda buscar a ideia de uma linguagem ou de uma comunicação ideal, sua nova teoria aproximou-se do uso mais pragmático da linguagem (cf. Mura, 1990, p. 349-345).

Junto a Gadamer, Habermas é um dos filósofos hermenêuticos de maior importância para o desenvolvimento e para a defesa do aspecto linguístico da experiência de conhecimento humano. Além disso, seu projeto é o responsável por doar à hermenêutica o aspecto crítico-social, o que se manifestou na busca pela invalidação de supostas tradições. Sua filosofia é fundamento para alguns adeptos da teologia hermenêutica, principalmente nas questões a respeito da releitura crítica da tradição e da sua noção.

### 3.2.9 Paul Ricœur: a conjunção de todas as hermenêuticas

Ricœur[2] é um dos principais herdeiros do projeto de Gadamer e de Dilthey, pois um de seus principais projetos foi a fundamentação metodológica das ciências humanas (cf. Mura, 1990, p. 301-304). Seu projeto também se insere nos debates iniciados em Schleiermacher e Heidegger. Ele tentou reconciliar o pensamento de Gadamer e Habermas, pois acreditava que esses dois filósofos representavam diferentes papéis da hermenêutica. Gadamer representaria a hermenêutica da confiança, enquanto Habermas representaria a hermenêutica da suspeita. Um dos projetos de Ricœur é pensar essas duas vertentes em conjunto (cf. Bleicher, 1980, p. 302-316). Uma se apropria do sentido tal qual ele se doa, na expectativa de orientação, ao passo que a outra se distancia do sentido imediato para buscar um significado mais profundo ou, ainda, secreto (cf. Grondin, 2012, p. 93-94). Ricœur não é tão somente um herdeiro de Gadamer; seu percurso hermenêutico e principais contribuições podem ser considerados independentes em muitos sentidos. As obras publicadas de 1950 a 1960 contêm as suas principais bases, de modo que a presença de Gadamer não é explicitamente sensível. Gadamer está mais próximo de Heidegger, enquanto Ricœur está mais próximo a Dilthey. As influências de Ricœur são mais amplas, na medida em que não provêm apenas da tradição hermenêutica. Enquanto o pensamento de Gadamer é mais sistemático e concentra-se em um grande livro, o de Ricœur foi mais livre e encontra-se em diversas obras, muitas

---

2. Ricœur é um teórico fundamental para a filosofia e teologia hermenêuticas. Em decorrência das diferenciações temáticas, suas contribuições serão apresentadas em duas subseções desta tese.

das quais foram dedicadas às mais diversas temáticas da filosofia. Em suas obras, ele apresenta um panorama histórico do tema em questão, buscando reconciliar as diferentes perspectivas. Esse é um traço da dialética hegeliana do qual o autor desfruta, apesar de resistir à síntese totalizante. É difícil, em virtude dessa riqueza, delimitar o núcleo de sua hermenêutica (cf. Grondin, 2015, p. 9-15; 23-28).

A unidade e o fundamento do seu pensamento hermenêutico devem ser buscados na filosofia reflexiva francesa. Essa tradição está bem próxima do existencialismo de Karl Jarpers (1883-1969) e da fenomenologia de Husserl, fundamentas no ego transcendental que busca justificar a experiência (cf. Díaz, 2006, p. 30-38). Ricœur buscou ampliar essas análises focando a questão da vontade. A questão hermenêutica aparece de maneira clara em *Finitude e Culpabilidade* e *Simbólica do mal*, sua contribuição à fenomenologia hermenêutica (cf. Grondin, 2012, p. 94-96).

Para Ricœur, o ego não pode apenas se conhecer por introspecção, mas também pela via indireta da interpretação dos grandes símbolos. Uma de suas primeiras definições de hermenêutica é que ela seria uma decifração dos símbolos, expressões de sentido duplo (cf. Mura, 1990, p. 307-311), um trabalho do pensamento que se esforça em decifrar o sentido oculto no sentido aparente (cf. Grondin, 2015, p. 49-54), além de desdobrar e aprofundar significados a partir do sentido literal. Em princípio, Ricœur utiliza o termo hermenêutica em sentido clássico. De certa forma, é crítico de Heidegger ao entender que ele perde de vista o ideal epistemológico e diltheyano da hermenêutica ao fazer de sua tarefa uma ontologia por causa da realização fundamental da existência (cf. Grondin, 2012, p. 96-97). Apesar disso, ele defende a ideia de uma virada hermenêutica da fenomenologia, porém com um sentido diferente daquele proposto por Heidegger. Em Ricœur, essa virada se justifica a partir da impossibilidade de acesso direto aos fenômenos e ao ego. O que a hermenêutica descontruiu, em partes, foi apenas uma das vertentes fenomenológicas, em especial a concepção idealista de Husserl. Esta buscava uma fundamentação última da ciência (cf. Azua, 1994, p. 20); a intuição como via de acesso aos fenômenos; a imanência do sujeito a si mesmo, bem como seu estatuto último e a concepção teórica da autorreflexão (cf. Bleicher, 1980, p. 330-337).

Para Ricœur, a imediaticidade do sujeito a si mesmo implica uma ética que ele desenvolverá cada vez mais. Ricœur projetou uma fenomenologia hermenêutica das objetificações como um caminho para o autoconhecimento. Em Gadamer, o importante era o fenômeno da interpretação, ou seja, uma hermenêutica fenomenológica, em Ricœur, ao contrário, os fenômenos e as objetificações são o principal; logo, trata-se de uma fenomenologia hermenêutica. Toda questão acerca de um ente diz respeito ao seu sentido, que deve ser trazido à luz por um esforço hermenêutico. O pressuposto mais geral de toda a hermenêutica é uma escolha de sentido. Mas isso não implica a soberania do sujeito em relação ao objeto. A proeminência é do sentido na consciência de si, que o descobre em postura de atenta escuta. A hermenêutica, desse modo, deve ser uma experiência de distanciamento do sentido para que este possa ser interpretado. Para Ricœur, a hermenêutica reconhece o caráter derivado da ordem linguística com relação ao sentido e às coisas. Supostamente, Ricœur se afastou de Gadamer, mas este também defendia a ideia de uma porosidade essencial da linguagem, isto é, que ela está aberta a todas as coisas e é capaz de transcender a si mesma. Para Ricœur, a ordem linguística não é autônoma, porquanto depende de uma experiência de mundo. Mas a compreensão dessa experiência só é possível por meio de uma hermenêutica que se dedique à interpretação das objetivações de sentido (cf. Grondin, 2012, p. 97-100). Essas objetivações relacionam Ricœur à hermenêutica clássica.

A grande questão para ele é saber se o intérprete pode se entregar ao sentido imediato, como a exegese parece pressupor de início, mas se viu confrontado por uma proposta aparentemente antagônica que buscava reduzir e questionar a leitura ingênua do sentido. O grande ideal de Ricœur foi a tentativa de conciliação entre a hermenêutica da confiança e a hermenêutica da suspeita. A primeira assume o sentido tal como este se propõe ao entendimento, isto é, orientando a consciência. Esse sentido direciona a uma verdade mais profunda, de modo que exige uma hermenêutica exploratória. Essa hermenêutica, por sua vez, tem como paradigma a exegese bíblica e está voltada ao entendimento do sentido pleno que abre tanto as possibilidades de sentido como as da experiência de entendimento para além as expressões. A hermenêutica da suspeita desconfia do sentido tal como se apresenta à consciência. A verdade aparente pode ser um erro, um abuso imposto à consciência. Ela está encarregada de descobrir as mentiras e as deformações do processo de entendimento que molda a consciência. Assim, essa suspeita se configura como uma arqueologia ideológica, social e estrutural, em forma de interpretação redutora voltada à explicação dos fenômenos da consciência e à economia secreta e recalcada que se inspira em modelos de explicação extraídos das ciências exatas. Segundo Ricœur, a consciência que surge das hermenêutica da suspeita não é senhora de si, não tem transparência integral e, por isso, deve ser humilde (cf. Grondin, 2015, p. 76-81; 2012, p. 101-102).

Ricœur também foi responsável por uma reflexão mais aprofundada na diferenciação entre compreensão e explicação em ciências humanas. Essa dialética levou a uma concepção mais ampla de hermenêutica. Para ele, não se trata de duas metodologias distintas, mas de duas operações complementares da consciência no esforço hermenêutico. Uma consciência crítica deve desconfiar do sentido imediato para o qual, de início, se apropria. Esse sentido deve ser posto à distância para que as ilusões da consciência possam ser desvendadas. Uma consciência, por assim dizer, que sabe das possibilidades de iludir-se, apropria-se melhor de si mesma. Nessa dialética entre o explicar e o entender, Ricœur iniciou suas reflexões acerca da noção de texto, ampliando sua concepção de hermenêutica na medida em que esta não mais se voltava apenas aos símbolos, mas a todo o conjunto de sentidos capazes de serem entendidos, isto é, passíveis de serem chamados de textos. Influenciado pelos tratamentos estruturais e semióticos, ele entendia o texto como unidade autorreferencial e fechada em si mesma. Seguindo ideias centrais dessas correntes, Ricœur defendeu a tese de que, na nova fase da hermenêutica, a explicação é o caminho para o entendimento. Apesar disso, ele buscou formas de interpretação mais profundas (cf. Grondin, 2012, p. 103-104).

O mundo de um texto nunca é fechado. Caso o fosse, isso impossibilitaria a consciência interpretativa de habitá-lo e, dessa forma, o leitor não seria capaz de uma compreensão e autocompreensão mais profunda. Para Ricœur, é também na leitura que é possível a realização da hermenêutica amplificadora de sentido. A tarefa da hermenêutica é dupla, a saber, reconstruir a dinâmica do texto e restituir a capacidade que determinada obra tem de se projetar na representação de um mundo que o interprete pode habitar (cf. Bleicher, 1980, p. 320-322). Na obra *Do texto à ação*, Ricœur afirmou que a hermenêutica é a teoria das operações do entendimento em sua relação com a interpretação dos textos (cf. Grondin, 2012, p. 105-106). Ricœur aplicou a noção de texto em tudo o que é capaz de ser entendido; seu exemplo maior era a própria história. O entendimento da realidade humana é narrativo, por isso ocorre por meio dos textos e das narrativas (cf. Bleicher, 1980, p. 317-319).

Nem mesmo os grandes textos literários, filosóficos e religiosos são capazes de tal dádiva, ainda que sejam considerados paradigmas fundamentais da experiência de temporalidade. Em *Texto e narrativa*, Ricœur ampliou ainda mais sua noção de hermenêutica, em continuidade explícita com a extraída da sua concepção de texto. Nessa etapa, ele busca aplicar a hermenêutica à fenomenologia da temporalidade. Para ele, o "si" só é capaz de dar sentido a essa experiência fundamental pela interpretação da configuração narrativa essencial. Essa consciência humilde tem o potencial real de reconfigurar seu próprio mundo. Tal hermenêutica enfatiza que o ser humano nunca será capaz de alcançar um entendimento total de si mesmo, mas, apesar disso, por suas capacidades, tem a responsabilidade de buscá-lo (cf. Grondin, 2012, p. 106-107).

Em *Tempo e narrativa*, Ricœur trabalhou a noção de uma hermenêutica da consciência histórica, fundamentado na teoria de Gadamer acerca do ser afetado pelo passado. O homem não é agente da história, mas seu paciente, de modo que nunca está na posição absoluta de inovador, mas de herdeiro. Essa posição provém da condição histórica e linguística que nos precede. Não somos apenas dependentes de nossa língua, mas também do que já foi dito, entendido e recebido. Por isso o distanciamento objetivo é impossível. Ricœur quer aperfeiçoar a distância metódico-objetiva ao integrá-la ao aspecto histórico da hermenêutica (cf. Grondin, 2015, p. 93-98). Para ele, o presente tem uma palavra de entendimento para dizer no acontecimento da tradição. Como herdeira da tradição, a identidade histórico-narrativa não é estável e fechada em si mesma, porquanto depende de nossa contribuição. Ele insiste na capacidade humana de iniciativa, de resposta e de responsabilidade frente à postura de não passividade pura. Tais afirmações serviram como fundamentação para refletir a dimensão ética humana, tema de suas últimas contribuições hermenêuticas. Essa hermenêutica também deve fundamentar a fenomenologia das possibilidades humanas (cf. Grondin, 2012, p. 108-109).

Desvelar, por meio da hermenêutica da suspeita, as limitações humanas, deve levar a uma vida examinada. Com os grandes textos da cultura e os grandes símbolos, o eu é instruído e aperfeiçoado. Esse processo possibilita o agir ético. A reconfiguração de sua identidade narrativa, por meio desse percurso, transforma o sujeito. No que chamou de fenomenologia do homem capaz, Ricœur desvela os principais poderes humanos, o de falar, de agir, de contar e de responsabilizar-se por seus atos. Essas quatro habilidades evocam o campo da filosofia da linguagem, da ação, da teoria narrativa e da filosofia moral. Nesse aspecto, ele aproximou suas reflexões à hermenêutica da facticidade de Heidegger, pois nesse âmbito a sua hermenêutica não está somente voltada aos símbolos e textos, mas ao próprio sujeito. Por isso ele a nomeou de "hermenêutica do si". Assim, sua hermenêutica assume a forma de uma ontologia fundamental, a qual se foca nas noções de ato, de potência e de possibilidade, pois para ele essa hermenêutica não tinha a ontologia como ponto de partida, mas sim como ponto de chegada (cf. Grondin, 2012, p. 109-110).

Na ontologia hermenêutica do homem capaz está o complemento e o ponto de chegada do percurso e do desvio hermenêutico no pensamento de Ricœur. Essa hermenêutica lembra que o ser afetado pelo passado não é a única determinação da consciência. O homem pode reconfigurar seu mundo e seu passado seja pela memória, seja pelo perdão ou pelo reconhecimento. De posse de lições fundamentais da vertente da suspeita, essa hermenêutica abandonará a falsa ilusão de uma plena posse de si pela reflexão (cf. Grondin, 2015, p. 106-112). Mas isso, para Ricœur, não precisa necessariamente conduzir a uma resignação inerte diante do destino implacável do trabalho da história; ao contrário, ela deve ajudar a redescobrir os recursos éticos do sujeito capaz diante do mal e das injustiças que o rodeiam. Nesse sentido, é possível dizer que a hermenêutica de Ricœur visa também fundamentar uma ética (cf. Grondin, 2015, p. 99-106). Na condição de seres históricos, somos herdeiros de promessas fundadoras, isto é, de esperanças, das quais a hermenêutica do si pretende ser a memória. Em suma, para Ricœur, uma hermenêutica sem ética é vazia e uma ética sem hermenêutica é cega (cf. Grondin, 2012, p. 111-112).

### 3.2.10 Jacques Derrida: hermenêutica desconstrutivista

Derrida é herdeiro da hermenêutica de Heidegger, sobretudo do aspecto destruidor e na sua intenção de revelar os pressupostos metafísicos da tradição ocidental em ideal de uma linguagem conceitual para uma explicação totalizante do ser (cf. Mura, 1990, p. 380-381). É também um grande crítico do cientificismo moderno, o qual, a seu ver, entende o ser como presença sempre disponível ao olhar imposto por intenção de dominação (cf. Grondin, 2006, p. 21-29). Ele aplicou as teorias estruturalistas à compreensão dos signos para questionar a concepção metafísica do sentido e da verdade. Derrida entendia que a noção de sentido se exprime pela diferenciação entre significante e significado. Para ele, o significante remete a uma presença significada, a qual, por sua vez, encarna a presença plena da coisa. Mas, ao pensar esse significado, ele se deu conta de que só é possível fazê-lo na ordem dos signos ou do discurso. Para Derrida, o sentido permanece, portanto, para sempre diferenciado. Derrida chamou tal fenômeno de "*différance*". É preciso entender, ao mesmo tempo, a diferença entre o signo, o sentido e a transcrição de sua realização, fato pelo qual jamais é possível sair, segundo ele, do império dos signos (cf. Grondin, 2012, p. 113-114).

Derrida reconhece o papel preponderante da constituição linguística do entendimento. Enquanto para Heidegger e Gadamer é o ser que a linguagem traz à tona, para Derrida o ser não seria mais que um efeito da *différance*, visto que ele permanece inatingível fora dos signos que o exprimem. Para Derrida, portanto, não existe ser fora do texto (cf. Mura, 1990, p. 383-388). Em seu entender, a oposição à metafísica assume a forma de uma desconstrução da lógica do pensamento que leva a acreditar na ideia de uma presença real do sentido fora dos signos. Derrida desconfia até mesmo do próprio projeto da hermenêutica, pois, segundo ele, ela segue a dinâmica do pensamento metafísico que acredita desvendar um sentido último que subjaz aos signos. Para ele, isso se trata de um desígnio imperial de apropriação. Derrida criticou a vontade de entendimento que violenta a alteridade que se busca ter, impondo-lhe seu projeto totalizante. Para ele, o imperativo é suspender essa forma de entendimento forçado, substituindo-o por outra mais passiva, que espera que alteridade manifeste seu sentido (cf. Grondin, 2012, p. 115-116).

Derrida não defendeu uma concepção hermenêutica que poderia ser chamada de universal. Ademais, negou a possibilidade de encontrar um sentido fora do discurso, dado que a relação com o ser deriva do jogo das interpretações. Diante disso, ele distinguiu duas interpretações do que é interpretação, estrutura, signo e jogo. A primeira sonha decifrar uma verdade ou uma origem que escapa à ordem dos signos e entende a interpretação como uma tarefa feita à distância, a dita hermenêutica clássica. Derrida afirmou que Heidegger, Ricœur e Gadamer ainda estavam presos a essa perspectiva. Já a segunda não se volta para a origem, de modo que aceita a limitação e tenta passar além do homem que buscou a presença plena, a qual não é mais possível depois do estruturalismo. Ela tem uma face triste e trágica, porém é libertadora e lúdica, pois renuncia à ideia de uma verdade coagente (cf. Mura, 1990, p. 389-392). Nesse aspecto, Derrida está explicitamente relacionado a Friedrich Nietzsche (1844-1900) (cf. Mura, 1990, p. 388-389). Além disso, defende que essas duas hermenêuticas não são conciliáveis, uma vez que salientou suas diferenças (cf. Grondin, 2012, p. 116-117).

Assim como Habermas, Derrida é importante para os adeptos da teologia hermenêutica de caráter mais crítico. Como afirmou Claude Geffré (1926-2017), a proposta de uma teologia não mais fundada na razão metafísica, mas hermenêutica, refere-se amplamente à filosofia hermenêutica de Derrida.

### 3.2.11 Richard Rorty: hermenêutica relativista

Richard Rorty reivindicou a tradição hermenêutica gadameriana focada na universalidade da linguagem para formular uma acepção relativista e pós-moderna. Para ele, é ilusória a conclusão de que é possível qualquer entendimento objetivo da realidade por meio da linguagem. Segundo ele, se tudo decorre da linguagem, é preciso renunciar à ideia de uma adequação do pensamento ao real. Para ele, a superação de tal forma de pensamento está no pragmatismo. Em sua obra *Filosofia e o espelho da natureza*, ele uniu o pragmatismo norte-americano com os aportes da hermenêutica de Gadamer. Uma das suas intenções é que a filosofia deve reconhecer a impossibilidade da definição do conhecimento como espelho do real. Além disso, Rorty também criticou a concepção da filosofia como teoria do conhecimento ou epistemologia encarregada de explicar como nosso conhecimento se relaciona com a realidade. Rorty absorveu a ideia, a qual fora defendida por Thomas Kuhn (1922-1996) em *A estrutura das revoluções científicas*, segundo a qual a aceitação das teorias científicas se devia mais à linguagem, à retórica e às crenças que derivam dos paradigmas em vigor, os quais seriam definidores das normas de racionalidade em determinada época (cf. Grondin, 2012, p. 131-132).

Assim como Gadamer, ele defendeu a ideia de que a epistemologia, em ciências humanas, deveria ser moldada pelo pensamento hermenêutico. Um dos capítulos de sua obra citada acima leva o seguinte título: *Da epistemologia à hermenêutica* (cf. Rorty, 1995, p. 309-350). Assim, ele não defende simplesmente que a hermenêutica seja mais adequada às novas concepções do real, mas que, por meio dela, é possível renunciar às antigas teorias do conhecimento e avançar para uma outra cultura. Sua intenção não é transformar a hermenêutica em substituta da epistemologia. Para ele, a hermenêutica é a disciplina ou o método capaz de possibilitar êxito onde a teoria do conhecimento fracassou. A hermenêutica, desse modo, será responsável por demostrar que o espaço vazio deixado pela morte da teoria do conhecimento jamais poderá ser preenchido. Por isso a cultura, segundo ele, sofrerá profundas transformações e deixará para trás a necessidade de restrição e de confrontação (cf. Grondin, 2012, p. 132-133).

Rorty defendeu que a hermenêutica pode ajudar a humanidade a superar a necessidade da ideia de verdade entendida como adequação ao real. O substituto dessa concepção seria uma cultura voltada à noção de construção, de edificação e de diálogo. Essa noção de edificação está explicitamente relacionada ao humanismo proposto por Gadamer no qual, em ciências humanas, o saber deveria estar voltado à formação e ser autoimplicativo. Rorty extraiu da filosofia de Gadamer um suposto relativismo para defender a ideia de que o papel da filosofia não é fundamentar descrições mais justas do real, mas promover o diálogo entre os homens, pois o conhecimento jamais alcançará um mundo de realidade ou de essências. O objetivo de Rorty é ousado, sobretudo ao se levar em consideração que uma de suas intenções era operar uma transformação hermenêutica na filosofia analítica. Rorty reinterpretou o grande adágio de Gadamer ("o ser que pode ser compreendido é linguagem") em perspectiva e aplicação nominalistas. O nominalismo entende as essências como puramente nominais. Seu nominalismo é relativista, pois entende que nenhuma descrição está em conformidade com a natureza do objeto. Assim, nada do que se descreve no discurso deve incidir em estatuto ontológico algum; aliás, segundo ele, até mesmo a ontologia deve ser abandonada. Para Rorty, é impossível um recuo da linguagem em direção ao ser. Por conseguinte, Rorty é contra a metafísica; acredita que o mundo se reduz à concepção que dele fazemos. Sua hermenêutica é nominalista, antiontológica e antimetafísica (cf. Grondin, 2012, p. 134-136).

### 3.2.12 Gianni Vattimo: hermenêutica niilista

Para Vattimo, a hermenêutica tem vocação niilista, economia secreta que não foi explorada, tampouco desenvolvida. Seu niilismo afirma que nada pode ser dito do ser porquanto toda verdade provém da interpretação, da tradição e da linguagem (cf. Volpi, 2005, p. 67-76). Vattimo é um herdeiro e crítico de Gadamer, bem como um leitor de Nietzsche, Heidegger e Rorty. Segundo ele, uma hermenêutica verdadeira deveria desembocar em uma ontologia niilista, segundo a qual o ser, em si mesmo, não é nada, reduzindo-se à nossa linguagem e às nossas interpretações (cf. Grondin, 2012, p. 137).

Para ele, a hermenêutica é a tomada de consciência filosófica da Modernidade em sua resposta à história do ser interpretado como advento do niilismo. Essa é uma atenuação interminável do discurso acerca do ser, característica principal da história do pensamento moderno. Para Vattimo, a hermenêutica representa a interpretação filosófica mais convincente do seu contexto. Ela é como que o resultado desse processo histórico, resultado esse que culmina no niilismo, de modo que a hermenêutica nada mais é do que um símbolo. Isso é o que dá à hermenêutica uma possível justificativa à sua pretensão de universalidade. Para Vattimo, a identificação do ser e da linguagem seria a consequência mais coerente da proposta de Gadamer, por isso ele pode ser considerado o precursor de uma leitura ontológica radical. Rorty, por sua vez, reduz toda concepção do ser à linguagem. Além disso, mesmo se propondo como pós-moderno, ele pode ser considerado um subjetivista, pois pretende defender que todo sentido remete a uma subjetividade. Porém, agora, esta subjetividade se reconhece como histórica (cf. Grondin, 2012, p. 138-139).

Em Gadamer, o ser não é tragado pela linguagem, e sim absorvido por ela, tornando-se sua luz. Um ponto importante para compreender a proposta hermenêutica de Vattimo, herdeiro de Gadamer, é a sua leitura tanto de Heidegger quanto de Nietzsche. O que marca sua leitura de Nietzsche é a famosa frase: "não existem fatos, apenas interpretações". O que extrai de Heidegger são as reflexões nas quais o filósofo defendeu que nosso entendimento é determinado totalmente pelo quadro globalizante da história do ser pensado como advento do niilismo. Essas duas propostas foram associadas a traços do pensamento de Gadamer, principalmente à sua crítica ao objetivismo em ciências humanas, sua insistência no papel dos pré-juízos e no caráter linguístico de nosso entendimento. Para ele, essa junção (Heidegger e Nietzsche a Gadamer) levaria à rejeição da noção da verdade como adequação ao ser (cf. Grondin, 2012, p. 139-140).

## 3.3 Teologia hermenêutica

Esta seção apresenta o conceito de teologia hermenêutica por meio da apresentação de alguns dos seus principais teóricos. Na ordem histórica de desenvolvimento, tratar-se-á de Bultmann, Fuchs, Ebeling, Ricœur, Rahner, Eugen Biser, Lonergan e Geffré.

A hermenêutica sempre foi uma disciplina fundamental para a teologia. Porém, na virada do século XIX para o XX, a teologia absorveu para si os frutos da hermenêutica filosófica com o objetivo de responder ao novo contexto cultural. A expressão "teologia hermenêutica" foi usada pela primeira vez por Moltmann, em polêmica com a escola de Bultmann. A hermenêutica filosófica que fundamentou as reflexões dos primeiros teólogos hermeneutas foi heideggeriana. Bultmann foi o pioneiro ao cunhar o conceito hermenêutica teológica para se referir ao método e à natureza da teologia. A hermenêutica é teológica quando restringida ao contexto teológico, o qual reflete, por meio dos textos bíblicos, a relação do homem com Deus, que determina sua existência. Ernst Fuchs e Gerhard Ebeling (cf. Körtner, 2009, p. 73) seguem e desenvolvem as intuições de Bultmann, por isso, Wolfhart Pannenberg (1928-2014) utilizou a expressão teologia hermenêutica para qualificar esses três autores (cf. Pannenberg, 1981, p. 176).

### 3.3.1 Rudolf Bultmann: o pioneiro

Bultmann foi um eminente exegeta do Novo Testamento e o primeiro teólogo a aplicar a hermenêutica de Heidegger no serviço das questões mais tradicionais da interpretação de texto em exegese e em teologia, pois acreditava que a interpretação existencial de Heidegger oferece uma descrição neutra da existência humana. Esta serve como fundamento para o trabalho eminentemente interpretativo do método teológico (cf. Mura, 1990, p. 251-256). Em *Teologia do Novo Testamento* (cf. Bultmann, 1985) e *História da tradição sinótica* (cf. Bultmann, 2000), contribuiu para a pesquisa acerca do Jesus histórico. Ademais, é oriundo da teologia liberal, apesar de ter se voltado para a teologia dialética (cf. Mura, 1990, p. 245-248).

Em *O problema da hermenêutica* (cf. Bultmann, 1970), um de seus primeiros textos publicados, Bultmann já se atentava para essa questão. Ele criticou a concepção restritiva e genética que Dilthey tinha quanto ao entendimento. Bultmann questionava se o entendimento se baseava na reconstrução das intenções fundamentais do autor. Tal concepção mascara o verdadeiro sentido do esforço de entendimento, pois foca na coisa a ser entendida a partir da pergunta fundamental feita pelo sujeito que interpreta. Para ele, não existe interpretação sem pressuposições. Tais pressuposições não devem ser eliminadas, mas elaboradas de forma consciente. Para Bultmann, o entendimento deve estar voltado para o que está no texto, não simplesmente para o pensamento do autor. O entendimento prévio, que se funda na vida do intérprete, deve guiar o entendimento do texto. É como se o intérprete gozasse das condições básicas para formular as perguntas a serem respondidas pelo texto (cf. Grondin, 2012, p. 56-57).

Para Bultmann, só é possível entender participando daquilo que está no texto. Para entender qualquer autor, é necessário dialogar e pensar com ele. Desse modo, Bultmann criticou as concepções estetizantes do entendimento. Entender não é apenas captar a expressão de uma individualidade, mas apreender uma possibilidade da existência. A participação no texto envolve o pressuposto do intérprete, que, por sua vez, deve poder ser questionado pelo texto para que seja capaz de formular uma crítica dos seus próprios preconceitos. A interpretação autêntica de qualquer texto gera uma revisão crítica do entendimento prévio. O intérprete participa do que está no texto (aplicação), entende-o melhor, critica seus preconceitos e retorna a ele munido de melhores conhecimentos prévios. Esse processo, o círculo hermenêutico, pode ser constante. Ao afirmar que o entendimento estava baseado em um interesse fundado na vida, o autor antecipou a concepção do entendimento próprio de Gadamer (entendimento como aplicação) e de Ricœur (entendimento como abertura ao mundo). Antes de Gadamer ele se opôs à concepção estetizante e reconstrutora da interpretação. Sua noção de participação abriu o caminho para a compreensão do entendimento como um diálogo (cf. Grondin, 2012, p. 58-59).

Uma de suas principais contribuições à hermenêutica é *Crer e compreender* (cf. Bultmann, 2001). Nela, Bultmann faz teologia sistemática. Nessa obra, ele afirmou a convicção de que a teologia é uma ciência marcada por uma unidade interna entre exegese e teologia sistemática; além disso, ambas têm relações estritas com a *práxis*. Esse título é inspirado no programa teológico de Anselmo de Cantuária, *fides quarens intellectum*, a fé pergunta e busca entendimento. Crê-se primeiro para somente num segundo momento conhecer e entender o que se crê, *credo ut intelligam*. Assim, a teologia seria um programa de aquisição de conhecimento. Em Bultmann, o entender se transforma em compreender e, ao invés de uma epistemologia metafísica do conhecimento, em seu lugar é inserida a hermenêutica. A significação que dá à compreensão é fundamentada em Dilthey e

Heidegger. Em Bultmann, esse conceito se torna uma categoria teológica autônoma capaz de descrever uma situação fundamentalmente bíblica. Crer e compreender formam, assim, uma unidade dinâmica (cf. Körtner, 2009, p. 65).

Para Bultmann, a função da teologia no conjunto de suas disciplinas é desenvolver a compreensão de Deus, do mundo e do ser humano segundo a fé cristã. Se essa tarefa se identifica com a teologia sistemática, diferenciando-a de toda dogmática, é possível afirmar que Bultmann não foi apenas um exegeta e um teólogo sistemático de primeira linha, mas, como um exegeta, foi também teólogo sistemático. Uma das grandes contribuições e formulações originais do pensamento de Bultmann foi o fato de ter enxergado na teologia sistemática uma exegese voltada para a experiência cultural contemporânea (cf. Bultmann, 1985, p. 552-566; Pannenberg, 1981, p. 177-180).

Bultmann defendeu que a tarefa da representação cultural da existência humana como um ser determinado por Deus coincide com a explicação das Escrituras. Para ele, não pode haver, além da exegese, outra teologia sistemática específica que represente um sistema de doutrina cristã segundo os seus próprios princípios. O que pode ser chamado de teologia sistemática nada mais é do que uma autocompreensão a respeito da tarefa histórica da própria exegese que, motivada por perguntas concretas e imediatas, quer, por meio da exegese, uma explicação das Escrituras orientada para o presente. O pensamento de Bultmann não questiona os conceitos correntes de exegese e de teologia sistemática. Ele pretendeu formular uma exegese teológica dos textos bíblicos. Essa só será possível se a Bíblia for considerada Escritura Sagrada, de modo que os textos podem ser, ao menos inicialmente, considerados coletâneas de textos antigos a serem analisados sob a perspectiva histórica e científica, mas ganham a qualidade de Escritura quando o leitor do presente os interpreta como textos que apresentam uma exigência atual frente à qual se deve tomar posição (cf. Körtner, 2009, p. 66-67).

Para Bultmann, a experiência do pregador cristão ao interpretar e proclamar a Bíblia é especial, pois, dependendo das circunstâncias, o método histórico-crítico não será suficiente, uma vez que o texto precisa transcender o passado e falar ao presente. Ele, entretanto, não descartou a exegese histórico-crítica como se ela não tivesse valor para a *práxis* da Igreja atual; ao contrário, ela é fundamental. Ele apenas ressaltou o valor do texto para o presente sem defender o programa clássico da exegese histórico-crítica do protestantismo liberal do século XIX. Bultmann, assim, não opõe teoria à *práxis*. Segundo ele, a teologia não é a teoria de uma *práxis*, pois seu caráter prático não consiste na relação imediata com o agir da Igreja, mas em sua relação com a vida. Por conseguinte, os textos bíblicos têm o potencial de se tornarem parâmetros para a prática cristã, a qual os absorve na fé (cf. Körtner, 2009, p. 68).

Para Bultmann, a exegese teológica é interpretação da Escritura que esclarece sua mensagem, partindo da fé em sua relação com a revelação. Essa exegese não é um método específico distinto da exegese histórico-crítico. Ela também não se resume a declarar a fé ou a inspiração como premissa de toda interpretação. Para Bultmann, a exegese que quer ser teologia, isto é, uma interpretação que remete a Deus e à existência humana, deve ter como precondição o abandono da neutralidade frente ao texto para que a questão da veracidade e da validade exerça domínio válido na exegese (cf. Mura, 1990, p. 250-256). Não existe, pois, neutralidade, de modo que qualquer pretensão como essa manifesta, na verdade, uma recusa ou abertura frente ao apelo do texto. A fé não é apenas premissa, mas também uma forma específica de apreensão na qual o sujeito-intérprete entende a si mesmo ao interrogar o texto. Assim, o que ele chama de fé é também a própria realização de uma determinada maneira de qualificar essa interpretação (cf. Körtner, 2009, p. 69).

Para Bultmann, a relação entre teologia e exegese histórico-crítica é fundada na teologia histórica. Em teologia o retorno à história não é diferente do que em qualquer outra ciência, pois é o retorno crítico à sua própria história que resulta na reivindicação da Escritura para o presente. Seu resultado, portanto, é sempre crítico. A partir dessa tese, Bultmann acredita poder determinar o valor da exegese histórico-crítica. Sua crítica à teologia liberal, bem como sua compreensão da teologia como ciência histórica, não se referia apenas às questões metodológicas, mas à confusão que se faz entre história e observação neutra do passado. O problema seria o que se entende por objetividade. Bultmann critica a ilusão de que é possível uma exegese neutra, uma pura observação, por assim dizer. Nossa relação sempre será de participação, seja ela caracterizada como acordo, seja como desacordo com o passado. Portanto, a garantia de objetividade da exegese, ou seja, que a realidade da história ganhe voz, é justamente a possibilidade que texto tem de atuar como realidade no intérprete. Interpretar a história sempre é interpretar a si mesmo. Quanto mais consciência se tem disso, mais nítida será a premissa de que a exegese deve ser conduzida pela interpretação de si mesmo (cf. Körtner, 2009, p. 69-70).

Essas reflexões se desdobrarão, consequentemente, no seu projeto de demitologização. A hermenêutica da existência é sempre o fundamento. Bultmann quer saber o que os textos da Bíblia têm a dizer ao homem moderno. Ele pressupõe que toda tentativa de interpretação se vê confrontada por dificuldades. Estas residem no caráter mítico da concepção bíblica do mundo, à qual se contrapõe a científica.

Não é possível conjugar as duas concepções de mundo. Por isso deve-se demitologizar a Bíblia. Isso não significa a eliminação do mito, mas sua reinterpretação. Essa reformulação é positiva (cf. Mura, 1990, p. 248-251) e se trata de uma interpretação existencial na qual são diferenciados fé e mito, pois a fé, como falar de Deus, foge a qualquer objetificação em termos de concepção de mundo (cf. Körtner, 2009, p. 71).

Seu pensamento se enquadra em diferentes acepções da hermenêutica. Foi um dos principais responsáveis por levar ao centro dos debates teológicos a questão da compreensão dos testemunhos bíblicos para a atualidade, focando a figura do intérprete. Para ele, o problema hermenêutico fundamental consiste em ter na própria fé uma forma específica de compreensão. A questão não é apenas se os textos bíblicos são compreensíveis, mas o que seu testemunho dá a entender, de modo que a pergunta do objeto para o próprio sujeito e seu mundo sofre uma inversão. A fé cristã é uma autointerpretação na qual ocorre essa inversão, redirecionando tanto o conhecimento como nossa compreensão. Por meio da fé o ser humano se descobre não apenas como sujeito, mas também como objeto. A fé não é autodeterminação, mas sim um ser determinado de maneira passiva. Pode-se falar em autodeterminação apenas no sentido de que é pela fé que o ser determinado por Deus é reconhecido e compreendido. Nessa perspectiva, a fé significa também um ser projetado e um tomar consciência da verdade na própria existência, verdade salvífica que, ao mesmo tempo, julga e redime. Mas tudo isso é realizado no livre ato humano, o qual é distinto de tudo o mais por ter como pressuposto a dimensão do não objetificável. A fé, portanto, é um ato histórico que não contradiz a sua própria passividade (cf. Körtner, 2009, p. 72-73). Nesse sentido, o projeto do Bultmann pode ser considerado também o de uma hermenêutica da fé.

### 3.3.2 Teologia hermenêutica depois de Bultmann

As novas buscas pelo Jesus histórico fizeram com que a questão hermenêutica fosse relacionada ao debate a respeito das questões históricas em teologia. Por conta do envolvimento de muitos alunos de Bultmann nessas questões, por volta dos anos 1950 e 1960 as questões clássicas da teologia hermenêutica serão relegadas, em alguns autores, ao segundo plano (cf. Körtner, 2009, p. 76-77). O projeto de Bultmann não foi isento de críticas. Ernst Käsemann considerou a interpretação bíblica de Bultmann limitada, pois seus conceitos de compreensão, de existência humana e de historicidade eram restritivos (cf. Körtner, 2009, p. 75). Depois dele, a teologia hermenêutica seguiu caminhos diferentes. Enquanto

Bultmann fez mais uso de primeiro Heidegger, seus seguidores leram mais intensamente o Heidegger voltado para a linguagem. Em virtude disso, a linguagem será um tema fundamental da teologia hermenêutica de Ebeling e de Fuchs, ambos amplamente fundamentados em Gadamer (cf. Palmer, 1999, p. 61-62). Ebeling e Fuchs entendiam que linguagem não é apenas o objeto da hermenêutica, mas a sua realização (cf. Mura, 1990, p. 260-262). O problema, para eles, não é apenas a compreensão da linguagem, mas a compreensão pela linguagem. Depois de Bultmann, em suma, houve um novo enfoque e aprofundamento dos horizontes da teologia hermenêutica (cf. Körtner, 2009, p. 74-75).

#### 3.3.2.1 Ernst Fuchs

Dos discípulos de Bultmann, Fuchs foi o que mais se dedicou à hermenêutica, porquanto ela exerceu centralidade em sua obra. Fuchs sentiu-se devedor de Bultmann durante toda a vida. Apesar de ter construído uma compreensão original da teologia, seguiu o projeto da demitologização e buscou fundamento na filosofia de Heidegger. Outra questão que também o ocupou foi a do Jesus histórico (cf. Körtner, 2009, p. 81-83). Em sua intepretação existencial dos textos do Novo Testamento, Fuchs foi além das concepções de Bultmann. Este lançara mão de uma forma hermenêutica de uma análise fenomenológica da existência humana anterior à fé que se fundamentava em Heidegger (cf. Mura, 1990, p. 261-262). Fuchs critica essa fundamentação filosófica, pois não acredita que possa haver uma análise existencial puramente formal e neutra do ponto de vista da fé. Nesse sentido, a correlação entre a fé e a compreensão é entendida de forma diferente daquela apresentada por Bultmann (cf. Körtner, 2009, p. 85-86).

Na obra *Hermenêutica*, ele defendeu a ideia central de que a tarefa da hermenêutica consiste em elaborar uma gramática da linguagem da fé, algo como um manual contendo regras que deveriam ser parâmetros para o falar a partir da fé e a respeito dela. Fuchs diferencia a autorrevelação de Deus de uma simples experiência linguística e a denomina de o evento linguístico por excelência (cf. Mura, 1990, p. 263-265). O próprio Deus torna-se linguagem; isso contém elementos de poesia, de metáfora e de narrativa. Para Fuchs, há determinação da verdade por meio da narração. Isso ocorre primeiro nas palavras de Jesus, principalmente em suas parábolas. Nesse evento, a linguagem se expressa de forma a se mostrar palavra pela qual o ser humano é profundamente afetado e interpretado. Para Fuchs, a questionabilidade da existência humana é a sua capacidade linguística: nisso reside o caráter fundamental da hermenêutica (cf. Körtner, 2009, p. 83-84).

O evento linguístico, para Fuchs, não é apenas um momento de fala, mas comporta o silêncio, o espaço no qual essa palavra se propaga. O silêncio remete à realidade que contém os recursos que possibilitam à linguagem manifestar-se por parábolas e metáforas. Esse fato determina a relação entre Deus e a realidade. Se Deus, como parábola, torna-se linguagem, é sinal de que a realidade pode tornar-se um código para Deus. Mas a realidade não é Deus, muito menos um predicado de sua palavra. Fuchs considera que a realidade é o advérbio da Palavra de Deus (cf. Körtner, 2009, p. 86-87).

Assim, o problema hermenêutico clássico foi tema central na obra Fuchs. Sua preocupação não foi apenas com as regras corretas para a compreensão dos textos. Como Ricœur, esteve atento ao potencial hermenêutico que os textos têm para desvendar a existência e o mundo. Para Fuchs, o parâmetro da interpretação é a proclamação, isto é, o texto é interpretado quando Deus é proclamado. Fuchs quer resgatar o texto na condição de texto da proclamação e para a proclamação. Isso quer dizer que o texto bíblico deve ser entendido como um veículo de fixação da abundância de Deus em palavras. A interpretação do texto só é viável na interação com a vida cotidiana. Apesar disso, Fuchs entende que o trabalho histórico e filológico com o texto ocupa um lugar importante. Esse trabalho não pode ser isolado da interpretação teológica tal como fora compreendida por Bultmann. Fuchs se posiciona contra a separação metodológica entre, de um lado, determinação e interpretação de fatos, bem como explicação e compreensão, e, de outro, reconstrução e interpretação. Tais realidades são inseparáveis (cf. Körtner, 2009, p. 84).

Para Fuchs, o círculo hermenêutico ganha um novo sentido. Ele é fundamental para compreender a guinada que ocorre na relação entre texto e intérprete. Fuchs criticou a noção do texto como objeto e o intérprete como o seu sujeito. Ao longo do processo hermenêutico, o texto deixa de ser o objeto e passa a ser aquele que interroga. Para Fuchs, o círculo hermenêutico não surge primordialmente a partir da busca de sentido, porquanto isso significaria que afirmações parciais poderiam ser verificadas a partir da perspectiva do todo eminente, caso fosse possível uma fusão de horizontes. A tarefa da hermenêutica teológica, portanto, não consiste em tomar uma hermenêutica da filosofia ou das ciências humanas e aplicá-las aos textos bíblicos, mas em descobrir e esclarecer conceitualmente o potencial hermenêutico desses textos. Para ele, o Novo Testamento é um livro hermenêutico que ensina a hermenêutica da fé, a linguagem da fé, por meio da qual é possível chegar a Deus (cf. Körtner, 2009, p. 85).

### 3.3.2.2 Gerhard Ebeling

Ebeling utilizou a expressão teologia hermenêutica, mas se resguardou e criticou seu uso irresponsável, pois para ele tal conceito era capaz de determinar o fundamento da teologia, esclarecendo o que já está implícito na palavra teologia. Entretanto, tal conceito surgiu de um conhecimento e de uma formulação que se impuseram em condições históricas específicas. Ebeling criticou o antagonismo criado entre as teologias da Palavra de Deus, que contrapunham Bultmann e Karl Barth, e buscou superar o postulado de Moltmann entre teologia da revelação e teologia da hermenêutica. Essas contraposições, em seu entender, estão equivocadas, pois a teologia da revelação precisa ser também hermenêutica e uma teologia hermenêutica precisa ser também da teologia revelação (cf. Körtner, 2009, p. 74).

Antes de qualquer qualificação, Ebeling se autointitulou discípulo de Lutero, não obstante muito ter absorvido de nomes quais Bonhoeffer, Dilthey e Schleiermacher, bem como da interpretação existencial de Bultmann. De Lutero extraiu o conceito de experiência, o qual marcou a sua forma de compreender a teologia. Tal conceito é compreendido por Ebeling não como a vida cotidiana, mas uma experiência de segunda ordem, originada no confronto com a Palavra de Deus e no testemunho da fé cristã. Para ele, a fé é uma experiência com a experiência, uma nova compreensão da vida interpretada e compreendida pela Palavra de Deus (cf. Pannenberg, 1981, p. 179-180). Ele defendia a tese de que todas as fontes da dogmática, inclusive a Bíblia na condição de Sagrada Escritura, poderiam ser resumidas em um único conceito-chave, a saber, a experiência, pois é ela que fundamenta e dá sentido (cf. Körtner, 2009, p. 90-91).

Outra questão principal em Ebeling é o conceito de vida. Ele buscou transformá-lo no catalisador de um processo conceitual de concentração teológica e de abertura para o mundo. Nessa questão, ele se afastou das filosofias existenciais. Além disso, buscou caracterizar sua concepção como uma teologia nos contrastes da vida, na qual a fé tem seu lugar. Por conta do entrelaçamento entre fé e vida, ele entendia que toda dogmática era apenas uma explicitação e explicação dessa representação. Para Ebeling o ser humano é consciência, nessa está a convergência da vida. Por isso, ela é o lugar da fé. Na consciência, a pessoa descobre-se como um ser linguístico e relacional (Gadamer), aspectos que desempenham papel fundamental na vida humana. Essa relação se dá consigo mesmo, com o outro e com Deus. A tradicional ontologia da substância é substituída por uma ontologia das relações, na qual o ser de Deus também é pensado. Essas características remetem à passividade e à responsabilidade. Isso não equivale a sucumbir teologia à ética, o que seria para ele uma dissolução (cf. Körtner, 2009, p. 92-93).

Ebeling diferencia de maneira deveras radical, em teologia, a fé como efeito do evangelho. Para ele, a tarefa da dogmática é distinguir lei e evangelho, para relacioná-los corretamente. Disso depende o sucesso da relação entre teologia e realidade, isto é, o ponto de partida da teologia. Nessa perspectiva de distinção, Ebeling marcou profundamente a concepção de teologia fundamental em determinados círculos protestantes. Além disso, existem outras diferenciações fundamentais que são temas recorrentes em seu pensamento, a saber: letra e espírito, fé e amor, reino de Cristo e reino do mundo etc. A teologia de Lutero assume posição central no pensamento de Ebeling, marcando sua concepção de teologia hermenêutica. O próprio Lutero se torna objeto de reflexão hermenêutica. Em Lutero, a chave interpretativa de Ebeling é o conceito de evento linguístico formulado por Fuchs. Seguindo sua compreensão de Lutero, Ebeling acreditava que a preocupação central da teologia é a verbalização correta da palavra para que o intérprete de hoje possa ter contato com a grandeza transcendente da Palavra de Deus. Desse modo, é importante a experiência hermenêutica proclamadora de matriz luterana (cf. Körtner, 2009, p. 93-94).

Ao optar pela centralidade da teologia sistemática, ele não desvalorizou sejam as disciplinas históricas, seja a exegese. Ebeling entendia a história eclesiástica como a história da interpretação das Sagradas Escrituras, e não apenas como mera história da exegese cristã. Mais do que isso, trata-se da interpretação em um sentido mais abrangente, apropriado ao principal tema da teologia hermenêutica. Algo, por assim dizer, semelhante à história dos efeitos em Gadamer, tendo como centro a vida cristã na história e na atualidade, em todos os seus aspectos, a qual pode ser concebida como a interpretação da mensagem da fé cristã conforme o testemunho das Sagradas Escrituras. O objetivo é saber até que ponto as múltiplas tentativas de interpretação e de respostas foram compatíveis ou incompatíveis com a mensagem da fé (cf. Körtner, 2009, p. 94-95).

Para ele, a história eclesiástica deveria ter por objeto a interpretação da Palavra de Deus e do ser-interpretado da Igreja por essa palavra, o qual vem ao encontro pela palavra humana. A Palavra de Deus é por onde Deus se fez ouvir. Ela se manifesta na palavra da fé. Essa palavra é também um esclarecimento da palavra de Deus em vista da relação nela estabelecida entre palavra e fé. Ademais, a palavra de Deus também fala da fé, também a concede e oferece; não apenas exige, ela também explica (cf. Pannenberg, 1981, p. 182). A doutrina da palavra de Deus é apresentada por Ebeling dentro de uma análise abrangente do falar de Deus. Essa análise é a doutrina de Deus, seguida pelo falar a Deus, a oração, e, finalmente, o falar de Deus, a proclamação e a confissão. Para o autor, o conceito de revelação é mais amplo que apenas a autorrevelação em Cristo, de modo que a revelação significa o evento de estar junto de Deus do ser humano. Em Ebeling, o conceito de palavra de Deus tem a função de precisar melhor o conceito de revelação. Para ele, o Deus revelado é o Deus pregado. A palavra de Deus é a palavra pregada. Essa é compreendida como discurso oral. A Bíblia, nesse sentido, apenas é palavra de Deus na passagem da escrita para a oralidade. O processo de escrever aquilo que fora pregado dá início à dinâmica inversa. A palavra pregada e a escrita têm seu fundamento no Verbo Eterno que é o Encarnado. A Palavra de Deus é, ao mesmo tempo, a palavra humana da fé, bem como a palavra que a testemunha e que a produz (cf. Körtner, 2009, p. 95-96). Na época de Ebeling, a teologia alemã fora pautada pela discussão hermenêutica. A partir dos anos 1970, houve uma virada da atenção às questões ligadas à filosofia analítica da linguagem e à filosofia da religião, colocadas como alternativas à hermenêutica. Ebeling sempre defendeu a tese de que os métodos da hermenêutica e da análise linguística não representam alternativas excludentes. Um dos seus projetos foi a criação de uma relação entre as duas tradições conceituais, pois ambas, segundo ele, podem tornar evidente a fecundidade da linguagem (cf. Pannenberg, 1981, p. 181). Todavia, é necessário diferenciar palavra e linguagem. Para ele, a palavra significa a realidade transcendente da palavra de Deus. Essa, como evento linguístico, não é sinônimo de um falar religioso acerca de Deus (cf. Körtner, 2009, p. 96).

### 3.3.2.3 Contribuições de Ricœur à teologia hermenêutica

As contribuições de Ricœur estão em diversas áreas, até mesmo na teologia. A teologia de língua alemã e, principalmente, Bultmann, foram objetos de seu interesse. Ricœur foi crítico da interpretação existencial e da noção de mito de Bultmann. Este defendia que as objetivações míticas de Deus eram teologicamente removíveis, mas não o falar da ação de Deus, pois esse não era necessariamente mito, mas uma forma análoga. Bultmann cria ser possível uma linguagem pura, sem objetivação, ao passo que Ricœur questionou se tal linguagem era possível; para ele, ao substituir a linguagem mítica, é necessária uma nova maneira de interpretação. Ricœur entende que no pensamento de Bultmann ocorreu uma separação entre *kerygma* e mito, evento e sentido. Para Bultmann, o *kerygma* não está presente de forma imediata, mas sob a forma dos textos. Já para Ricœur, o sentido dos textos do Novo Testamento não é autoevidente, mas requer interpretação. Bultmann criou, no entendimento de Ricœur, um atalho no caminho hermenêutico até a compreensão. É necessário passar pelo mundo esboçado poeticamente nos textos. O importante para Bultmann era a decisão existencial. Segundo Ricœur, o texto e o sentido não podem ser separados, de modo que tampouco o podem o querigma e o mito (cf. Körtner, 2009, p. 98-99). Tal embate ajudou Ricœur a desenvolver sua concepção teórica da metáfora, a qual, posteriormente, ampliou para uma teoria narrativa (cf. Grondin, 2015, p. 85-88).

Sua concepção do que é a hermenêutica difere da de Bultmann e de Gadamer e se aproxima da de Schleiermacher e de Dilthey. Ricœur insere a textualidade no centro do debate hermenêutico. Uma análise superficial pode levar a entender que para ele a hermenêutica seja apenas uma disciplina auxiliar. Em seu entender, recolocar o texto no centro significa uma volta ao problema mais nítido e agudo da hermenêutica. Assim, ele se afasta de um conceito genérico de compreensão ao definir a hermenêutica como análise da arte da compreensão, a qual se torna possível pela interpretação de textos. A hermenêutica é mais do que o ensino da interpretação de textos e de seus métodos interpretativos, é teoria de uma compreensão abrangente do mundo e da existência humana realizada por meio da interpretação de textos (cf. Körtner, 2009, p. 99-100).

Fundamental para compreender o pensamento de Ricœur é a noção de autonomia do texto. Esse ganha tal posição em relação ao seu autor, bem como em relação ao seu leitor. Com isso, o que o texto significa literalmente não coincide mais com a intenção do seu autor. A cada ato de leitura, o texto é recolocado em diferentes contextos. O texto deve ser visto como uma obra. Esta não é apenas um conjunto textual, mas uma estrutura que projeta um mundo. O texto cria um mundo diferente do mundo empírico. Interpretar um texto é descrever a forma de ser em seu mundo. Interpretar é compreender-se frente ao mundo do texto. Assim, a hermenêutica para Ricœur é justamente isso, a teoria da compreensão possibilitada pela interpretação de textos.

Em conexão com essas teorias, Ricœur entende que a hermenêutica teológica não é apenas uma disciplina auxiliar. Para ele, a hermenêutica teológica tem características distintas. Nelas, a hermenêutica filosófica é absorvida como um instrumento. Ricœur criticou as concepções de teologia hermenêutica que criaram formas precipitadas de teologia da palavra que não contemplaram, desde o princípio, a passagem da palavra para a escrita. A hermenêutica teológica deve ser hermenêutica da Escritura capaz de englobar todos os dois testamentos e seus respectivos gêneros literários. O texto não pode ser separado de sua forma externa e de sua estrutura. Para Ricœur, a tarefa da hermenêutica não é apenas fazer o leitor tomar uma decisão existencial frente ao texto; mais do que isso, é fazer com que o modo de ser do texto e seu tema seja desenvolvido (cf. Körtner, 2009, p. 100-101).

Esse novo mundo aberto pelo texto é denominado, na linguagem bíblica, por novo mundo, aliança, teocracia, renascimento etc. Para Ricœur, a hermenêutica teológica deve levantar a pergunta por Deus originada pelo texto. Ela não pode apenas pressupor Deus como seu autor imediato, em sentido sobrenatural. Compreender a palavra de Deus é dirigir o olhar e a compreensão ao que ela indica. A hermenêutica é fundamental para a teologia, pois a própria fé bíblica é constituída de maneira hermenêutica. Para ele, isso significa que a fé não pode ser separada do movimento de interpretação que a expressa. O que permanecia em silêncio tornou-se, por meio da interpretação, palavra. Essa é sempre iniciada por meio dos textos bíblicos. Apesar de suas críticas a Bultmann, sua hermenêutica foi também orientada para os mesmos questionamentos. Apesar de sua crítica à precipitada equiparação da hermenêutica teológica à doutrina da palavra de Deus, seu próprio modelo também deve ser compreendido como concepção de teologia hermenêutica, pois entendia que a tarefa da teologia era fundamentalmente interpretação bíblica (cf. Körtner, 2009, p. 101).

### 3.3.3 Teologia hermenêutica na tradição católica

A partir dos anos 1960, iniciou-se um intenso debate quanto às questões hermenêuticas no catolicismo. Gadamer foi muito bem recepcionado pelos autores católicos. Heidegger exerceu forte influência nos transcendentalistas que se reuniram em torno de Karl Rahner. Dentre os principais representantes, pode-se ser citar: Karl Rahner, Eugen Biser, Bernard Lonergan e Claude Geffré. Esse último é responsável por registrar o processo histórico e as motivações dessa virada na teologia católica[3].

#### 3.3.3.1 Karl Rahner: teologia hermenêutica transcendental fundamentada em Heidegger

A teologia de Karl Rahner é fortemente definida tanto pela teologia da graça quanto por um eixo antropológico fundamental. A obra que demonstra tais características é *Ouvinte da palavra*, a qual tem um cunho religioso-filosófico e fundamental-teológico. Rahner estudou com Heidegger, de modo que a fenomenologia hermenêutica deste influiu diretamente em sua teoria da compreensão, a qual pode ser considerada uma hermenêutica transcendental teológica. Esse influxo foi buscado visando à superação do neoescolasticismo. Rahner tinha como objetivo uma transformação completa da teologia e de suas disciplinas associadas (cf. Körtner, 2009, p. 77-78).

---

3. Cf. Geffré (1989, p. 17-31; 1972). Tal obra apresenta um percurso histórico sintético, porém aprofundado, desse processo histórico na teologia católica.

Rahner acreditava que a experiência fundamental do cristianismo é que o mistério absoluto, Deus, voltado para toda a existência humana (mas transcendendo-a), fez-se conhecer na condição de amor absoluto. Essa experiência tem uma estrutura transcendental. O ser humano é um ser da transcendência, cuja estrutura fundamental é a do perguntar. Toda pergunta é sucedida por outra; logo, essa estrutura caracteriza o ser humano como um ser interpretador de um segredo absoluto. O ser humano não ouve diretamente a comunicação de Deus, mas sim sua palavra que chega por meio da história da linguagem, na qual está imerso. De forma transcendental hermenêutica, Rahner interpreta o ser humano como o evento da livre autocomunicação de Deus. O conceito de autocomunicação é usado por Rahner em sentido estritamente ontológico. Conforme a essência do ser humano, cujo ser está também voltado para si mesmo em autoentrega na autoconsciência livre, Deus pode comunicar-se a si mesmo ao não divino sem deixar de ser a realidade infinita, isto é, sem que o humano deixe de ser finito e diferenciado de Deus (cf. Körtner, 2009, p. 78).

Rahner identifica essa oferta de autocomunicação de Deus, na qual o doado é o doador, com um conceito que faz alusão ao existencial sobrenatural de Heidegger. Por trás dessa identificação está a doutrina da diferenciação entre a natureza e a graça. A autocomunicação de Deus somente se realiza plenamente pela fé; mas, na visão de Rahner, ela está disponível a todo ser humano ao mesmo tempo em modo de oferta constante e interpelante. Isso significa que o ser humano é capaz de reconhecer na fé cristã a interpretação da sua própria existência transcendental fundamental. Por meio dessa experiência, Rahner acredita que o ser humano é capaz de encontrar a coragem para interpretar o indizível de sua própria existência e aceitar sem restrição a infinidade de sua experiência misteriosa. Nesse sentido, para Rahner a teologia é hermenêutica da existência humana. O conceito de outro, em Rahner, esclarece essa identificação da teologia. Rahner afirmou a unidade do amor a Deus e do amor ao próximo e interpretou a experiência do tu humano como mediação da experiência com Deus. A partir disso, ele desenvolveu o caminho para a cristologia e para a doutrina da trindade, pois, segundo ele, uma teoria da existência intersubjetiva humana na história torna-se base hermenêutica para uma teologia da trindade, em que o falar acerca de Deus é também uma teoria da experiência humana (cf. Körtner, 2009, p. 78-79).

### 3.3.3.2 Eugen Biser

Eugen Biser (1918) tratou de maneira completamente diferente de Rahner o fenômeno da linguagem, especialmente as Escrituras. Uma das principais preocupações do projeto de teologia hermenêutica de Biser é a resolução das barreiras linguísticas no campo religioso que impedem ou dificultam a compreensão do que é fé. A linguagem pode ser não apenas manifestação concreta de algo, mas seu oposto. A revelação é o evento linguístico fundamental. Porém, existe uma carência linguística da fé, de modo que isso impede que o ser humano compreenda a si mesmo e a Deus. Biser segue a ideia de Schleiermacher do desentendimento natural. Nesse autor, a hermenêutica é a base para a teologia fundamental como um novo projeto de fundamentação da fé. O círculo hermenêutico que pressupõe que todo ato de compreensão é antecipado por um ter compreendido é transferido por Biser para o problema fundamental teológico da fundamentação da fé. Para ele, a fundamentação metodológica da fé está na própria fé. Quando se parte da razão e do ato existencial não se chega à fé; assim, deve-se verificar que o caminho inverso talvez leve a tal. Por esse motivo, a Escritura, na condição de testemunho da revelação, tem centralidade. Segundo ele, a palavra de Deus está sempre voltada para a revelação que testemunha. A hermenêutica precisa ingressar nessa relação entre a palavra e a revelação, pois a palavra da Escritura já é compreensão em seu próprio falar. Por isso ela é capaz de despertar compreensão e tornar-se objeto de questionamento interpretativo (cf. Körtner, 2009, p. 79-80).

O pensamento de Biser recebeu forte influência da hermenêutica de Gadamer e da filosofia analítica da linguagem de Martin Buber (1878-1965). Além disso, no seu pensamento ocorre uma transformação de uma fé dogmática e confessional para uma fé da experiência. Fato que demonstra o valor fundamental reservado à experiência da interioridade, em vez de um subjetivismo arbitrário. Segundo ele, só é possível encontrar acesso à mensagem da fé cristã quando ocorrer uma mudança de paradigma da fé do objeto para a fé da interioridade e da identidade. Seu núcleo só é apropriado por aquele sujeito que se deixa envolver na profusão das imagens da mensagem que traz à luz uma interioridade nova e misteriosa. Tal interioridade necessita de uma compreensão cada vez maior: eis a tarefa da hermenêutica (cf. Körtner, 2009, p. 80).

Sua teologia hermenêutica está fundamentada também na cristologia e na pneumatologia. Ademais, também confere importância central à teologia joanina. Com a ressurreição de Cristo, ele tornou-se a mensagem, o ensino e o objeto da fé. Para que se possa chegar à fé viva, as objetificações históricas e dogmáticas da fé precisam revelar-se existencialmente sob nova forma. Por esse motivo, assim como Bultmann, ele será um crítico do método histórico-crítico. No processo hermenêutico, Cristo torna a falar e a ensinar como um professor interior. Isso é obra do Espírito Santo. Dessa forma, Biser procura superar o horizonte da hermenêutica bíblica e teológica em direção a uma hermenêutica da fé e da vida, com características notadamente místicas (cf. Körtner, 2009, p. 80-81).

#### 3.3.3.3 Bernard Lonergan: a conciliação entre metafísica e hermenêutica no método teológico

O pensamento de Lonergan já fora analisado no capítulo anterior. Porém, lá foram apresentadas as linhas gerais da sua teoria do método teológico com o fim de apenas explicitar as suas relações com a teologia hermenêutica. Nesse capítulo, o objetivo é apresentar apenas as contribuições específicas de Lonergan que o ligam a essa vertente teológica.

Bernard Lonergan é responsável pelo ousado projeto de harmonizar hermenêutica e metafísica. A execução desse projeto consiste na conciliação entre a tradição hermenêutica iniciada por Heidegger e a hermenêutica clássica. Lonergan utilizou o pensamento de Betti e de Gadamer em seu projeto de uma hermenêutica teológica original. O conceito de interpretação em Lonergan é uma especialização funcional e sua originalidade está no fato de que ele conseguiu sintetizar o aspecto metodológico e ontológico-existencial da hermenêutica com o objetivo de uma fundamentação da busca pela verdade na interpretação. Para Lonergan, a verdade é um evento e iluminação interior da consciência que consiste em encontro e experiência (no contexto da filosofia existencial) (cf. Mura, 1990, p. 326-327).

A metodologia hermenêutica de Lonergan, na medida em que se fundamenta também na tradição existencial, entende que a hermenêutica não é apenas um conjunto de regras que busca a criatividade e a colaboração. Lonergan fundamenta tal projeto com o que chamou de método transcendental, isto é, com o reflexo da interioridade existencial subjetiva da consciência humana em sua busca pela plenitude da verdade do ser. Seu método é formulado pela análise de como a inteligência e a racionalidade se comportam na relação com os dados da pesquisa. Com isso, os dados da consciência humana são transformados em objeto pelos quais se alcança a própria consciência. A estrutura da consciência permite determinar de maneira universalmente válida a estrutura do objeto proporcionado (cf. Mura, 1990, p. 327-328).

Para Lonergan, do ponto de vista filosófico, o problema hermenêutico é autônomo. Não se pode confundir essa questão com metodologia exegética e afins.

A hermenêutica não pode ser identificada com a filosofia, tampouco com os problemas filosóficos ligados à questão hermenêutica porquanto são autônomos e não devem ser tratados apenas como se fossem questões de hermenêutica. Em Lonergan, a hermenêutica é uma especialização funcional, uma consciência avançada dos métodos interpretativos relativos aos diversos ramos do saber. Sua metodologia teológica está dividida em oito especializações funcionais: exegese, pesquisa, história, dialética, fundamentação, doutrina, sistemática e comunicação. Todas essas especializações dependem da hermenêutica, bem como, por outro lado, a hermenêutica delas depende. Por isso a hermenêutica pode ser considerada uma disciplina autônoma. Nessa conjunção de especializações reside também a originalidade da contribuição de Lonergan. Ele entende a questão hermenêutica como problema filosófico autônomo, ao passo que se nutre e enriquece de outras disciplinas como a crítica filológica, a história e a exegese. Lonergan acredita que o centro do problema hermenêutico é a compreensão da verdade do texto, de modo que em teologia ele aplica tais noções às fontes, por exemplo, à Bíblia e à tradição, em confronto crítico com as diversas metodologias, mas também é permeado pela questão filosófica da verdade e do conhecimento humano. Elemento importante da hermenêutica de Lonergan é a extração que ele faz da diferenciação entre compreender e conhecer, em ciências humanas, em que o interpretar é um processo de conhecimento e a compreensão pressupõe ambos (cf. Mura, 1990, p. 328-329).

Lonergan faz uma distinção fundamental entre hermenêutica e exegese. A hermenêutica se refere aos princípios da interpretação e à estrutura da compreensão enquanto a exegese é a aplicação de tais princípios na tarefa de interpretar o texto e de expor o seu significado. Além disso, ele aprofunda a diferença salientando o papel filosófico da hermenêutica ao analisar os princípios filosóficos de toda pré-compreensão interpretante e o papel da exegese em aplicar os princípios e formular diferentes métodos para diferentes objetos. Mas o objetivo para tal distinção é justamente o aperfeiçoamento de ambas para uma melhor relação. Lonergan acredita que a hermenêutica deve fundamentar a exegese. Por isso, em sua exposição dos elementos metodológicos da hermenêutica, não se limitou apenas à apresentação de regras, mas mostrou como toda a metodologia hermenêutica está integrada com os princípios da hermenêutica existencial. Portanto, mostrou como são fundamentais as noções de compreensão prévia e de círculo hermenêutico. Nisso, Lonergan se aproxima de Bultmann e critica toda a hermenêutica que acredita ser possível aproximar-se do objeto totalmente isento de estruturas de compreensão prévias. Para ele, toda compreensão já é ditada e limitada pela estrutura racional e intelectual humanas. Lonergan não sucumbe às ideias subjetivistas que procuram justificar a não objetividade da interpretação ao defenderem que não é possível alcançar uma interpretação objetiva do texto, ou seja, não chegar próximo ao significado desejado pelo autor. Lonergan é crítico da atribuição subjetiva do significado. Para ele, é possível pensar o mesmo que o autor. Além disso, crê que é necessário salvaguardar a alteridade do texto (cf. Mura, 1990, p. 330-331).

Para Lonergan, o significado das palavras não é apenas determinado pelo seu uso. Ele defende que o significado é o que é significado, ou seja, a relação das palavras com a realidade. Na medida em que são instrumentos de significado, as palavras têm seu valor em razão de tornarem a realidade compreensível, isto é, na verdade em que ela se exprime. Nesse sentido, a hermenêutica de Lonergan é decisivamente clássica. O problema do significado não é questão apenas da linguística e da lógica, mas também da hermenêutica, porque pelas palavras se exprime o referencial e a intelecção do ser. Lonergan está preocupado com a verdade do texto, compreender as palavras que o autor usa, compreender o próprio autor, compreender a si mesmo frente ao texto, decidir quanto à validade da interpretação e exprimir o seu significado. Compreender o texto é compreender também o objeto do qual ele fala, as palavras que usa e o mundo interior do autor. O fim da interpretação não é o intérprete, mas o entendimento do texto. Para Lonergan, esse entendimento se dá quando o intérprete aprende com o texto, quando corrige seu entendimento do texto por meio de uma compreensão mais profunda dele. Compreender o texto é, assim, elevar-se ao patamar do texto, alargar a própria estrutura de pré-compreensão; é, por assim dizer, uma conversão, uma mudança de mentalidade (cf. Mura, 1990, p. 332-333).

Outro aspecto importante da hermenêutica de Lonergan é a sua implicação ética ligada ao aspecto existencial e à busca pela verdade. O intérprete deve considerar que é possível o erro. Deve sempre estar em postura de revisão e de releitura, ser autocrítico e considerar a possibilidade de que o autor não tenha pensado aquilo que foi a sua conclusão do processo de interpretação. A cada revisão, o texto se torna mais claro. Nesse aspecto, sua hermenêutica atenta para o contexto, utiliza o círculo hermenêutico, leva em consideração a atualidade existencial, mas não se prende à questão da relatividade da interpretação; ao contrário, essas questões devem iluminar cada vez mais a postura ética do intérprete em direção à verdade do objeto (cf. Mura, 1990, p. 333-334).

O que justifica qualificar a hermenêutica de Lonergan como uma busca pela verdade do texto é o uso por ele feito da categoria de *verbum mentis*, compreendido como a palavra de verdade interior. A esse tema ele dedicou um livro *Conhecimento e interioridade, o Verbum no pensamento de Santo Tomás de Aquino*. O *verbum mentis* funciona como a parte gnosiológica e metafísica do fundamento da hermenêutica de Lonergan; sem esse conceito, não é possível alcançar o centro da sua proposta metodológica. A referência à palavra interior quer significar a dimensão intelectiva de todo o discurso falado e escrito, sem o qual nada seria inteligível. A palavra interior é causa da palavra exterior. A palavra exterior quer significar a interior. A palavra interior é dotada de significado em modo essencial. Ele não reduz a palavra interior a puro conceito abstrato, mas faz dela o produto intelectivo final de todo o caminho da consciência, da experiência, da existência e da metodologia hermenêutica. Ele funda o interpretar no conhecer, e este na palavra interior. A palavra interior é fundamento da existência, que está relacionada diretamente ao ser. A reflexão quanto à palavra interior é ampliada ao se aprofundar no pensamento de Agostinho e Tomás de Aquino, fazendo uma audaciosa analogia entre o *verbum mentis* e o *Trinitarium*. A humanidade pode conhecer e interpretar, pois é *imago Trinitatis*. A hermenêutica de Lonergan busca ser trinitária, no sentido de que todo o processo de interpretação é guiado, na interioridade da consciência, pelo Espírito da verdade, do qual depende toda a palavra da verdade (cf. Mura, 1990, p. 334-335).

#### 3.3.3.4 Claude Geffré: a teologia sempre foi hermenêutica!

Para Claude Geffré, a expressão virada hermenêutica da teologia demonstra a sua convicção de que não se trata apenas do surgimento de uma nova corrente entre outras, mas representa o próprio destino da razão teológica na contemporaneidade (Geffré, 2004, p. 23). Geffré entende a palavra hermenêutica em um sentido forte e crítico. Ao designar a teologia como hermenêutica, ele não pretende apenas designar a especificidade da razão teológica, mas apresentar um novo paradigma ou modelo de fazer teologia (Geffré, 1989, p. 17-23; 2004, p. 29).

Para Geffré, sempre se fez hermenêutica no seio da tradição cristã, ao menos caso se entenda por hermenêutica a leitura interpretativa de textos. Esse fato não é exclusivo do seu contexto. Porém, ele salienta, é legítimo utilizar a expressão "virada hermenêutica da teologia", pois tal conceitualização só faz sentido no momento atual no qual é possível identificar o que ele chama de "era hermenêutica da razão". Geffré interpretou a história da filosofia e concluiu que a filosofia contemporânea tende cada vez mais a se tornar filosofia da linguagem. É possível observar que Geffré introduz a questão hermenêutica no seio da questão mais geral acerca linguagem, mas não no âmbito da filosofia analítica da linguagem (Geffré, 2004, p. 29-31).

Geffré entende que tal fato é fruto de um processo que ocorreu na filosofia, a qual, nos últimos séculos, tem se distanciado do pensamento metafísico e das filosofias centradas no primado da consciência do sujeito e se aproximado paulatinamente das correntes que ressaltam o ser em sua realidade linguística. No decorrer de séculos, a razão teológica foi identificada com a razão especulativa, no sentido aristotélico (Geffré, 1972, p. 49-58). Geffré considera que esse processo demonstra uma ruptura epistemológica. O modelo hermenêutico da teologia tem uma pertinência fundamental nesse contexto. Ele substitui o *intellectus fidei* pelo compreender histórico, isto é, pelo ato de compreensão hermenêutica. Ele assume o fato de que não há conhecimento do passado sem compreensão prévia e interpretação de si. Além disso, ele defende a tese gadameriana de que sempre se está em uma tradição precedente. A tradição formou o texto, e por estar nela é que é possível ao intérprete compreendê-lo. Existe, no entanto, uma questão que guia Geffré: ele se questiona se a teologia não se trata apenas de um discurso que recomeça continuamente, tomando como lugar o presente, inserido em uma longa cadeia de testemunhos interpretativos (Geffré, 2004, p. 23-24; 1972, p. 89-100).

O distanciamento da razão teológica em relação à metafísica especulativa impulsiona a teologia a se aproximar de um compreender histórico. Esse compreender histórico significa, para Geffré, aquele proposto por Heidegger, Gadamer e Paul Ricœur. Uma das principais consequências dessa aproximação é a mudança de objeto da teologia. Esta passa a ser não mais compreendida como apenas um discurso a respeito de Deus, mas como um discurso que reflete acerca da linguagem a respeito de Deus, ou seja, um discurso quanto à linguagem que fala humanamente acerca de Deus. Por isso hoje, em teologia, as ciências humanas da religião gozam de um privilégio sobre estudos acerca da religião, principalmente aquelas que partem do enfoque linguístico (Geffré, 1972, p. 67-71). Geffré assume a tese de que não existe saber direto da realidade fora da linguagem e que a linguagem, em si mesma, já é uma interpretação. A generalização da instância hermenêutica a todos os domínios do saber é o que permite, para Geffré, defender a cientificidade da teologia. Os critérios de cientificidade propostos pela hermenêutica são cumpridos pela teologia. Todas as ciências estão sob o domínio da interpretação (Geffré, 1989, p. 41-50).

A teologia é uma ciência que tem por objeto um discurso acerca de Deus. Mas isso não quer dizer, segundo Geffré, que ela deve propor a questão de Deus em aberto, tampouco negligenciá-la. A teologia levantará a questão da relação entre o teólogo hermeneuta com seu texto, mas segundo o horizonte da questão de Deus tal como recebido da revelação. A teologia hermenêutica como hermenêutica dos textos fundadores do cristianismo é uma hermenêutica que se refere tanto à positividade de uma revelação como à intencionalidade da fé no sujeito crente. Geffré retoma a noção de David Tracy (1939) acerca da noção de texto clássico, que manifesta sempre uma pluralidade de sentidos e que resiste a uma interpretação definitiva que daria fim às outras. Além disso, um clássico, independentemente da sua cultura de origem, terá um alcance universal para a comunidade humana. Geffré aplica essa noção à Bíblia, que seria o clássico por excelência do cristianismo. A teologia não deve cessar seu confronto com esses textos. Não apenas a Bíblia é um clássico, mas existem outros, que são interpretações desses. Os textos dos grandes Padres da Igreja, dos medievais e dos grandes modernos. Todas essas obras são interpretações da mensagem cristã que resistem a uma interpretação definitiva. O que diferencia os clássicos cristãos dos outros é que eles têm algo a mais, isto é, são aceitos em nome de uma revelação, não são apenas obra do gênio humano. Em decorrência disso, Geffré alerta para o fato de que, no diálogo do intérprete com esse texto, ele tem uma condição prévia, a fé, um prejulgamento favorável acerca da sua credibilidade. Além disso, ele o recebe da Igreja (Geffré, 2004, p. 32-35).

Geffré diferenciou a maneira de fazer teologia tendo como exemplo dois modelos, o dogmatista e o hermenêutico. Mas isso não quer dizer que o hermenêutico se afaste do dogma. O modelo dogmatista reinou na teologia católica desde Trento. O ponto de partida dessa teologia é sempre o magistério e a tradição anterior. Em sua visão, a Escritura e a tradição interpretativa servem apenas para fundamentar o ensino do magistério. Nesse sentido, o discurso teológico tende a se tornar um sistema fechado e irrefutável (Geffré, 1972, p. 62-66). Adotar um modelo hermenêutico não significa a extinção do dogma, mas tomar como ponto de partida um texto. Nesse sentido, a hermenêutica se refere a uma forma de compreensão específica da leitura da Escritura e da tradição (Geffré, 1989, p. 23-24). A tradição é o local de leitura dos textos, porquanto fornece a linguagem necessária e os esquemas conceituais para a compreensão da Escritura. O teólogo parte da longa tradição textual do cristianismo em direção à experiência fundamental de uma salvação oferecida por Deus em Jesus Cristo. Sua tarefa, por conseguinte, é dissociar as representações e as interpretações que pertencem a um mundo de experiência que já se foi, com o objetivo de restituir essa experiência no presente. A hermenêutica ajuda a discernir os elementos fundamentais da experiência cristã das linguagens nas quais ela fora traduzida. Esse trabalho é arriscado e só é possível a partir de nossa situação histórica e de nossa experiência existencial humana atual. Geffré entende que a mensagem cristã tem um significado permanente diferente dos seus significantes e dos esquemas culturais nos quais ela fora transmitida. Ele diferencia entre os significantes que estão ligados ao próprio conteúdo da mensagem cristã e os significantes que estão ligados à cultura histórica contingente dos testemunhos da tradição apostólica (Geffré, 2004, p. 35-37).

É necessário salientar que, para Geffré, a compreensão da teologia como hermenêutica, apesar de romper com o pensamento metafísico representacional, não é necessariamente a renúncia da teologia do seu alcance de anunciação ontológica (Geffré, 2004, p. 71-76). Quando Geffré afirma que o objeto da teologia compreendida como hermenêutica são os textos, ele quer dizer que o objeto imediato do labor teológico não são apenas os enunciados dogmáticos, mas um conjunto de textos compreendidos no campo hermenêutico aberto pela revelação. Isso significa que a teologia não mais se preocupa com definições representacionais definitivas, mas se aproxima da verdade da revelação de forma gradual, modesta e humilde. A verdade da teologia não será tanto uma adequação formal entre o intelecto e a realidade, ela será da ordem da comprovação, da manifestação, da interpretação balbuciante da plenitude da verdade que coincide com o mistério de Deus. Geffré fundamenta as suas reflexões na ontologia da linguagem segundo a filosofia de Heidegger e de Ricœur. Ele entende que em Heidegger a hermenêutica foi um veículo para a escuta do ser, do mesmo modo que a teologia como hermenêutica é escuta atenta do mundo e do ser que brotam do texto bíblico. Ele acredita que a teologia da palavra de Deus deve ser capaz de manifestar o ser. Se a linguagem é capaz de ostentar o ser do mundo, ela deve ser capaz de realizar o mesmo com Deus. Levando sempre em consideração que, em teologia, a manifestação da verdade plena de Deus está sempre em devir. E esse princípio se aplica aos textos fundamentais do cristianismo (Geffré, 2004, p. 38-39).

Outra preocupação central no pensamento de Geffré é a questão da objetividade da interpretação, a qual garantirá a boa situação hermenêutica para a correta interpretação da mensagem cristã (Geffré, 1989, p. 54-57). Ele valorizou o papel imprescindível da exegese histórico-crítica. Não se pode negligenciar o valor da linguagem, mas é necessário ter em conta que a própria linguagem que expressou a experiência fundante já é uma interpretação. Mas é necessário, ademais, valorizar todas as dimensões da experiência histórica, isto é, o passado que afeta o presente e a interpretação do passado por meio de uma boa relação com o presente que se projeta para o futuro. Apesar da busca pela objetividade e reconhecimento do aspecto metodológico da interpretação, Geffré também valoriza o aspecto da filosofia hermenêutica preocupada com as questões da fenomenologia ontológico-existencial da interpretação. Tudo isso em vista de uma correlação crítica entre a experiência fundante e o presente. Geffré também aplicará a noção de diálogo e de fusão de horizontes de Gadamer à interpretação dos textos primitivos do cristianismo. Além disso, ele também valoriza a noção hermenêutica de tradição gadameriana, afirmando que a tradição só é viva na multiplicidade de interpretações. A boa interpretação é alcançada quando a potencialidade da obra é manifestada, a capacidade que ela tem de ser atualizada para qualquer momento histórico, de modo que essas diferentes interpretações também são impulsos para novas atualizações no futuro (Geffré, 2004, p. 40-43).

A teologia compreendida como hermenêutica deverá resultar em determinadas consequências. Geffré buscou delinear essas consequências na análise da Escritura, na releitura da tradição e na articulação entre teoria e prática (Geffré, 1972, p. 62-66).

Em relação à análise das Escrituras, Geffré buscou aplicar elementos centrais da hermenêutica textual de Ricœur, principalmente aqueles em que Ricœur tentou destruir a ilusão da objetividade e da total transparência do sujeito a si mesmo, ressaltando que o sujeito se compreende melhor mediante os sinais, símbolos e textos narrativos. Também retomou de Ricœur a ideia de que o próprio texto fornece as categorias e os pressupostos para sua compreensão. Geffré se posicionou de forma contrária à concepção de que a inspiração divina das Escrituras é uma chave hermenêutica que proporciona ao intérprete alcançar o pensamento de Deus pelas palavras humanas. Para tanto, Geffré busca um conceito de revelação diferente. A Bíblia é revelação, pois ela revela um mundo que é seu, uma recriação do mundo cotidiano; além disso, ela desdobra um novo ser, a possibilidade de existência que é a fé, que deseja fazer existir um novo mundo, uma nova possibilidade de existência. Essa maneira de compreender a revelação ultrapassa a antiga concepção que a propunha como uma mensagem até então desconhecida (Geffré, 2004, p. 44-47).

A compreensão da teologia como hermenêutica deve também ocasionar uma nova maneira de reler a tradição. Essa releitura deve assumir uma postura crítica em relação à história das interpretações da própria tradição. Qualquer forma de dogmatismo deve ser descartada. A tradição não deve servir apenas de justificativa para as posições doutrinárias do magistério, mas deve ser também um critério crítico para a prática teológica, para a prática magisterial e para a prática eclesial. A teologia hermenêutica, portanto, deve ser capaz de identificar as motivações históricas de determinados sistemas teológicos que foram absorvidos pela tradição para que seja possível uma releitura dos legados doados por essa mesma tradição à presente reflexão (Geffré, 1989, p. 23-31). Além disso, o teólogo hermeneuta precisa entender a tradição também como uma parte das estruturas de compreensão, não apenas como uma das fontes da sua reflexão, de modo que, na medida em que a tradição é fonte, ela também é o sujeito. Geffré utilizou as reflexões hermenêuticas de Gadamer acerca da tradição como processo de interpretação criativa (Geffré, 2004, p. 49-53).

Ademais, Geffré entende que a compreensão da teologia como hermenêutica é capaz de resgatar o caráter intrinsecamente prático da teologia. A hermenêutica não é apenas um saber teórico que visa tão somente ao sentido dos objetos, mas precisa ser um saber capaz de transformar a realidade (Geffré, 1989, p. 47-52; 59-63). Neste ponto, Geffré está explicitamente fundamentado na ética hermenêutica de Ricœur, de Heidegger e de Gadamer (Geffré, 2004, p. 54-57).

## 3.4 Considerações conclusivas

Indiscutivelmente, seja qual for sua acepção, a hermenêutica sempre foi uma questão fundamental para a teologia. As Escrituras fornecem as regras para sua própria interpretação. Os primeiros padres foram sensíveis a esse fato e consolidaram paulatinamente a reflexão hermenêutica para a produção teológica, sobretudo ao seguirem essas regras como se seguissem um método ainda em desenvolvimento. No segundo capítulo dessa tese, na subseção acerca do método teológico das Escrituras, o objetivo foi mostrar que esse método consistiu basicamente em reinterpretações das revelações mais antigas ao se tomar como critério as novas. Tal processo tornou-se uma das regras fundamentais da hermenêutica. A teologia dos primeiros padres foi basicamente interpretação das Sagradas Escrituras, e, posteriormente, o desenvolvimento de critérios hermenêuticos que permitissem a exata interpretação das Escrituras sem anular as antigas interpretações e toda a tradição interpretativa por entenderem que a própria tradição também chancelava tal dinâmica. Na Idade Média, a teologia não perdeu esse caráter, muito menos deixou de praticá-lo, porém desenvolveu o seu lado especulativo para justificar a sua cientificidade, o que não foi prioridade no período anterior. Por isso, talvez seja possível afirmar que a teologia dos padres foi mais hermenêutica que a dos escolásticos, caso se entenda hermenêutica como explicação e interpretação das Escrituras. No período dos padres, era imperativo propagar a fé e fortalecer as comunidades nela; assim surgiu e se fez teologia. Como apresentado no segundo capítulo, sempre se reconheceu que as Escrituras eram as principais fontes materiais para o testemunho da fé.

Com a Reforma, a Bíblia passou a ser o tema das principais disputas entre a teologia católica e protestante. No cerne desse debate, estavam questões hermenêuticas. A teologia protestante consolidou a hermenêutica como uma disciplina arrolada ao corpo da teologia. Tal processo já anunciou os vislumbres do início de uma hermenêutica autônoma. Assim, os protestantes podem ser considerados os pioneiros na compreensão explícita e declarada da teologia como hermenêutica, pois ela sempre foi uma das questões mais fundamentais na sua tradição teológica, visto que, para eles, teologia era, quase que exclusivamente, interpretação da Bíblia. Ao contrário dos teólogos católicos, sempre foram mais receptivos às novas correntes de filosofia que surgiram depois da Modernidade. Seu pioneirismo consiste especificamente em afirmar a teologia como hermenêutica ao se fundamentarem na nova hermenêutica filosófica fundada por Heidegger. Porém, ao considerar que a teologia sempre foi hermenêutica, ou, ao menos, ciência de natureza hermenêutica, a tradição católica, ao menos de maneira implícita, pioneira.

Quando a hermenêutica deixa de ser apenas uma disciplina e torna-se ciência de toda a expressão linguística, e, posteriormente, metodologia para as ciências humanas, até que, por fim, transforma-se na própria filosofia, a teologia pode, de forma mais clara e munida de novos fundamentos filosóficos, defender a sua cientificidade por meio das novas acepções da hermenêutica. Tal avanço e proposta são originalmente dos teólogos protestantes. Nisso também residem as suas grandes contribuições. Nesse ponto específico, a hermenêutica foi capaz de alterar as relações entre filosofia e teologia, um dos principais elementos do método teológico. A questão da hermenêutica nos debates quanto ao método teológico passaram a ser tema de debate na teologia católica em decorrência do influxo gradativo da abertura às ciências históricas, humanas e sociais.

Porém, como foi apresentado nesse capítulo, uma questão central é o fato de que a própria noção da filosofia se transformou nesse processo. A noção filosófica que se tem de hermenêutica contraria as bases da hermenêutica que a teologia cristã sempre utilizou. Assim, a teologia pode ser compreendida como hermenêutica de forma menos polêmica ao adotar seu sentido clássico e metafísico, pois ao adotar o sentido de hermenêutica proposto por Heidegger adota-se diretamente uma filosofia que buscou negar toda a tradição metafísica e ontológica em que a teologia se desenvolveu e consolidou como ciência. A crítica que Ratzinger direciona à filosofia contemporânea toca no cerne dessa questão. Ao debater com Bultmann acerca dos métodos de interpretação das Escrituras, essa questão subjaz como pano de fundo.

A hermenêutica proposta por Dilthey pode ser considerada válida para a teologia, que, atualmente, é classificada por muitos como uma ciência humana. Dessa forma, fundamentada em Dilthey, a hermenêutica pode servir como um método e veículo para a defesa do caráter científico da teologia.

Ao entender a teologia como hermenêutica no sentido proposto por Gadamer, o papel da tradição, da linguagem e da história são valorizados na condição de elementos fundamentais para o processo de interpretação.

A hermenêutica de filósofos como Habermas, Derrida, Vattimo e Rorty é o exemplo das filosofias que popularizaram e levaram às últimas consequências o projeto de desconstrução das filosofias metafísicas que buscam justificar o absoluto e a verdade. São importantes na medida em que significam os entraves filosóficos que a teologia precisa combater para reafirmar a sua natureza e missão nos dias atuais. Tal fato foi salientado por Ratzinger ao criticar a posição atual da filosofia.

Se os Padres da Igreja utilizaram metáforas, símbolos e tipos para expressar as realidades da fé, por que não empregar o termo "hermenêutica" para expressar metaforicamente o que se entende pelo método, natureza e missão da teologia? Até mesmo o Concílio Vaticano II e os grandes teólogos contemporâneos, reconhecidos pelo magistério da Igreja, compreenderam e fomentaram o uso das categorias tão abundantes nas literaturas dos Santos Padres.

Teologia é, em suma, hermenêutica da fé na medida em que o significado de hermenêutica é também dizer, portar, enunciar, viver e proclamar uma mensagem, isto é, missões de toda a teologia que se propõe como representante da fé cristã, seja de qual tradição for. No caso, a teologia é hermenêutica da fé pois deve proclamar a mensagem da revelação de Deus no Evangelho; é portadora dessa mensagem, fala essa mensagem, traduz essa mensagem, torna-a clara. Isso ressalta o caráter missionário da teologia, o que se aproxima da sua primeira manifestação nos padres: a proclamação da mensagem às outras culturas, às outras religiões, às outras visões de mundo. Para os padres, a teologia deveria não somente desembocar na vida cristã como também aprofundá-la. Além disso, caso se entenda a hermenêutica como interpretação, não só como ato de busca de compreensão, mas da prática, do viver aquilo que se compreendeu, alcança-se, assim, uma maior certeza de fé naquilo que se creu por dom de Deus. Uma analogia para tanto seria a do ator que recebeu um papel, captou o sentido e interpretou magistralmente com seu corpo e suas atitudes. Ele não montou o cenário, não escreveu o roteiro e as falas de cada personagem, mas aceitou a tarefa de intérprete, estudou seu papel, captou o sentido e o interpretou de acordo com a ideia do roteirista, do compositor e do diretor.

# 4
# Hermenêutica da fé: método e teologia em Joseph Ratzinger

> Fé e teologia não são a mesma coisa, cada uma possui uma voz própria, mas a voz da teologia é dependente da voz da fé, e está relacionada com ela. Teologia é interpretação, e tem que continuar sendo interpretação. Mas quando deixa de interpretar para, por assim dizer, atacar e modificar a substância, para dar a si própria um novo texto, então ela deixa de subsistir como teologia. Pois já não interpreta mais coisa alguma, e sim fala por si própria. Isto pode ser chamado filosofia da religião, e como tal pode ser interessante, mas não possui mais razão nem autoridade para além da própria reflexão de quem fala. Fé e teologia são tão diferentes quanto texto e interpretação (Ratzinger, 2016f, p. 80).

Segundo Ratzinger, teologia é interpretação da fé; logo, segundo o significado mais amplo possível de hermenêutica perfilado no capítulo anterior (interpretação), talvez seja possível entender a teologia como hermenêutica da fé. Com tal afirmação, Ratzinger expressa, no mínimo, que a teologia é uma ciência fundamentalmente interpretativa. Portanto, as articulações metodológicas da teologia deverão estar em função de sua tarefa e de sua natureza interpretativa, geralmente em torno das Escrituras, sua alma, como sinaliza a *Dei Verbum*.

Devido à centralidade das Escrituras para a teologia, a problemática em torno dos métodos histórico-críticos tornou-se fundamental para Ratzinger. Esses métodos são os representantes das questões mais urgentes para a teologia contemporânea. Segundo Ratzinger, às suas questões subjazem outras mais fundamentais. As reflexões de Ratzinger quanto aos métodos histórico-críticos podem constituir um bom ponto de partida para a análise e para a compreensão do seu pensamento acerca do método teológico e da natureza da teologia (cf. Grech, 2007, p. 65-67; Uríbarri, 2009, p. 25-66). Nosso autor não publicou uma obra dedicada apenas às questões de método teológico, todavia, refletiu a respeito delas nos textos em que trata da problemática dos métodos histórico-críticos (cf. Blanco, 2018a, p. 15-19). Acerca da natureza da teologia ele publicou alguns textos. No prefácio da obra *Jesus de Nazaré*, e em diversos outros textos, ele reconhece o valor desse método e suas contribuições à ciência da fé. Nosso autor não desqualifica o seu emprego, mas sim justifica o seu uso em decorrência do caráter histórico da revelação e da fé cristã (cf. Ratzinger, 2007a, I, p. 18-19). O fundamento principal da fé cristã, que é também o cume da revelação divina, Jesus Cristo, é um fato histórico. Contudo, Ratzinger é crítico em relação ao seu uso. Pode-se observar que ele faz uma crítica a nível filosófico-hermenêutico, metodológico e teológico. Tais embates são muito notórios principalmente em sua cristologia. Ao contextualizar a problemática também por meio desse eixo temático, tornam-se mais claras as principais raízes desse problema. Em cristologia, é possível testemunhar o autor pondo em prática a sua metodologia, a qual, por sua vez, se relaciona ao emprego e à ocorrência da expressão hermenêutica da fé.

Para Ratzinger, a Bíblia é a principal fonte da teologia; por óbvio, em virtude disso também as questões originadas em torno do uso dos métodos histórico-críticos são fundamentais. Tais questões estão muito atreladas à cristologia, pois para Ratzinger tudo, para a fé cristã, inclusive a teologia, sua natureza e método, dependerá vitalmente de Jesus Cristo. Em relação à Bíblia, existe outro fator marcante para a teologia de Ratzinger, a *Dei Verbum*. Nela, o emprego dos métodos histórico-críticos é fomentado, porém em um conceito de revelação deveras claro, no qual a Bíblia e a tradição estão em correlação. Portanto, para Ratzinger, Escritura e tradição são instâncias inseparáveis. Ou seja, só há verdadeira teologia se Escritura e tradição atuarem em uma única e inseparável dinâmica.

> Hoje em dia, está amplamente difundida, também e sobretudo para os crentes, a ideia de que a fé cristã se apoia em uma revelação de Deus, a qual, tomada em seu conjunto, se cristalizou na Bíblia. Por conseguinte, quando se deseja saber o que foi revelado por Deus, o que se deve fazer é ler e interpretar a Bíblia. Para averiguar o que realmente diz um livro, a ciência moderna definiu os únicos instrumentos possíveis e utilizáveis: o método histórico-crítico e os métodos da crítica literária. Por conseguinte, sob tais pressupostos, teologia só pode consistir em uma interpretação científica da Bíblia, com os mencionados métodos. Todo o restante deve ser rechaçado como relíquia medieval (Ratzinger, 1985b, p. 395-396).

Essa citação remete de forma quase direta a outro catalizador do problema do método e da natureza da teologia: a teologia hermenêutica, tal como representada por Bultmann. Conforme antes apresentado no terceiro capítulo, para essa corrente a teologia é feita tão somente por meio da interpretação exegética da Bíblia. E a exegese é feita exclusivamente por meio dos métodos histórico-críticos. Parafraseando explicitamente a *Dei Verbum*, Ratzinger afirmou que a alma da teologia é a Sagrada Escritura e que os métodos histórico-críticos são imprescindíveis para sua interpretação; todavia, ele entende que é necessário criticar determinados fundamentos filosóficos e teológicos por meio da reafirmação das verdades mais tradicionais acerca do método e da natureza da teologia (cf. Ratzinger, 1985b, p. 395-399). Nos textos referentes a isso, é possível analisar as suas teses e contribuições quanto ao método e à natureza da teologia. A expressão "hermenêutica da fé", como tentativa de caracterizar a teologia e seu método, é tese dessa escola, portanto, o que Ratzinger produziu em torno dessa questão é resposta crítica a essa demanda. No quesito de contexto histórico, Bultmann representa uma das correntes de teologia protestante liberais mais desenvolvidas, e, ademais, é contemporânea a Ratzinger.

Cabe também, antes de iniciar esse capítulo, ter presente ainda outro fundamento do que seja a teologia para Ratzinger. Em sua reflexão *O que é teologia?*, o autor revela algo extraordinário acerca de sua concepção de teologia e do papel da Sagrada Escritura nessa definição. Ao trabalhar com o conceito de teologia formulado por São Boaventura, Ratzinger salienta que para o santo a teologia seria um discurso no qual o sujeito é o próprio Deus e, em virtude disso, só a Escritura é, *stricto sensu*, teologia. Considerando-se a etimologia da palavra e as definições dos grandes doutores, como Santo Tomás, nela, o verdadeiro Deus (*Théos*) é o sujeito falante (*logos*).

> A teologia é uma ciência espiritual. Os teólogos normativos são os autores da Sagrada Escritura. Esta afirmação só é válida não apenas a respeito dos fatores objetivos, ou seja, do que consignaram em seus escritos, mas também – e precisamente – a respeito de sua maneira de falar, já que na Escritura, falava o próprio Deus (Ratzinger, 1985c, p. 386-387).

Neste capítulo, para alcançar a contribuição de Ratzinger para o método teológico e para a natureza da teologia, tendo como eixo articulador a expressão hermenêutica da fé, tratar-se-á, na primeira seção, das questões de cunho pessoal, de cunho filosófico e de cunho cristológico suscitas pelos métodos histórico-críticos, para, dessa maneira, alcançar-se o fundamento do problema, a saber, o objeto ao qual se direciona o diagnóstico ratzingeriano. Em segundo lugar, apresentar-se-á as reflexões críticas de Ratzinger a respeito da relação entre filosofia e teologia, englobando as questões relativas ao estado atual da filosofia e como isso afeta a compreensão da teologia e as relações entre filosofia e teologia, bem como entre fé e razão. Mais adiante será analisada também a conversão cristã e como ela define a natureza da teologia e de seu método. Posteriormente, busca-se apresentar como a *Dei Verbum* é importante para a configuração metodológica de nosso autor. Por último, à guisa de conclusão, delineia-se o significado que a hermenêutica da fé tem na compreensão de Ratzinger.

## 4.1 A problemática dos métodos histórico-críticos e seus desdobramentos na compreensão de natureza e do método da teologia

Nessa seção, primeiramente, tratar-se-á do envolvimento pessoal e do significado que o desenvolvimento da aceitação gradativa e do incentivo dogmático-magisterial acerca dos métodos histórico-críticos tiveram para Ratzinger. Posteriormente, apresentar-se-ão as críticas que Ratzinger fez a alguns fundamentos filosóficos e hermenêuticos dos métodos histórico-críticos. Em seguida, são apresentados os principais elementos refletidos pelo nosso autor quanto à teologia de Bultmann, por ser um grande representante da teologia hermenêutica. Depois, são apresentados os pressupostos filosóficos e metodológicos que, de acordo com as análises de Ratzinger, fundamentam as configurações histórico-críticas das principais cristologias contemporâneas e como elas estão relacionadas ao fundamento hermenêutico-filosófico do método empregado.

### 4.1.1 Impressões pessoais acerca do desenvolvimento da problemática do método histórico-crítico na teologia católica. Testemunho pessoal

O tema da revelação divina sempre foi para Ratzinger de fundamental importância, prova disso é a sua tese de habilitação, intitulada: *Compreensão da revelação e teologia da história de São Boaventura* (cf. Ratzinger, 2015a; 2006, p. 77-90). Ratzinger assume que os estudos a respeito de São Boaventura "influíram em grande medida em sua formação" (Ratzinger, 2015a, p. 288). Os estudos boaventurianos não exerceram influência decisiva apenas nesta temática, mas, de forma ampla, em sua formação (cf. Blanco, 2018b, p. 27-68). A sua tese de doutorado a respeito da teologia de Santo Agostinho já revela a tendência a uma linha de teologia específica, confirmada em sua habilitação. Esta é eminentemente bíblica e eclesial. Tais estudos já demonstravam as linhas teológicas que Ratzinger assumiria.

Na condição de prefeito da Congregação para a Doutrina da Fé, Ratzinger declarou que: "há mais de meio século, o meu percurso teológico pessoal move-se no âmbito determinado por esse tema" (Ratzinger, 2003, p. 175). Nesse recorte temporal, testemunhou o início de relações nem um pouco pacíficas entre os exegetas e o magistério, em decorrência do uso dos métodos histórico-críticos. Além disso, presenciou a atitude equivocada de muitos exegetas católicos, como Karl Holzhey, Fritz Tillmann e Friedrich Wilhelm Meier, seus professores, ao exprimirem o desejo de gozar da mesma liberdade científica e acadêmica dos protestantes, que julgavam a exegese católica atrasada (cf. Ratzinger, 2003, p. 177). Desde cedo, Ratzinger identificou nesses pensadores a crença na possibilidade de se atingir uma completa objetividade histórica à maneira da ciência moderna positivista e historicista, bem como segundo a teologia protestante liberal. Ademais, nosso autor sempre esteve consciente das implicações filosóficas que fundamentavam os pressupostos filosóficos do emprego do método, o que, inevitavelmente, segundo ele, determinaria de antemão seus possíveis resultados (cf. Ratzinger, 2003, p. 178). Ratzinger afirmou:

> Não se lhes perspectivava a questão hermenêutica, ou seja, não se interrogavam em que medida o horizonte de quem pergunta determina o acesso ao texto, tornando necessário esclarecer, antes de mais, qual seja o método justo de perguntar e de que forma é possível purificar o próprio perguntar (Ratzinger, 2003, p. 178).

Desde cedo, Ratzinger pareceu estar consciente de que a verdadeira perspectiva, ponto de partida e horizonte de toda a interpretação bíblica realmente teológica, estava em jogo. Além disso, um dos principais fundamentos desse problema que estava surgindo era eminentemente hermenêutico.

Segundo Ratzinger, a *Divino Afflante Spirito* inaugurou uma nova fase da relação entre os estudos bíblicos e o magistério e uma nova maneira de compreender a revelação, estimulando o uso de métodos históricos (cf. Ratzinger, 2007a, I, p. 12). Depois, segue-se a constituição dogmática *Dei Verbum* (DV), que consolidou positivamente a relação entre a exegese e o magistério; essa constituição, de certa forma, consolida os avanços anteriores. Esse documento põe em relevo a dimensão teológica da Bíblia, a qual deveria ser a base dos trabalhos dos exegetas e teólogos sistemáticos. Além disso, segundo Ratzinger: "a constituição declara que os métodos histórico-críticos têm seus limites, pois não são capazes de compreender a dinâmica divina contida na palavra humana" (Ratzinger, 2003, p. 180). Assim, não somente a Bíblia, mas também os métodos histórico-críticos são postos em seus devidos lugares. Nesse processo, Ratzinger enxerga a inauguração de um novo momento entre exegese e magistério, bem como o seu desenvolvimento.

Para ele, um evento que consolida ainda mais essa nova fase se deu com a reestruturação da Pontifícia Comissão Bíblica (já presidida por ele), a qual deixou de ser um órgão do magistério e passou a ser uma instância de diálogo entre os exegetas e o magistério. Com o texto *A interpretação da Bíblia na Igreja*, publicado em 1993, de sua iniciativa, como declarou o papa João Paulo II (cf. João Paulo II, 2010, p. 6), a comissão elabora as normas que deveriam nortear a interpretação bíblica. Ratzinger considera esse documento o ponto alto do reconhecimento do quanto os métodos histórico-críticos são imprescindíveis para a interpretação bíblica.

Para Ratzinger, os métodos histórico-críticos são extremamente importantes para o caminho teológico. De igual forma, a palavra do magistério, que testifica o valor das Escrituras e desse mesmo método. Ratzinger fundamenta o uso de tais métodos também por meio do que afirma o magistério. O cerne da fé cristã refere-se a um evento histórico, de modo que fugir disso é deturpar a própria fé; portanto, os métodos histórico-críticos são indispensáveis. O magistério reconheceu tal verdade. O que se encontra em sua crítica, presente na maioria dos textos em que trata do tema, é a análise dos pressupostos e fundamentos filosóficos que estão na base de algumas manifestações da exegese histórico-crítica (cf. Ratzinger, 1996, p. 130; 2015b, p. 9-29; 1990, p. 109-128).

> Como tudo o que é humano contém também este método, ao lado de suas possibilidades positivas, certos perigos: a busca do sentido original pode levar a se reter completamente a Palavra no passado e não permitir que seja percebida em sua atualidade. Com isso pode deixar somente a dimensão humana da palavra aparecer como real, enquanto o autor mesmo, Deus, encontra-se fora do alcance, por se tratar de um método que foi elaborado precisamente para a compreensão das realidades humanas (PCB, p. 27).

Fundamentado no magistério, Ratzinger reconhece a imprescindibilidade do método, pois testemunhou o ápice do desenvolvimento controverso dessa questão no seio do magistério da Igreja, bem como a sua gradativa aceitação e incentivo por parte desse mesmo magistério. Portanto, para nosso autor, é mais uma questão das relações metodológicas entre teologia e magistério. A aceitação dos métodos histórico-críticos em teologia é aceitar a palavra do magistério. Os traços metodológicos mais fundamentais do pensamento de Ratzinger não estão apenas baseados na razão e na tradição teológica, mas também naquilo que afirmou o magistério.

### 4.1.2 Aspectos da crítica de Ratzinger a fundamentos filosóficos do método histórico-crítico

Segundo Ratzinger, os debates suscitados pelo uso do método-crítico em teologia revelam algo mais profundo: o abandono da metafísica e da ontologia em direção ao positivismo, ao historicismo e ao relativismo, isto é, tendências filosóficas solidificadas sobretudo com a filosofia de Kant. Tal processo filosófico está estreitamente ligado à história da hermenêutica. Ele direciona tal crítica a aspectos demasiado específicos e delimitados do método teológico e da natureza da teologia, reverberando, inevitavelmente, na problemática dos métodos histórico-críticos. Sua crítica a esse método é também filosófica, e não apenas teológica, eclesial ou magisterial.

Ratzinger entende que, após o Iluminismo, a filosofia que mais marcou o pensamento científico e filosófico foi o pensamento de Kant. Em *Escatologia. Morte e vida eterna* (cf. Ratzinger, 2019b, p. 43-45), de 1977, Ratzinger afirmou que as ciências históricas e humanas foram fortemente influenciadas por ele. Os métodos histórico-críticos se desenvolveram no contexto da ciência moderna, a qual teve sua tradição solidificada com a filosofia kantiana; portanto, é possível identificar, em seus escopos, aspectos claros dessa filosofia. Segundo Ratzinger, em alguns exegetas a consciência filosófica acha-se menos marcada, mas o fundamento na teoria do conhecimento de Kant está implicitamente presente como pressuposto hermenêutico evidente que orienta o caminho da aplicação (Ratzinger, 1990, p. 126). De acordo com Ratzinger, é possível encontrar, em algumas aproximações exegéticas, feitas segundo os métodos histórico-críticos, fundamentos da filosofia kantiana.

Esses elementos tocam direta e negativamente o trabalho teológico. Ratzinger considera existir nesse ponto uma incompatibilidade epistemológica (cf. Ratzinger, 1996, p. 130) e uma abertura ao relativismo (Ratzinger, 1990, p. 119). Segundo ele, a primeira manifestação desse tipo de metodologia exegética se deu na teologia liberal na medida em que, em conformidade com a modernidade filosófica, interpretou Jesus como um grande individualista. Esse Jesus é contra toda instituição, todo culto e toda religiosidade ensinada e vivida pela Igreja. Esse personagem reduz tudo à ética que está ancorada na consciência de cada indivíduo; além disso, esse Jesus nunca planejou fundar uma Igreja ou qualquer nova religião (cf. Ratzinger, 2015b, p. 10).

Nosso autor afirma que, devido à influência da filosofia kantiana no trabalho teológico, foi possível o surgimento da teologia global das religiões ou do pluralismo religioso. Seu expoente mais conhecido é John Hick (1922-2012).

Esse tipo de teologia nega que Jesus Cristo seja realmente o Deus único e verdadeiro que se encarnou na história (Ratzinger, 1990, p. 113-115). Apoiados nas afirmações dos historiadores e exegetas que, por meio do uso dos métodos histórico-críticos, supostamente teriam conseguido provar que Jesus Cristo não se compreendia como filho de Deus, relativizaram tudo o que a tradição teológica havia solidificado. Ratzinger nota, quando analisa essa teologia, que ela está em sintonia com o relativismo segundo o qual não pode haver absoluto na história. O resultado desse processo é um afastamento da verdade de fé defendida pela tradição da Igreja e sustentada pelo magistério. Para Ratzinger, o que se perde, principalmente, está relacionado à questão central da fé cristã: a revelação de Deus na história por intermédio de Jesus Cristo.

Além do fundamento kantiano, Ratzinger também identificou em certas manifestações da exegese histórico-crítica pressupostos marxistas. Para ele, a circunstância social que também proporcionou o surgimento dessa vertente foi o fim da Segunda Guerra Mundial e a divisão do mundo em dois blocos, definindo claramente o mundo dos povos ricos, pautados no modelo liberal, e o bloco marxista, que se entendia como a voz dos povos desfavorecidos pelo sistema global (cf. Ratzinger, 2015, p. 11). Segundo o seu entendimento, esse contexto proporcionou o surgimento de uma interpretação de tipo marxista. A oposição feita pela exegese liberal entre profetas e sacerdotes foi lida em chave da luta de classes. Como exemplo, as categorias opressor e oprimido são utilizadas para interpretar as relações entre clérigos e leigos, respectivamente. A morte de Jesus é basicamente interpretada em favor dos pobres, ocasionada por sua luta contra as instituições, isto é, contra forças opressoras. O caráter escatológico da mensagem evangélica interpretado em chave marxista resulta em que o fim pregado por Jesus é o fim da ordem econômico-social atual de injustiça econômica e de total opressão. Jesus nunca teria pregado em favor do surgimento de uma Igreja institucionalizada, mas sim do Reino. Essa conclusão baseia-se no fato de que a maior parte da pregação de Jesus foi acerca do Reino de Deus e somente poucas vezes em favor da Igreja. Disso deduz-se que sua intenção não era fundar uma Igreja. O Reino, nessa chave de leitura, é uma sociedade sem classes (cf. Ratzinger, 2015b, p. 11-12). Esse modelo tem semelhanças em relação à hermenêutica teológica da teologia da libertação que interpretou a Bíblia, em alguns casos, de forma similar. Ratzinger cita o exemplo de Paul Knitter (1939), que, como as teologias da libertação, também está fundamentado nas descobertas exegéticas com traços marxistas (Ratzinger. *As novas problemáticas surgidas nos anos 1990*, p. 116-119).

### 4.1.3 Fundamento existencialista: crítica ratzingeriana a Rudolf Bultmann

As análises críticas que Ratzinger fez a Rudolf Bultmann não estão ligadas apenas à filosofia que fundamenta o uso do método, mas também a determinadas contribuições originais que o teólogo protestante legou aos métodos histórico-críticos. De certa forma, tais âmbitos são inseparáveis, pois a originalidade legada por Bultmann é marcada pela forma de pensamento filosófico da qual é herdeiro: a filosofia hermenêutica de Heidegger e a teoria do conhecimento de Kant. Nosso autor dedicou atenção especial à análise dessa tendência e a considera uma das que mais marcaram a exegese e a teologia da segunda metade do século XX (cf. Ratzinger, 1996, p. 120-131). Ele esclareceu que, no debate atual, muitos dos aspectos das teorias dessa configuração foram corrigidos e superados, porém seus traços essenciais e suas bases filosóficas continuam a determinar os procedimentos de correntes da exegese bíblica que nele se fundamentam (cf. Ratzinger, 1996, p. 120-121). Ratzinger afirmou que:

> Se Rudolph Bultmann usou a filosofia de Martin Heidegger como veículo para representar a palavra bíblica, então este veículo está de acordo com a sua reconstrução da essência da mensagem de Jesus. Mas esta reconstrução *em si* não é igualmente um produto desta filosofia? De um ponto de vista histórico, quão grande é sua credibilidade? Afinal, estamos ouvindo Jesus ou Heidegger com este enfoque da compreensão? (Ratzinger, 1996, p. 115).

Ratzinger identificou, além do fundamento filosófico, outros pressupostos importantes no pensamento de Bultmann que marcaram a exegese histórico-crítica. Segundo Ratzinger, Bultmann buscou estabelecer critérios literários – por meio da crítica das formas e da crítica da tradição – bastante estritos, supostamente capazes de demonstrar a dinâmica de desenvolvimento dos textos até chegar à sua forma final, a fim de explicar o verdadeiro sentido do texto e as diferentes tradições envolvidas na sua composição. Ratzinger questiona como seria possível chegar às regras fundamentais para depois avaliar seu posterior desenvolvimento. Para Ratzinger, tal empreitada faz a interpretação bíblica restringir-se, muitas vezes, ao nível das hipóteses (cf. Ratzinger, 1996, p. 121-122).

Existe, ademais, outro pressuposto: a noção de descontinuidade. Tal noção se reflete na afirmação de que não é possível apenas uma total ruptura entre o Jesus pré-pascal e o período de formação da Igreja, mas em todas as fases de formação da tradição, porquanto são descontínuas. Os teólogos e exegetas que aceitam esse axioma buscam descontinuidade e contradição interna no processo de formação dos textos. Dessa maneira, o que é original deve ser o mais simples possível, de modo que qualquer sistema mais complexo é um desenvolvimento ulterior da tradição. Quanto mais um texto é considerado teologicamente desenvolvido, mais será avançado em termos cronológicos, ao passo que quanto mais rudimentar, mais antigo (cf. Ratzinger, 1996, p. 122). Para Ratzinger, a definição do que é simples ou complexo é arbitrário, pois dependente dos valores teológicos e filosóficos implícitos de cada exegeta.

Ratzinger considera esse modelo exegético como uma possível forma de transferência da epistemologia científica das ciências naturais para a história espiritual, sendo que esta segue a regras muito particulares. Não se pode sempre considerar que o que é mais recente em uma tradição seja mais desenvolvido que a sua origem (cf. Ratzinger, 1996, p. 123-124). Segundo Ratzinger: "todo julgamento baseado na teoria da descontinuidade na tradição e na afirmação de uma prioridade evolucionária do simples em relação ao complexo pode, pois, ser imediatamente questionado por falta de fundamentação" (Ratzinger, 1996, p. 124). Para examinar os critérios utilizados na determinação do que é mais simples e original, Ratzinger considera importante a distinção entre forma e conteúdo. Bultmann buscava as formas originais a partir das quais todas as posteriores se teriam desenvolvido, crendo na existência de uma forma que resumiria um determinado conteúdo de maneira concisa. Seu interesse se concentrara na palavra, considerada o mais original. A partir desse critério, todas as narrativas e situações nas quais a pregação de Jesus é encontrada teriam sido possíveis acréscimos posteriores. Ou seja, para esse autor, as formas iniciais seriam as pregações de Jesus. Sendo assim, talvez nunca tivesse existido um sermão da montanha, não em relação ao conteúdo, mas sim à forma e ao fato narrado. Levada às últimas consequências a diacronia do método, até mesmo os conteúdos da pregação de Jesus podem ser vistos como acréscimos, a depender do nível de sofisticação da mensagem (cf. Ratzinger, 1996, p. 124-125).

Para Ratzinger, em Bultmann existe outro princípio no qual também subjazem pressupostos marcantes da escola da história dos dogmas e da crítica liberal a toda forma de tradição, as quais se manifestam na solidificação do pensamento pela oposição na qual são encastoados pares de opostos, por exemplo: a palavra contra o culto e a escatologia contra apocalíptica; esses dois pares de opostos representam a oposição que é feita entre judaísmo e helenismo. O diferencial de Bultmann é que ele aplicou tal fundamento na exegese bíblica e na crítica das formas. Assim, o que é helenístico não é palestino, logo, não é judaico; logo, não foi Jesus que disse, pois era palestino, e, obviamente, não é original. Todo elemento helenístico e místico de culto deve ser considerado como não autenticamente de Jesus. Da aplicação desse princípio, o que sobra é um profeta estritamente escatológico, pois a apocalíptica é uma forma helenizada de pensamento escatológico; logo, não pode ser de Jesus, que era palestino (cf. Ratzinger, 1996, p. 126). Ratzinger é consciente que desse enfoque surgiram dois desafios para a exegese. Nosso autor afirma que o primeiro desafio consiste na passagem dessa nova figura de Jesus à comunidade primitiva, que o compreendia de maneira completamente apocalíptica e helenizada. Essa comunidade, como a interpreta Bultmann, cultuava Jesus como Messias, numa mescla de aspectos estoicos e sincréticos. O primeiro desafio foi relativamente fácil de se resolver. A solução encontrada foi afirmar que o conteúdo encontrado no Novo Testamento é fruto de uma comunidade inteira, não de autores individuais.

No abandono do que é considerado helenístico, está um pressuposto da teologia liberal, da qual Bultmann também é integrante. Tal pressuposto é o abandono do dogma para uma maior objetividade histórica. Esse abandono é fundamentado na teoria da evolução histórica do dogma. Se o dogma evoluiu no decorrer da história, que o condicionou, seus conteúdos precisam ser revistos e reformulados. Tal forma de pensar causou, inevitavelmente, segundo Ratzinger, um ceticismo e um descrédito para com todos os dogmas. Para Ratzinger, tal forma de pensamento põe em risco a própria estruturação e o desenvolvimento do método teológico, pois a teologia e o dogma se desenvolveram no diálogo vital com a filosofia grega.

O segundo desafio é encontrar uma forma de tornar a mensagem original de Jesus compreensível para os dias de hoje, para o que Bultmann fez uso da filosofia de Heidegger como chave hermenêutica (cf. Ratzinger, 1996, p. 127) a fim de realizar o que chamou de demitologização e ressignificação existencial. Para Ratzinger, Bultmann buscava ler a Bíblia com a "ideia moderna e científica do mundo" (Ratzinger, 1990, p. 126). Nosso autor entende que esse desafio foi o mais difícil de se resolver. Refutar essa forma de pensamento exige um nível de aprofundamento e uma gama de trabalho muito grande, pois é o mesmo que contrapor a forma de pensar da maior parte da comunidade científica, que dita a cosmovisão atual e que é recepcionada, muitas vezes, sem crítica alguma (cf. Ratzinger, 1996, p. 127-128). Ratzinger deixa entrever que tal missão é complexa e difícil, pois empreende um golpe intelectual ao *status quo* da ciência e da teologia contemporânea.

Tais teorias fazem Ratzinger questionar os resultados que a exegese separada da Igreja e do dogma é capaz de conseguir. Tal exegese apenas alcançará as coisas passadas e levantará hipóteses quanto à origem dos textos e sua relação com a história. Esses resultados apenas seriam verdadeiramente interessantes caso se considere justamente aquilo que a Igreja sempre afirmou, isto é, que esses textos não falam apenas de fatos históricos do passado, mas primordialmente do que é verdadeiro. A atualização dos textos bíblicos por meio de diversas filosofias não torna a exegese teológica cristã autêntica ou atualizada. Para Ratzinger, uma exegese realmente é teológica quando tem como um de seus princípios a leitura das Escrituras como uma totalidade. Para ele, quando a exegese surge da Igreja, ela nos fala do presente, e não apenas do passado. Dessa maneira, os fatos do passado se tornam vivos e verdadeiramente criativos (cf. Ratzinger, 2016c, p. 55).

Segundo Ratzinger, quando em exegese começou a identificar as diferentes camadas do testemunho de Cristo, separando-as e identificando a verdade acerca da mensagem de Jesus nas idades hipotéticas do surgimento de cada camada diferente, a imagem de Cristo foi empobrecida. Para ele, a questão é voltar-se para o Jesus apresentado pelo Novo Testamento. Para Ratzinger, a fragmentação da Bíblia levou a uma espécie de interpretação na qual o que se lê não é mais o texto, mas supostas experiências de supostas comunidades, de modo que tais suposições revelam apenas o sujeito intérprete que cria hipóteses fundamentado em filosofias e teorias literárias. Contra isso, Ratzinger ergue a Igreja e o magistério como as instâncias responsáveis pela defesa do verdadeiro significado do texto.

> Por muito tempo ficou-se com a impressão de que o magistério, isto é, o anúncio da fé da Igreja, forçaria a uma superposição dogmática do texto bíblico, impedindo que fosse tranquilamente interpretado do ponto de vista histórico. Hoje torna-se evidente que só quando se apoia na fé da Igreja é que a seriedade histórica do texto está protegida, tornando possível uma visão literal que não se identifica com fundamentalismo. Pois sem o sujeito vivo, ou se tem que absolutizar a letra ou então ela desaparece na indeterminação (Ratzinger, 2016c, p. 56).

### 4.1.4 Alguns efeitos da exegese histórico-crítica na cristologia segundo Ratzinger

Em *Caminhos de Jesus Cristo*, Ratzinger faz uma afirmação importante para compreender o contexto e as motivações metodológicas e hermenêuticas que marcaram a sua cristologia: "A crise da fé em Cristo começou na época moderna com uma forma diferente de se ler a Sagrada Escritura, a única aparentemente científica, porém o problema a respeito da forma que temos que ler a Bíblia está ligado inseparavelmente ao problema de Cristo" (Ratzinger, 2005c, p. 11). Essa preocupação se encontra na sua obra mais madura a respeito do tema, a trilogia *Jesus de Nazaré*, sobretudo nos dois primeiros volumes lançados. Nela, respondeu a algumas tendências baseadas na exegese histórica-crítica que, como ele entende, decompuseram a figura de Jesus e acabaram por deixar em situação precária a fé cristã, uma vez que, de acordo com muitos deles, a afirmação da divindade de Jesus é um acréscimo posterior à Bíblia; há, além dessa, outras afirmações similares fundamentadas em um uso do métodos histórico-críticos (cf. Ratzinger, 2007a, I, p. 9-19). Observa-se que, no desenvolvimento de sua teologia, Ratzinger sempre buscou responder a tais problemas, desenvolvendo, assim, uma cristologia que buscasse responder àquilo que entendia como o necessário.

Segundo Gabino Uríbarri Bilbao, um dos principais objetivos da cristologia de Ratzinger é mostrar a consistência e a confiabilidade dos Evangelhos quanto à apresentação que fazem de Jesus para, assim, recuperar a fé da Igreja e dos que buscam a Jesus por meio da Sagrada Escritura, sem, com isso, negar o valor da pesquisa histórica e sem renunciar a uma postura crítica (cf. Uríbarri, 2009, p. 25-66). Também segundo José Vidal Taléns, a cristologia de Ratzinger é uma tentativa de resolver a questão metodológica em face do abismo aberto entre o chamado Jesus histórico e o Cristo da fé da Igreja. Para esse autor, a cristologia de Ratzinger relativizou de forma crítica e racional os métodos histórico-críticos, afirmando que esses não são os únicos modos de acesso a Jesus, e, além disso, deixando bem claro a sua necessidade, a qual é motivada pelo caráter histórico do fundamento da fé cristã (Vidal, 2009, p. 67).

Tal questão já estava presente no pensamento de Ratzinger desde *Introdução ao cristianismo*, livro no qual havia tratado essa problemática ao mostrar um panorama a respeito de como as questões cristológicas atuais estão ligadas ao historicismo e à má compreensão de método teológico. Ratzinger identificou, em autores de expressão, o espírito que guia as principais tendência de significativa parte da cristologia. Nessa obra, apresentou o conteúdo do credo cristão, que identifica o homem Jesus encarnado na história como o Filho de Deus. Essa é a afirmação mais importante do Credo cristão, e também o dado mais chocante para a mentalidade moderna (cf. Ratzinger, 2005b, p. 41-48). Na esteira do credo apostólico ele afirmou:

> O ser humano histórico Jesus é o Filho de Deus, e o Filho de Deus é o ser humano Jesus. Deus acontece para o ser humano por meio do ser humano ou, falando de modo mais concreto ainda, por esse ser humano, no qual se manifesta o elemento definitivo do ser humano e que é, justamente nessa condição, simultaneamente Deus mesmo (Ratzinger, 2005d, p. 146).

Essas afirmações são interpretadas pela mentalidade moderna como pretensão e insensatez. Ratzinger pergunta se é possível construir toda a história da salvação a partir de um fato histórico, tendo em vista os pressupostos historicistas do pensamento moderno e considerando a forma como a história é apresentada à luz dos métodos histórico-críticos.

> Se, de um lado, podemos dizer que a imitação dos métodos das ciências naturais no âmbito da história aumenta visivelmente a certeza de seus enunciados, deve-se admitir, por outro lado, que ocorre novamente uma perda considerável de verdade, que é até maior do que na física. Como nesta o ser cede lugar à aparência, assim, na história, passa a ser considerado histórico apenas aquilo que é obtido e apresentado como historicamente válido segundo o método histórico. Quantas vezes se esquece de que a verdade plena da história foge à comprovação por documentos, da mesma maneira que a verdade do ser se furta ao método experimental. Por isso, chega-se à conclusão de que a ciência histórica, no sentido estrito do termo, tanto descobre a história quanto encobre. É óbvio, portanto, que ela possa ver o ser humano Jesus, mas que será difícil para ela descobrir o seu ser como Cristo, porque essa realidade, como verdade da história, não se deixa enquadrar nos procedimentos comprobatórios daquilo que é apenas certo (Ratzinger, 2005d, p. 147).

De acordo com Ratzinger, as origens das diferentes representações históricas de Jesus tiveram início no século XVIII, com base nos métodos de investigação histórica e científica que coincidem com a época de uma filosofia moderna e iluminista já assimilada no pensamento de então. Esse contexto contribuiu para o surgimento de figuras históricas de Jesus adaptadas ao contexto burguês. Ratzinger afirma que a crítica feita por Albert Schweitzer a essa tendência nas pesquisas históricas acerca de Jesus não foi profunda o suficiente a ponto de deixar claro que não se pode separar o permanente e eterno da essência de Jesus das formas históricas em que se configurou. A pesquisa histórica continuou prescindindo da fé, criando diferentes imagens históricas de Jesus e dificultando o acesso ao verdadeiro Jesus, que é o Cristo (cf. Ratzinger, 2005b, p. 57-59). Ratzinger apresentou quatro correntes cristológicas que seguem essa tendência, apensar de terem alguns matizes particulares, mas, no fundo, semelhantes: as de Adolf von Harnack, Rudolf Bultmann, Wolfhart Pannenberg e Jürgen Moltmann.

Em *Jesus de Nazaré*, Ratzinger afirma estar nas antípodas da teologia de Harnack, o qual significa, para ele, o autor que mais divulgou a separação entre o Jesus histórico e o Cristo da fé, considerando esse último como produto posterior do dogma na comunidade eclesial. Ratzinger nota que esse autor retratou um Jesus com o coração voltado completamente para o amor, que coloca a moral no lugar do culto e o individual no lugar do coletivo (cf. Ratzinger, 2005b, p. 57-59).

Segundo Ratzinger, Harnack apresenta uma interpretação do cristianismo marcada pelo antidogmatismo, que, na esteira do liberalismo, desqualifica o credo, buscando comprovar que houve um processo de helenização no cristianismo que se reflete em seus dogmas, principalmente naqueles definidos nos grandes concílios patrísticos e medievais. Uma das afirmações fundamentais desse autor é que não é o Filho, mas o Pai o conteúdo principal da pregação de Jesus. Ele sustentava que a profissão da fé no Filho havia causado mais divisões do que bem, e que a figura do Pai, um Pai comum, seria geradora de união. Buscou opor Jesus ao Cristo para relativizar a figura do Filho e centralizar a do Pai, pois assim, pensava Harnack, se estaria próximo do verdadeiro amor. Quando Jesus pregava o evangelho do Pai ele unia, quando a Igreja dogmatizou a figura do Filho, inserindo-o ao conteúdo central da pregação, causou-se a ruptura. De acordo com essa visão, Jesus havia sido um antidogmático que pregava o amor e era contra a religiosidade de sua época. Assim, ele procurou se aproximar do verdadeiro Jesus da história, o portador do verdadeiro evangelho do Pai (cf. Ratzinger, 2005d, p. 149-150).

Uma das principais razões para a crítica de Ratzinger a essa escola é o seu completo abandono e desqualificação da tradição, dos dogmas, do magistério e dos Padres da Igreja, os elementos que são fundamentais para o método teológico e para correta interpretação das Escrituras. Ratzinger identifica que, nessa corrente, trata-se apenas de traduzir o conteúdo da filosofia moral do Iluminismo em palavras cristãs. Por intermédio de um suposto Jesus histórico, foram reafirmadas as principais teorias ético-religiosas da Modernidade e do Iluminismo.

Essa vertente é também uma das grandes representantes da escola da história dos dogmas, a qual buscou justificar o abandono dos dogmas por meio da argumentação de estarem marcados contextual e historicamente, de modo que, assim sendo, são passíveis de desqualificação por, de maneira deveras pretensiosa, não serem mais capazes de se comunicarem com o homem atual (cf. Ratzinger, 1993, p. 109-116). Segundo Ratzinger, cada dogma formulado na história buscou responder a uma questão específica de um momento histórico específico, e tal formulação de fé deve ser encarada pela Igreja como verdadeira, apesar de estar referida a um contexto. Ratzinger entende que os dogmas abrem o entendimento da fé para verdades mais profundas, são escadas para degraus mais altos. Seu progressismo engloba o que é antigo em busca do novo. Ratzinger é contrário à postura que desqualifica o antigo em busca de um suposto novo sem raízes, bases ou fundamentos (cf. Ratzinger, 1993, p. 125-129).

Ratzinger observou que surgiu também um grupo que buscou fugir do problema histórico. Essa maneira de pensar foi responsável pela consolidação da cisão entre o Jesus e o Cristo. Seus integrantes pertencem à nova geração da teologia liberal, e, como tal, podem também ser representados por Bultmann. Este buscava adequar a cristologia apenas ao que pode ser comprovado historicamente. Tais tentativas, bem como a demitologização e o Jesus existencialista, influenciaram muitos teólogos (cf. Ratzinger, 2005d, p. 146; 2005b, p. 57-64). Essa tendência determinou a forma e o conteúdo de grande parte do pensamento teológico de seu tempo e da posteridade (cf. Ratzinger, 2005b, p. 59). Bultmann testemunhou a mentalidade liberal ser criticada e optou pelo caminho oposto. Para ele, o que interessa em Jesus é tão somente o fato de que existiu. Esse autor acreditava que fé não se refere a hipóteses inseguras, mas ao anúncio da Palavra que abre à existência humana sua verdadeira autenticidade (cf. Ratzinger, 2005d, p. 150). O foco maior está no Cristo da fé. Importante não é a figura do Filho nem a do Pai, mas o conteúdo da pregação. No fundo do programa da demitologização está a seguinte questão: age Deus na história? Para Ratzinger essa questão está ligada diretamente ao abandono da ontologia e da metafísica.

Ratzinger afirma que o amadurecimento filosófico e hermenêutico demonstrou que os resultados teóricos seriam apenas reflexos de uma visão particular (cf. Ratzinger, 1996, p. 115). Enquanto Harnack buscava seu apoio no Jesus da história, prescindindo do Cristo da fé, Bultmann optou pelo Cristo em detrimento de Jesus. Essas duas tendências se situam na teologia contemporânea a partir da segunda metade do século XX. O que as definirá são as escolhas filosóficas ou o espírito do pensamento do momento (cf. Ratzinger, 2005d, p. 148-149).

Outra tendência apresentada por Ratzinger é a representada por Pannenberg. Este tentou comprovar a cristologia clássica representada pelas afirmações do credo apostólico e dos grandes concílios patrísticos e medievais por intermédio da ciência histórica do certo e do comprovável, isto é, como provas de uma real existência histórica de Jesus Cristo. De acordo com Ratzinger, por meio do que foi exposto anteriormente, esse intento não poderia resultar em sucesso, pois o aspecto histórico, no sentido estrito, se limita apenas ao fenômeno. Apenas a história e o fenômeno, mesmo que comprovados, não seriam suficientes. Segundo nosso autor, ao analisar os dados da fé cristã exclusivamente pelo viés histórico, corre-se o sério risco de não se compreender a dinâmica completa da revelação divina, a saber, o desenvolvimento das verdades de fé e a própria natureza da fé cristã (cf. Ratzinger, 2005d, p. 147-148).

A teologia da esperança de Moltmann, outra tendência analisada por Ratzinger, introduz uma nova imagem de Jesus que se foca majoritariamente no futuro e na promessa, com caráter social e político. Trata-se de uma teologia amplamente fundamentada no marxismo. Essa vertente buscou dialogar com as ciências políticas e sociais, majoritariamente de cunho marxista. Em Jesus, repousaria o conhecimento antecipado, provisório e fragmentário do futuro, daquilo que ainda será. Mas essa teologia resultou posteriormente em um Jesus marxista, um Jesus revolucionário, que morreu como um combatente pela libertação política e social. A transcendência do futuro apresentado por Jesus, de acordo com essa teologia, torna-se uma esperança imanente, em algumas configurações e manifestações que são radicais ao extremo (cf. Ratzinger, 2005b, p. 60). Esse Jesus coincide, em suas linhas gerais, com as cristologias frutos da teologia da libertação. Assim, segundo essa visão, Jesus seria o novo Moisés, o responsável pela libertação dos pobres de hoje, bem como da fome e de um sistema econômico desumano (cf. Ratzinger, 2005e, p. 12-19).

Essa última vertente guarda outro problema: a aceitação acrítica dos conteúdos advindos do diálogo com as ciências humanas e sociais para a prática teológica. Ratzinger critica tal tendência por estar baseada em filosofias marxistas. Tal metodologia distorceu os conteúdos centrais da fé cristã. Todas as esperanças no mundo vindouro e na transformação interior por meio da conversão do ser humano foram transformadas em esperanças de cunho político e social e engajamento em uma causa simplesmente mundana. Não se trata apenas de uma questão relacionada aos métodos histórico-críticos, como se pode entrever, mas sim, primordialmente, de um equívoco concernente a um dos eixos metodológicos da teologia, a saber, seu diálogo com as demais ciências. Como mostrado anteriormente, nosso autor considera que para haver, de fato, um diálogo frutuoso da teologia com as demais ciências, porém é necessária uma atuação crítica do teólogo para com os fundamentos mais básicos das ciências.

## 4.2 Fé e razão: teologia e filosofia

Na seção anterior, procurou-se demonstrar que o ponto principal da crítica que Ratzinger faz aos métodos histórico-críticos é de cunho filosófico. Contudo, o problema filosófico identificado pelo autor no emprego do método não se limita apenas a esse âmbito. Ratzinger realizou um diagnóstico extremamente relevante e preciso acerca das questões filosóficas e teológicas do seu tempo. Foi um teólogo que buscou defender as relações vitais existentes entre filosofia e teologia, com matizes especificamente críticos em relação às concepções vigentes em seu tempo. Apesar de ousado, é possível afirmar que Ratzinger também foi, de certa maneira, filósofo. Portanto, implicitamente, ele entreviu que o teólogo, em certa medida, precisa ser também filósofo, ou, ao menos, no seu caminho teológico, debruçar-se em questões de natureza filosófica como um necessário fundamento, reafirmando, assim, um princípio do método teológico estabelecido pela teologia dos Padres Apologetas e pelos padres subsequentes. Só é possível compreender as peculiaridades da visão ratzingeriana quanto ao método e à natureza da teologia ao se atentar para a sua análise das relações entre fé, filosofia e teologia. Para Ratzinger, as grandes questões que a teologia enfrenta acerca do seu método e da sua natureza derivam de modificações em sua relação com a filosofia. Essa relação passa de uma possível contribuição para uma situação de oposição ou até mesmo de ruptura radical. Aqui são apresentadas as opiniões de Ratzinger quanto ao abandono da metafísica e da ontologia tanto na filosofia como na teologia, dado fundamental para compreensão da hermenêutica filosófica e teológica. Ratzinger responde criticamente a muitas teses dessas correntes. Além disso, apresentam-se as teses ratzingerianas acerca da natureza racional da fé e de sua ligação vital com a filosofia, bem como a respeito do consequente e natural nascimento da teologia, e a respeito de como tais fundamentos, se modificados, afetam o todo da teologia e da própria fé.

### 4.2.1 A crise da filosofia e da teologia: o abandono da metafísica e da ontologia

Nosso autor tem uma compreensão deveras específica de filosofia; ele entende que a filosofia deve estar atenta às questões concretas e mais profundas da vida sem se prender a puras questões teóricas. Porém, a filosofia se manifesta por meio de uma forma especulativa de pensamento. Ratzinger não é adepto de uma filosofia específica, mas daquilo que a filosofia tem de mais fundamental e profundo. Para ele, a metafísica e a ontologia são os representantes mais claros das características mais fundamentais de toda verdadeira filosofia. Quando Ratzinger defende a metafísica e a ontologia, não está advogando em favor da filosofia de Platão, de Aristóteles, de Santo Agostinho ou de Tomás de Aquino, mas buscando fazer ressurgir a essência mais profunda da filosofia, aquela responsável pelo diálogo e pela produção mais frutuosa da tradição teológica (cf. Ratzinger, 1985c, p. 380; 2002, p. 69-70).

Segundo Ratzinger, no cristianismo primitivo a relação entre fé e filosofia era, ao menos para a Igreja e para os primeiros teólogos, concreta e natural, isto é, distante de dimensões muito abstratas. Nessa época, Cristo e os cristão foram interpretados pelos padres em analogia à figura do verdadeiro filósofo. O objeto e as principais questões para essa filosofia eram Deus, a morte, o início da realidade e o sentido do homem. Além disso, o filósofo buscava captar o *logos* da realidade e viver à sua maneira, ou seja, a filosofia consistia numa preocupação eminentemente ética. O cristão era o verdadeiro filósofo porque tinha a resposta para tais questões e vivia de acordo com o Evangelho de Cristo, o *Logos* encarnado. Ratzinger afirmou que em tal relação está um dos fundamentos da união entre filosofia e teologia. Em seu entender, as relações entre fé e filosofia foram fundamentais para a compreensão da fé e para a teologia. A compreensão da fé evoluiu na sua relação com a filosofia, ao passo que esta recebeu da fé as respostas que buscava. Tais constatações são fundamento para a crítica que Ratzinger empreende aos filósofos e teólogos dos dias de hoje. Para ele, as relações entre filosofia e teologia também são devidas à forma e ao método especulativo de produção. Ele entende, por conseguinte, que as diferentes exigências racionais podem ser assumidas em conjunto (cf. Ratzinger, 2016b, p. 13-15).

Para Ratzinger, nos dias de hoje, a relação entre filosofia e teologia tornou-se uma questão complexa. Por ser a filosofia imprescindível para a própria fé e para a teologia, é tarefa do teólogo justificar a possibilidade dessas relações de interdependência. O teólogo não pode fugir da responsabilidade de simplificar tal relação e resgatar os fundamentos mais antigos, tarefa que nosso autor assume e executa à sua maneira. Para Ratzinger, tal processo se inicia ao ser definida a concepção de filosofia que permitia a identificação do cristianismo como verdadeira filosofia, bem como as relações vitais entre filosofia e teologia. Tal processo configurou-se como uma distinção inicial entre filosofia e teologia que culminou em oposição entre ambas. Posteriormente, resultou em uma compreensão extremamente distinta do que é a própria filosofia. Para Ratzinger, o início da distinção está no século XIII, no seio da alta escolástica, no qual se passou a compreender a filosofia como atividade intelectual que levanta perguntas e busca as suas respostas apenas por meio de argumentos racionais. Ao contrário, a teologia receberia as suas respostas da fé revelada. Uma pertenceria à ordem natural, enquanto a outra pertenceria à ordem sobrenatural; uma estaria relacionada com a razão pura, a outra com a fé. O nominalismo e a Modernidade filosófica acirraram ainda mais essa distinção. Em Heidegger e Jaspers, a distinção transformou-se em oposição. Aceitar a fé é o mesmo que abdicar da filosofia. Ratzinger salienta que a distinção e a oposição não são defendidas de maneira inaudita apenas por esses filósofos, mas também por teólogos antigos como Tertuliano e por protestantes como Lutero e Barth, os quais defendiam que a filosofia é maléfica para a verdadeira teologia. Para Ratzinger, o cerne desse problema não está na negação de que a filosofia seja uma ferramenta para a teologia, uma ilusão, pois, ao buscar compreender os conteúdos da fé e dele extrair conclusões, o sujeito está agindo filosoficamente enquanto se compreende filosofia como uma atividade essencialmente especulativa. Fazer teologia é também, de certa maneira, um exercício filosófico. O problema está na exclusão da ontologia e da metafísica, bem como na aceitação exclusiva da filosofia da história e do positivismo científico e filosófico como fundamentos metodológicos para a teologia (cf. Ratzinger, 2016b, p. 17-19).

> O verdadeiro elemento impulsionador é aqui a rejeição básica do pensamento metafísico, ao passo que para as ideias histórico-filosóficas a porta permanece amplamente aberta. Pode-se certamente dizer que a progressiva substituição da metafísica pela filosofia da história, que ocorreu depois de Kant, também é substancialmente determinada por estes processos na teologia, e que por sua vez o desenvolvimento filosófico assim ocasionado retroagiu fortemente sobre as opções teológicas. Na situação filosófica assim surgida, para muitos a única coisa filosoficamente razoável parece ser a negação da ontologia, ou pelo menos a renúncia filosófica à ontologia. Não se pode parar na renúncia à ontologia. Com ela cai também, a longo prazo, a própria ideia de Deus, e então passa a ser lógico, ou mesmo a ser a única coisa possível, construir a fé como puro paradoxo, como o fez Barth, ou pelo menos como o tentou fazer. Mas com isso volta-se a rejeitar a aceitação inicial da razão. Uma fé que se transforma em paradoxo a rigor já não pode interpretar nem penetrar o mundo do dia a dia. E vice-versa, não pode viver na pura contradição. A meu ver, isto mostra suficientemente que a questão da metafísica não pode ser excluída da questão filosófica sendo degradada a um resquício helenístico. Quando se deixa de interrogar pela origem e o destino do todo, se está deixando de lado o que é próprio e característico do questionamento filosófico. Apesar de na história, e nos dias de hoje, a oposição contra a filosofia na teologia ser em ampla escala apenas oposição contra a metafísica, e não contra a filosofia em si, o teólogo é o último a conseguir separar uma coisa da outra. E vice-versa, o filósofo que deseje realmente chegar até às raízes não pode se desfazer do aguilhão de perguntar sobre Deus, da pergunta sobre a origem e o destino do ser em si (Ratzinger, 2016b, p. 19-20).

Tais circunstâncias estão relacionadas à questão da hermenêutica filosófica e teológica. A corrente de filosofia e teologia hermenêuticas são, também, resultados do processo de negação da metafísica e da ontologia em filosofia e da aceitação gradativa das filosofias da história, processo filosófico que atingiu frontalmente muitas correntes de teologia modernas e contemporâneas. Tal processo ajudou a cristalizar, para muitas vertentes, a teologia no âmbito do pensamento puramente histórico. Tais pressupostos atingiram também a teologia católica, por isso Ratzinger entende como fundamental essa questão. Ratzinger não é contra a história, a filosofia da história e seus métodos; ao contrário, entende que eles são fundamentais pela própria natureza da fé, que se refere diretamente a um fato: a encarnação, morte e ressurreição de Jesus Cristo, homem e Deus, na história. O problema está na restrição da teologia tão somente a tais esferas. As teologias hermenêuticas tendem a fundamentar-se nas filosofias hermenêuticas que negam a metafísica e a ontologia, bem como naquelas filosofias que também as negaram. Portanto, o tema das relações entre filosofia e teologia está ligado diretamente à questão da hermenêutica da fé em Ratzinger. Segundo nossa hipótese, a hermenêutica da fé diz respeito à natureza da teologia e, portanto, tal questão se justifica pelo fato de que a compreensão do que é a filosofia em si altera frontalmente a compreensão do método, da natureza e da missão teologia.

Ainda no âmbito da filosofia, Ratzinger identifica uma espécie de busca por um positivismo filosófico, uma uniformização da filosofia que tem como paradigma o positivismo empírico das ciências naturais. Segundo ele, de maneira equivocada, a filosofia tem se dobrado aos cânones das ciências modernas, direcionando seu olhar a objetos particulares em detrimento e esquecimento do seu objeto maior: a verdade.

> São duas as saídas que existem, mas que na verdade se reduzem a uma: a filosofia pode tentar ser ela propriamente positiva; mas com isto ela se extingue como filosofia, e a questão da verdade, que um dia foi responsável pelo surgimento da universidade, passa a ser relegada como não científica. Mas como não se pode por muito tempo viver exclusivamente do positivismo, é oferecida uma saída diferente: a verdade não é a medida do homem, é o seu produto. Ela é substituída pela comprovação, pelo resultado. Agora a verdade também pode ser produzida cientificamente; ela está na prática que produz o futuro. Quando o método é desenvolvido como forma de configurar o futuro, a verdade passa a ser método (cf. Ratzinger, 2016b, p. 21).

Para Ratzinger, a crise da universidade é reflexo dessa crise filosófica. Nas universidades, atualmente, só se consideram científicas as ciências históricas e naturais, em muitos contextos a teologia precisou dobrar-se a tais critérios, e, em decorrência disso, abandonou o seu objeto, a verdade, que é Jesus Cristo, fundamento da fé e cume da revelação de Deus. Em muitos contextos, Ratzinger identifica que a teologia é apenas teologia histórica. Se a teologia exclui a ontologia como ponte fundamental para a sua relação com a filosofia, não está em processo de aprimorar-se ou desenvolver-se, mas aferrando em si apenas a pura estagnação. A ontologia é o que sempre tornou possível a tensa relação entre razão e revelação (cf. Ratzinger, 2016f, p. 65-66).

Outra questão importante no que tange à filosofia, é, para Ratzinger, sua crítica à noção de que a teologia prática é a nova saída para a resolução dos problemas da teologia frente às exigências filosóficas e culturais da atualidade. Com seu neomarxismo, a Escola de Frankfurt passou a entender cada vez mais que o critério da verdade é a prática; é verdade apenas aquilo que o homem é capaz de criar, ou seja, é verdadeiro aquilo que é mensurável e relevante na prática. Nessa lógica, um automóvel é mais verdadeiro do que a ideia de conversão cristã, o automóvel funciona e é útil, o homem é capaz de explicar completamente o que significa conversão? Qual é a sua utilidade? Como ela se comprova válida e útil para o mundo? A teologia enxergou, nessa filosofia, uma nova saída para se reapresentar como uma ciência digna. Além disso, a teologia modificou toda a sua antiga fundamentação filosófica e seu método para readquirir seu lugar na universidade e sua relevância social. Isso significa, para a teologia, que não se trata de buscar alcançar a verdade, mas produzi-la por meio de uma prática metódica que se volta apenas para o âmbito social, na maioria das vezes. Por isso, muitas vezes, a teologia limitou-se apenas às questões políticas. Até mesmo a noção do que é método foi modificada. Método não é mais um caminho intelectual e formal que o teólogo deve seguir para produzir teologia, mas uma *práxis* metódica. A teologia prática é o próprio método, pois é o ponto de partida e de chegada para o todo da teologia. Ratzinger, assim, chega a afirmar que nesse processo os teólogos e suas comunidades passaram a ser os portadores mais eficazes do marxismo. Ele entende que não foi o marxismo que conferiu à teologia um novo brilho científico, mas a fé e a esperanças cristãs que forneceram ao marxismo uma nova roupagem (cf. Ratzinger, 2016f, p. 68-69).

Portanto, dessas reflexões críticas realizadas por Ratzinger, é possível entender que uma das tarefas atuais e urgentes do teólogo é, como um dos primeiros passos do seu caminho, empreender uma profunda crítica à filosofia no intuito de reafirmar e recolocar as questões mais primordiais e básicas para, num momento posterior, respondê-las. Disso depende, nos dias de hoje, a própria reestruturação e reavivamento da teologia, que precisa rever criticamente os seus fundamentos. Pelo que foi posto, é possível concluir que, para Ratzinger, é necessário que a filosofia retorne às suas raízes mais antigas e delas extraia novamente a seiva que durante séculos a alimentou.

### 4.2.2 Fé e razão. Fundamento da teologia

Quanto à relação entre filosofia e teologia, Ratzinger não se limitou apenas às análises críticas acerca do estado da filosofia para justificar a metafísica e a ontologia como representantes da essência mais fundamental da filosofia primeva para a teologia, mas intenta também comprovar que fé cristã tem uma relação vital com a razão, isto é, que a fé cristã a pressupõe e a aperfeiçoa. Nesse âmbito, o que Ratzinger apresenta é também de fundamental importância para compreender a sua noção de método e de teologia, bem como a maneira pela qual nasce a teologia e como é o início do seu caminho.

Segundo Ratzinger, a fé representa uma afirmação filosófica quase que de nível ontológico ao professar a existência de um Deus pessoal que exerce poder na realidade (cf. Ratzinger, 2016b, p. 22). O Deus que essa fé afirma como criador e salvador ultrapassa o particular e toca a universalidade da razão humana. Tal exigência racional, segundo Ratzinger, irrompe de forma clara na crítica à religião de Israel pelos profetas e naquela encontrada nos livros sapienciais. Quando criticaram a idolatria, em nome do verdadeiro e único Deus, estão alinhados ao movimento espiritual que ocorreu na filosofia dos pré-Socráticos, os quais criticaram as religiões pagãs gregas. Quando os profetas de Israel defenderam o Deus de Israel como a razão criadora de toda a realidade, tratou-se claramente de uma crítica religiosa em favor de uma visão correta da realidade. Nesse sentido, ela atinge uma exigência universal da razão. Essa crítica religiosa dos profetas é uma das sementes do universalismo cristão. Nessa semelhança de espírito entre a filosofia grega e a profecia está a síntese elementar entre o grego e o bíblico, síntese pela qual tanto lutaram os Padres da Igreja. Para Ratzinger, os padres são também importantes por captarem a primordialidade da relação entre fé e filosofia e por lançarem os alicerces de tal verdade na própria tradição, produzindo uma teologia de acordo com tal fundamento, de modo que se lançou uma das principais bases do método teológico (cf. Ratzinger, 2016b, p. 22-23).

Nosso autor afirma que o Evangelho de João explicita essa síntese:

> A centralização da mensagem cristã no Evangelho de João em torno do conceito de *logos* e *aletheia* não pode ser reduzida a uma mera atribuição de sentido hebraico, em que *logos* fosse apenas palavra no sentido de um discurso histórico de Deus, e *aletheia* apenas a confiabilidade ou fidelidade. E vice-versa, pela mesma razão não se pode acusar João de torcer o elemento bíblico para o helenista. Ele está dentro da tradição sapiencial clássica. Justamente nele se pode estudar o acesso interior da fé bíblica em Deus e da cristologia bíblica ao interrogar filosófico, tanto em suas consequências quanto em suas origens (Ratzinger, 2016b, p. 23).

Por tudo isso, Ratzinger se opõe às ideias que buscam reduzir a fé a um paradoxo ou simbolismo histórico, ou até mesmo a um sentimento ou simples intuição. Segundo ele, os que assim fazem deixam de atingir a posição histórico-religiosa da fé pela qual os profetas, os apóstolos e os padres lutaram. Qualquer tentativa de separação do elemento helenista, com o objetivo de alcançar um fundamento de uma suposta fé mais pura, é um completo equívoco, pois dessa forma se está apenas deturpando as bases mais primordiais da própria fé. Esse é um dos eixos metodológicos específicos que Ratzinger criticará nas teologias protestantes modernas que excluem o dogma objetivando uma análise histórica mais pura acerca de Jesus Cristo.

A universalidade da fé é pressuposta na tarefa missionária, que só tem sentido quando apela para a razão comum da humanidade. Portanto, Ratzinger entende que a fé nesse Deus a expõe inevitavelmente à disputa filosófica. Se ela deixa de apelar para a racionalidade de sua afirmação mais básica em favor de uma fundamentação da fé no paradoxo, então não está no caminho de uma fé mais pura, mas sim abandonando um dos seus fundamentos mais básicos. Além disso, Ratzinger afirma que se a filosofia quiser continuar fiel à sua questão mais primordial terá de se expor à exigência da fé para com a razão. Para o autor, nesse nível, as relações metodológicas entre filosofia e teologia são indispensáveis e constituem um fundamento básico da própria teologia. Portanto, segundo Ratzinger, a própria relação entre filosofia e fé, bem como sua natureza missionária, são constituintes do fundamento da teologia. A racionalidade da fé fundamenta a sua própria natureza eminentemente missionária com o apelo ao que é universal. Tais características refletem na natureza e no método da própria teologia (cf. Ratzinger, 2016b, p. 23).

Ratzinger argumenta em favor da união da fé e da razão, além de também buscar responder à questão da correção da busca por compreender a fé por meio de métodos filosóficos. Assim analisa 1Pd 3,13, que afirma: "Estai sempre prontos para vos defender contra quem pedir razões de vossa esperança". Quando perguntarem pelo *logos* da esperança, devem os fiéis dar a sua *apologia*. O *logos* precisa ser assimilado para transformar-se em *apologia*. O *logos* passa a ser, por meio dos cristãos, *apologia* às interrogações dos homens. Isso parece ser uma compreensão da teologia como exclusivamente defesa da fé, mas essa concepção busca defender a natureza missionária da teologia, em consequência da própria natureza *apologética* do *logos* da fé. Portanto, para Ratzinger, o próprio nascimento da teologia é dependente de certa forma da filosofia, isto é, quando esta é tomada como argumentação racional que busca responder a partir de razões determinadas. A própria teologia manifesta a natureza mais básica da fé cristã. Ela só é realmente missionária quando apela à razão universal humana voltando-se para a verdade. Para Ratzinger, o fato de hoje o elemento missionário estar ameaçado de debilitar-se está associado também à perda da ontologia e da metafísica na atual situação da teologia (cf. Ratzinger, 2016b, p. 24). Portanto, segundo Ratzinger, conclui-se que a perda e as modificações dos fundamentos filosóficos mais tradicionais da teologia em detrimento de outros enfraquecem inevitavelmente a missão da própria fé da teologia (cf. Ratzinger, 2016d, p. 34-37).

Segundo Ratzinger, nos dias atuais, a filosofia é, por muitos, abandonada em favor de outra, semelhante ao que era a gnose combatida pelos primeiros padres. A filosofia sempre foi o ato de perguntar, aberto à permanente interrogação, a qual, sozinha, nunca obteve todas as respostas; contrariamente, a gnose configurava-se como a negação da atitude filosófica, sendo o proporcionar de uma resposta definitiva às questões primordiais da filosofia. A fé defende o que a filosofia tem de grande e, ao mesmo tempo, de mais humilde. Atualmente, o interrogador busca um conhecimento exato que possa ser comprovado. Dessa maneira, a própria filosofia abandona o seu papel de humilde interrogante e dobra-se à dinâmica das outras disciplinas acadêmicas. Ademais, ela também quer ser exata, de modo que, ao assumir a pretensão de tal natureza, abandona o enfrentamento das suas verdadeiras questões e sucumbe às perguntas particulares e limitadas. Segundo Ratzinger, a fé defende a filosofia porque tem necessidade dela. Precisa defender a atitude sempre interrogante do ser humano. O obstáculo maior não está no interrogar em si, mas no fechar-se às interrogações, pois, dessa forma, o homem perde o desejo de fazer perguntas e passa a considerar a verdade como algo inalcançável. Por isso, nos dias atuais, caso a teologia deseje ser realmente fiel à sua natureza mais básica, isto é, a missionária, deve assumir a tarefa filosófica de enfrentar toda a pretensa e nova gnose que faz cessar o impulso mais básico do ser humano, a saber, o incessante interrogar. Se não há perguntas, a fé e a teologia tornar-se-ão inúteis, pois não haverá a necessidade das respostas que têm (cf. Ratzinger, 2016b, p. 25-26).

## 4.3 Nascimento, fundamento e lugar da teologia: fé, conversão e Igreja

Ratzinger também identificou que o pluralismo filosófico, político e ideológico, bem como a democracia, no contexto cultural atual, contribuíram para uma compreensão um tanto quanto deturpada do que seria a verdade, a Igreja, a fé e o magistério eclesiástico. Tais formas de pensamento enxergam nessas instâncias realidades que manifestam uma suposta arrogância em favor de uma verdade que confronta de forma invasiva a pluralidade tolerante defendida nas mais variadas esferas humanas. Para Ratzinger, as noções de liberdade e de pluralismo precisam ser revistas e a compreensão do que é a fé, a conversão e o magistério, reafirmadas (cf. Ratzinger, 2016b, p. 21-24). Tais questões nascem também dos problemas filosóficos apresentados na seção anterior.

Outro problema que subjaz à natureza e ao método da teologia é a cientificidade da teologia e a má compreensão da importância e do papel da história nas questões relacionadas à fé cristã. Por isso, Ratzinger evoca a urgência da correta delimitação da maneira de compreender a natureza da teologia e a compreensão da história e de seu papel no método teológico.

Para Ratzinger, é inegociável a afirmação de que o lugar por excelência da teologia é a Igreja, pois a ela foi confiada a tarefa do cuidado e da propagação da palavra de Deus entre os homens. Portanto, para ele, a teologia é um dom primordialmente da eclesial. A teologia deve estar na Igreja e deve ser praticada a partir da Igreja. A liberdade da teologia é a vinculação à Igreja. Buscar qualquer outra espécie de liberdade é trair a si mesma e a causa que lhe foi confiada. Não pode haver ensino teológico se não houver um magistério eclesiástico, porque, nesse caso, a teologia teria apenas um conjunto de hipóteses, transformando-se, desse modo, em história, psicologia, sociologia ou filosofia da religião. Para os teólogos católicos, em geral, a existência e o papel do magistério em relação à teologia são incontestáveis. Porém, nos dias de hoje, até mesmo para muitos deles, em decorrência do clamor à liberdade científica de uma aceitação acrítica das filosofias modernas e contemporâneas, qualquer espécie de autoridade positiva alheia aos argumentos e às provas racionais é considerada pretensão de poder e de autoridade contra o qual é necessário precaver-se. Se a Igreja e a autoridade eclesiástica forem para a teologia um fato estranho à ciência, então tanto a teologia quanto a Igreja estão em perigo. A Igreja, sem teologia, empobrece sua visão; já a teologia, sem a Igreja, dissolve-se na arbitrariedade. Pensar nessa temática não deve ser a causa de eliminações ou de divisões, mas sim a busca por uma honestidade na teologia capaz de refletir desde os seus fundamentos.

Nosso autor trata desse aspecto na discussão a respeito da importância da conversão para a fé e para a teologia, e de como a natureza da conversão cristã configura fundamental e inevitavelmente o caráter eclesial da fé e, por isso, da própria teologia. Ademais, segundo ele, o papel dogmático do magistério eclesiástico precisa ser pensado e reafirmado, pois dele também depende a firmeza no fundamento das verdades da fé, verdades que desempenham o papel de alicerces para uma teologia fiel à sua natureza.

### 4.3.1 Conversão e fé: pressuposto fundamental para a teologia

Para Ratzinger, a experiência cristã subjetiva inicial mais marcante para a vida do homem é a conversão. Ela define a natureza da teologia, seu fundamento na fé e o seu lugar, bem como a fé da Igreja ensinada pelo magistério. Nosso autor não entende conversão como uma mudança de opiniões, mas como a mudança do próprio sujeito interior, isto é, o dobrar-se da mente a Cristo; a quebra do fechamento egoísta em si em direção à experiencia comunitária (cf. Ratzinger, 1985b, p. 397). Na conversão, o sujeito no qual se manifesta o centro das ações deixa de ser a própria pessoa, a qual morre, dando lugar ao próprio Cristo. O eu desaparece e ressurge um eu maior, completamente transformado (cf. Ratzinger, 1985a, p. 69-74). Tal realidade expressa a profundidade do significado do batismo e, por sua vez, revela que a experiência de conversão não é apenas uma atividade subjetiva do eu, mas sim uma passividade que depende da coletividade e da unidade com Cristo e com o seu corpo, sua Igreja. Por isso, a conversão é fusão do eu ao coletivo comunitário dos vários sujeitos subsistentes no corpo de Cristo. Tal realidade é sacramental, pois se expressa no batismo e depende da Igreja; nela, o eu, por meio dos sacramentos, reveste-se de Cristo (cf. Ratzinger, 2016c, p. 43-47).

Tal dinâmica espiritual é, para Ratzinger, aquilo que proporciona o que é anterior ao sujeito que faz teologia. A teologia cristã pressupõe a fé e vive da tensão entre fé e razão, de modo que suprir isso é desfigurar a teologia. A fé trata da verdade do ser, daquilo que o homem precisa ser para estar certo; é, em suma, um apelo ao intelecto e à razão. Só na fé a verdade se torna acessível. Além disso, ela é uma espécie de nova forma de conhecimento que é dada ao sujeito, a qual ele não pode estabelecer por meio de seus esforços racionais, e sim só pode recebê-la na conversão. Ratzinger entende que o esforço da razão em compreender a própria fé e suas afirmações manifesta-se na analogia, que está sempre no processo de ampliar-se. A fé desenvolve as suas potencialidades quando é pensada pela razão humana em busca de compreensão da própria verdade que ela afirma. A fé faz parte da teologia, sem a qual a teologia é dissolvida. A teologia pressupõe, no pensar, um novo início, o qual só é possível no encontro com a palavra precedente da fé. Aceitar esse novo início é a conversão; portanto, não existe teologia sem fé, assim como não existe fé sem conversão, tampouco conversão sem fé. Para Ratzinger, quanto mais profunda for a conversão e a fé, mais criativa e poderosa será a teologia no serviço dessa própria fé na comunidade que ela faz brotar (cf. Ratzinger, 2016c, p. 48-50).

A fé exige conversão à fé que antecede o sujeito. O que é incorporado ao pensar do cristão não se torna parte dele, mas o cristão que é, objetivamente, dele se torna parte, é nele incorporado, a ele se sujeita. Portanto, para Ratzinger, o novo sujeito pensante é o próprio Cristo. E hoje, o próprio Cristo está presente historicamente na Igreja, seu corpo. Dessa maneira, é possível pensar que, para Ratzinger, é o próprio Cristo, por intermédio de sua Igreja, na condição de o corpo de Cristo, que une passado, presente e futuro, o real sujeito produtor da teologia. É justo pensar dessa maneira, se se considera que Cristo é a cabeça da sua Igreja, a sede de todo o pensamento (cf. Ratzinger, 2016c, p. 50-52).

> A Igreja não é para a teologia uma instância alheia à ciência, mas sim a própria razão de sua existência, o que faz com que ela seja possível. E por outro lado, a Igreja não é um princípio abstrato, mas sim um sujeito vivo e um conteúdo concreto. Este sujeito é, por natureza, maior do que qualquer pessoa individual, ou mesmo do que qualquer geração isolada. A fé é sempre participação em um todo, e precisamente nisto ela é guia para a amplitude. Mas a Igreja também não é um espaço espiritual inapreensível no qual qualquer um possa escolher o que mais lhe agrade. Ela é concreta na palavra comprometida da fé. É a voz viva que fala nos órgãos da fé (cf. Ratzinger, 2016c, p. 49).

Para Ratzinger, a conclusão acima apresentada fundamenta as relações entre teologia e magistério eclesiástico. Ele desenvolverá isso partindo da oposição atualmente feita entre teologia e magistério. Tal oposição é fruto da má compreensão da natureza e do método da própria teologia. Os que defendem essa separação afirmam que o magistério não ensina aos teólogos, apenas aos fiéis, ou seja, é uma instância atrelada apenas às matérias relativas à fé. O magistério e a Igreja são considerados como limitadores da criatividade teológica. Ratzinger entende que os que assim pensam trabalham em uma construção errada de teologia. Essa separação rompe a unidade bíblica entre ensino e anúncio. O anúncio da pregação ensina com autoridade vinculante para o teólogo. Para o autor, a essência do magistério consiste precisamente em que o anúncio da fé constitui o padrão válido também para a teologia, pois é o anúncio da fé que constitui o objeto de sua reflexão. A fé não é um conhecimento inferior, bruto e irrefletido, ela é a medida da teologia, e não o contrário, e, como foi dito, essa própria fé só é fé, no cristão, depois da conversão. Pensar dessa forma é ir contra a própria dinâmica da conversão. Ratzinger defende a ideia de que a Igreja, em seu papel pastoral, está autorizada a pregar e não a expor doutrinas teológicas científicas e que, para a teologia, tal pregação é fundamento inegociável. Apesar dessa vinculação, Ratzinger entende que é necessário garantir o espaço para a responsabilidade da teologia. A teologia só é capaz de produzir frutos verdadeiros quando entender que o magistério e a Igreja lhe são próprios; quando essa verdade for apreendida, será uma força criadora que abrirá à teologia grandes perspectivas (cf. Ratzinger, 2016c, p. 52-55).

Ratzinger afirma que todos os grandes momentos de reavivamento e frutificação renovadora da teologia se deram quando os teólogos se voltaram para união com a Igreja e com a sua palavra de fé, ensino e anúncio. Ao contrário disso, a teologia sempre empobreceu e se tornou irrelevante. A medida de toda a teologia é também o respeito à fé dos fiéis. Nenhum ensino teológico deve perturbar ou causar instabilidade nos fiéis, mas deve sujeitar-se àquilo que o ofício apostólico do magistério ensina como verdade de fé depois de cuidadoso exame. O teólogo não fala em seu nome, ainda que goze de liberdade particular, a qual lhe é conferida juridicamente pela Igreja. Ele é, na condição de sujeito, participante do sujeito que é a Igreja, por isso seu ensino deve alinhar-se com a medida da pregação, do anúncio e da fé, pois é por causa deles que sua tarefa subsiste. É justamente por causa da natureza da fé cristã que é possível a teologia, e não por uma mera fundamentação filosófica a partir das estruturas transcendentais do ser humano. Para Ratzinger, os conflitos teológicos entre teólogos e magistério se resolverão quando

> Todos se deixarem conduzir pela consciência, e quando os comportamentos estiverem basicamente orientados pela conversão ao Senhor, as dificuldades deixarão de existir, embora os conflitos jamais desapareçam de todo. A relação entre teologia e Igreja será tanto melhor quanto mais de um e de outro lado o pensar e o agir tiverem como ponto de partida a união com o Senhor; quanto mais cada um puder dizer, como Paulo: eu, mas não mais eu (Ratzinger, 2016c, p. 59).

Nesse ponto, chega-se a uma compreensão mais aprofundada de uma das palavras que compõem a expressão estudada nessa tese: hermenêutica da fé. Tudo o que foi exposto até esse ponto está em função de definir e compreender o que Ratzinger entende por fé, bem como seu papel para a teologia. Portanto, no conceito ratzingeriano de fé não podem ser excluídas a razão e a filosofia, a conversão à fé da Igreja e a aceitação do magistério em sua atividade dogmática. Mas essa fé não é apenas uma disposição humana, ou um estado de espírito de alguém que crê em algo. A fé que Ratzinger assume é a fé cristã, a fé eclesial, como transmitida pela Igreja Católica. Por isso, quando fala da importância da fé, o conteúdo dessa fé e a sua natureza são bem delimitados. Além disso, a forma dessa fé está associada à conversão, portanto, a hermenêutica da fé não seria apenas a hermenêutica de um sujeito isolado, mas a hermenêutica de toda a Igreja, na condição de corpo único, que une passado presente e futuro, ou seja, tudo o que a tradição dessa Igreja produziu é importante para o pensar teológico atrelado à unidade na cabeça, que é o próprio Jesus Cristo. Portanto, a hermenêutica da fé é uma hermenêutica da conversão na qual o sujeito que guia o pensar não é apenas toda a Igreja e as verdade de fé que ela alcançou nas suas reflexões e definições ao longo de toda a história, mas o próprio Jesus Cristo.

### 4.3.2 A Universidade: a teologia e as outras ciências

Outro catalizador para a reflexão de Ratzinger acerca da confirmação da natureza fundamental e primariamente eclesial da teologia é a possibilidade da sua dupla morada. Nosso autor percebe que, de início, o lugar da teologia foram tão somente os ambientes eclesiais. Com a gradativa transferência da teologia para a universidade, no século XI, ela aprofundou e ressaltou cada vez mais o seu aspecto científico e racional, um avanço positivo. Hoje, a teologia precisa justificar o seu lugar na casa das ciências, a universidade, e por isso muitos teólogos têm entendido que para tanto é necessário abrir mão, ou até mesmo combater, a natureza eclesial da teologia para, assim, firmar-se a teologia como uma ciência digna. Como já se viu, sua natureza está estritamente ligada à fé e ao magistério, que são erroneamente compreendidos por muitos teólogos, segundo Ratzinger, como impeditivos à real reflexão científica e racional da teologia. Ratzinger entende que o problema está no fato de que muitos teólogos esqueceram de que o lugar por excelência da teologia não é a universidade, mas sim a Igreja. O fato de a teologia ter um lugar dado pela sociedade na universidade é um privilégio para a teologia, porém não deve transformar-se, segundo Ratzinger, em desfiguração da sua real natureza. O lugar da teologia na universidade é consequência direta do seu lugar na Igreja e de sua relação com a fé cristã. A teologia apenas será realmente relevante para a sociedade e para a universidade caso se mantenha em ligação com a palavra da fé, que é a verdade. A teologia, dessa forma, será uma memória crítica para as ciências quanto ao seu real objeto, a verdade, do qual, elas infelizmente, têm se esquecido (cf. Ratzinger, 2016a, p. 98-102).

O processo filosófico de abandono da metafísica e da ontologia legou às ciências o pressuposto do abandono da verdade. Ratzinger não é inimigo das ciências, mas afirma a necessidade de que elas retornem à verdade como objeto último do conhecimento. Fazer ciência, para muitos, não é mais uma tarefa de aproximação à verdade do ser, mas uma manipulação do real feita mediante hipóteses probabilísticas. Atualmente, muito se debate o papel das ciências na teologia. Para Ratzinger, antes de qualquer aproximação de conteúdo e de método entre teologia e ciências, aquela deve relembrar criticamente essa, de seu papel de busca pela verdade, caso tenha se esquecido. O objeto da teologia é a verdade, é Deus, seu objeto é amplo e transcendente, universal e global. Os objetos das ciências são particulares, temáticos e devem apontar para a relação com o todo, algo que se perdeu. Enquanto essa relação com a verdade do todo não for reconstruída, a teologia terá sérias dificuldades para se relacionar de maneira cooperativa com elas. Ratzinger não apregoa que a teologia deva prescindir das ciências, do seu conhecimento e do seu legado, mas não se pode deixar de ressaltar que sua opinião é crítica, pois entende que essa relação precisa existir e deve existir, contudo, dentro dos parâmetros adequados e verdadeiros.

#### 4.3.2.1 Natureza teológica da exegese

Ratzinger valoriza a tarefa da teologia, mas a subordina à fé, que lhe é anterior. A teologia, nessa perspectiva, é uma serva da fé. Não apenas isso; nosso autor afirma que a Bíblia deve ser o ponto de partida e o fundamento de toda e qualquer teologia

> A sagrada teologia apoia-se, como em seu fundamento perene, na Palavra de Deus escrita e na sagrada tradição, e nela se consolida firmemente e sem cessar se rejuvenesce, investigando, à luz da fé, toda a verdade contida no mistério de Cristo. As Sagradas Escrituras contêm a palavra de Deus, e, pelo facto de serem inspiradas, são verdadeiramente a palavra de Deus; e por isso, o estudo destes sagrados livros deve ser como que a alma da sagrada teologia (3). Também o ministério da palavra, isto é, a pregação pastoral, a catequese, e toda a espécie de instrução cristã, na qual a homilia litúrgica deve ter um lugar principal, com proveito se alimenta e santamente se revigora com a palavra da Escritura (DV, 24).

Preocupar-se com a interpretação bíblica é estar atento ao fato de que se a Bíblia for interpretada de forma equivocada a teologia pode sofrer prejuízos incalculáveis, pois se a alma está doente todo o corpo pode sofrer. Esse ponto revela outro aspecto do que ele entende como método, até onde a compreensão da natureza da teologia influencia em sua relação com a Sagrada Escritura e com a teologia sistemática.

Para Ratzinger, a exegese bíblica é uma ciência teológica, é o núcleo central do método teológico. Para aclarar a problemática ele cita o exemplo de Gregório de Nissa, o qual enfrentou semelhante polêmica contra Eunômio (335-393). Gregório aconselhava seu opositor a não confundir a teologia com a ciência da natureza, pois a teologia tem relação com o mistério. Ratzinger compara a exegese moderna, histórico-crítica, à postura de Eunômio que relega a compreensão de Deus ao impossível a fim de ser capaz de compreender a mensagem bíblica como uma realidade inteiramente natural e humana, segundo os métodos científicos atuais. Analisar o texto bíblico dessa maneira é não ser capaz de compreender a profundidade e o dinamismo da Palavra de Deus. Nesse texto Ratzinger utiliza a expressão "dissecar" para referir-se ao procedimento metodológico que os cientistas naturais empreendem em seu objeto, como, por exemplo, uma dissecação de um animal a fim de compreender o seu funcionamento biológico. Nosso autor afirma que com as Escritura esse procedimento de ruptura, de separação, tem limites, pois o real significado dos textos bíblicos não é alcançado ao serem analisados de maneira isolada, mas apenas quando tomados em conjunto (cf. Ratzinger, 2017c, p. 423-425).

Conforme apresentou-se na seção 4.1, Ratzinger entende que os problemas da exegese atual estão ligados aos que a filosofia criou para si mesma e para o pensamento científico (cf. Ratzinger, 2016b, p. 13-26). A filosofia fechou-se para a fé ao restringir a racionalidade humana ao puramente positivo (cf. Ratzinger, 1990, p. 127). A exegese, tendo assumido esse pressuposto, limitou-se de igual maneira (cf. Ratzinger, 2005d; Fisichella, 2007, p. 27-43; Ruh, 2007, p. 203-209).

Ratzinger busca compreender a raiz do problema. A questão consiste em compreender e distinguir os dois níveis do texto bíblico, o histórico e o transcendente. Outra questão é a possível contradição entre a racionalidade científica, o que ela afirma ser possível, e o que a Bíblia afirma acerca do mundo. Isso não se equaciona pela simples síntese entre a ciência e a fé, pois o que esta afirma ultrapassa as verdades que a ciência alcança; assim, "trata-se de ver o que pode a razão e por que é que a fé pode ser razoável e a razão aberta à fé" (cf. Ratzinger, 2003, p. 186).

Em "Puntos de referencia cristológicos", capítulo da obra *Miremos al traspasado*, Ratzinger nos dá valorosos elementos que se coadunam ao que tem sido apresentado nessa seção. Esse texto é divido em sete teses, com o objetivo de fundamentar aquilo que ele entende como cristologia espiritual. Na terceira tese ele afirma: "Porque a oração é o centro da Pessoa de Jesus, a participação em sua oração é o pressuposto para conhecer e compreender Jesus" (Ratzinger, 2007b, p. 28). Segundo Ratzinger, o conhecimento teológico, e, nesse caso mais específico, o cristológico, funda-se em certa configuração ou assimilação de quem conhece o objeto conhecido. O semelhante conhece o semelhante. Pessoalmente e espiritualmente, para que haja conhecimento é necessário certo grau de simpatia, pelo qual a realidade espiritual correspondente se faça uma só com o sujeito conhecedor, tornado capaz de compreendê-la. Ratzinger afirma que um dos principais atos de toda a religião é a oração, que, na religião cristã, tem um significado especial, uma atitude humana de entrega, de genuíno sentimento existencial de fé. A oração é um ato central e constitutivo da pessoa de Jesus, a sua comunicação com o Pai. Só é possível conhecer a pessoa de Jesus de forma real ao assumir a mesma atitude que Ele (cf. Ratzinger, 2005b, p. 112-113). A participação na oração de Jesus, que é um ato de amor, de despojamento, não é uma espécie de condição de piedade da leitura do evangelho, mas uma chave que abre a verdadeira natureza do conhecimento de

Deus, que é relacional. Cristologia não é simplesmente sistematização de conteúdos bíblicos, mas conhecimento real e espiritual de Deus por intermédio de Cristo (cf. Ratzinger, 2007b, p. 28-30). Porém, só por meio de uma correta interpretação teológica das Escrituras é possível compreender tais afirmações.

Ratzinger encontra nas páginas do Novo Testamento uma teoria teológica do conhecimento (epistemologia teológica) ligada à oração, no exemplo de Ananias que foi enviado a Paulo a fim de recebê-lo na Igreja (At 9,10-19). A prova que Ananias teria da verdade acerca de Paulo é que ele estaria em oração. Ao rezar, Paulo se liberta da cegueira e caminha em direção à visão espiritual. Ratzinger afirma que aquele que reza começa a ver. A oração é o olho que ama.

> Os verdadeiros avanços da cristologia nunca vieram de uma pura teologia escolar, tampouco da moderna teologia, da história dos dogmas, da antropologia orientada segundo as ciências humanas etc. [...]. Tudo isso é importante, tão importante quanto é a escola. Porém não basta: deve juntar-se à teologia dos santos, que é teologia da experiência. Todos os avanços teológicos reais têm sua origem no do amor e em sua força visual (Ratzinger, 2007b, p. 30-31).

Nessa citação, Ratzinger mostra o quanto o relacionamento da teologia com as demais ciências precisa ser reafirmado, porém feito com o fundamento primordial da fé.

## 4.4 *Dei Verbum*: eixo central para a compreensão do método teológico de Ratzinger

Elemento fundamental para compreender o método teológico de Joseph Ratzinger é a interpretação da Sagrada Escritura inserida em uma instância maior, a revelação. Ou seja, a interpretação das Escrituras é, para Ratzinger, uma tarefa que também é realizada pela tradição e depende dessa mesma tradição para que possa ser, de fato, teologia, pois ela fornece o modelo e os pressupostos. Teologia é também uma tarefa da tradição. Portanto, a *Dei Verbum* assume, no pensamento de Ratzinger, proeminência para compreender a parte positiva e articulada do seu método teológico, o que de certa forma também revela a sua compreensão do que é a natureza da teologia. Nessa constituição, Escritura e tradição são os dois temas implicados na compreensão da revelação. Nosso autor busca delinear o seu trabalho teológico de acordo com ela (cf. Söding, 2007b, p. 21-95). Grande parte das análises que Ratzinger faz dos métodos histórico-críticos têm como pressuposto a constituição. Não é possível compreender os juízos de Ratzinger nessa questão sem antes entender a importância da *Dei Verbum* em seu pensamento (cf. Díaz, 2006, p. 69-84). Por meio desses elementos, que o autor destaca de forma indireta, porém positiva, pode-se compreender melhor seu método teológico. Nessa seção são apresentados aspectos do pensamento de Ratzinger ligados à *Dei Verbum* que explicitam os eixos centrais do seu pensamento relacionados a essa questão: a relação entre Escritura, Igreja e tradição, a natureza teológica da exegese e suas relações com o magistério, bem como as relações entre Escritura, magistério e teologia.

### 4.4.1 Escritura, tradição e Igreja. Princípios articuladores

Segundo Ghiberti, para Ratzinger, não é possível teologia sem interpretação da Bíblia que esteja ligada à tradição, logo, à Igreja (cf. Ghiberti, 2007, p. 45-64). Em seu pensamento, Ratzinger deixa entrever que tradição e Igreja são conceitos necessários para compreensão recíproca, isto é, Igreja, ao menos, é um conceito fundamental para se compreender tradição. Recuperar a confiança na continuidade da memória da Igreja é fundamental e ela está na tradição (cf. Ratzinger, 2004c, p. 77-81). Também, Escritura e tradição são fundamentais para uma metodologia teológica consequente. Essa deve ter um caráter crítico em relação a qualquer forma de pensamento teológico e exegético que a ela se contraponha. Na metodologia teológica de Ratzinger, não é possível pensar Escritura, tradição e Igreja de maneira isolada, como se fossem independentes entre si:

> A compatibilidade com a memória básica da Igreja é a norma para aquilo que se deve considerar como histórica e objetivamente fiel à mesma, em contraposição ao que provém não da palavra bíblica, mas da própria reflexão (Ratzinger, 2015b, p. 12-13).

Para Ratzinger, a verdadeira história é aquela que está em consonância com a memória positiva da Igreja. Para Ratzinger a fé da Igreja não é apenas a chave de interpretação da Escritura, mas também o critério de toda a interpretação, e de seus pressupostos hermenêuticos, filosóficos e ideológicos que se contraponham à fé da Igreja (cf. Blanco, 2018b, p. 19-22). Ratzinger não descarta a possibilidade de que a Igreja possa aprender com o desenvolvimento da história. Cada momento histórico faz surgir novas perguntas à fé, e essas perguntas carregam em si a possibilidade de descobrir novas facetas e aplicações da fé, proporcionando à fé da Igreja um aprofundamento maior no conhecimento da verdade. Porém, a história não deve ser a medida nem o fim da teologia, por isso, uma metodologia teológica estritamente histórica é incompleta (cf. Ratzinger, 2015b, p. 13). Tal questão também está ligada à historicidade e à evolução do dogma. Ratzinger responde a tais demandas ao tratar das relações entre tradição e Escritura.

A resposta de Ratzinger a tais questões podem ser encontradas em suas réplicas dirigidas às críticas empreendidas à forma como o catecismo da Igreja Católica faz uso da Bíblia. Tais críticos afirmam que o catecismo utiliza a Bíblia de forma literalista e fundamentalista, apenas utilizando as Escrituras como uma prova ao que já está afirmado pelo dogma. Tais críticos entendem que a forma correta de interpretar as Escrituras é por meio dos métodos histórico-críticos, porém a hermenêutica por eles defendida é aquela de ruptura com a tradição e com os dogmas (cf. Ratzinger, 2005a, p. 139-160). Nosso autor afirma que os conteúdos fornecidos pela exegese histórico-crítica são um conjunto de hipóteses que mudam a todo instante, de modo que não gozam de consenso entre os exegetas. Em contrapartida, o catecismo é um livro que deve servir como referência segura à fé, um bastião no ensino da doutrina católica. Ademais, o catecismo dedica uma parte especial à relação entre a interpretação da Escritura e o testemunho da fé na qual é questionada a natureza meramente histórica da interpretação da Escritura em contraposição a uma verdadeira interpretação teológica. Essa seção foi elogiada por importantes exegetas, que a consideraram um bom ponto de partida metodológico. Para refletir acerca desse tema, Ratzinger entende que é necessário ter na consciência o que exatamente é a Escritura e o que a torna, em certa medida, heterogênea, cujo tempo de formação engloba, cerca de um milênio, um único livro sagrado que, como tal, é interpretado (cf. Ratzinger, 2005a, p. 143).

Para nosso autor, se essa pergunta é compreendida em sua raiz mais profunda, ficará evidente que esse problema toca a especificidade da fé cristã e sua compreensão da revelação. No prefácio ao livro *Jesus de Nazaré*, ele afirma que a fé cristã está ligada a uma história coerente. Porém, os acontecimentos relatados na Bíblia são significativos para a fé, pois se tem a certeza de que Deus agiu neles de forma específica, e que tais acontecimentos transcendem o tempo e as épocas (cf. Ratzinger, 2007a, I, p. 12-13). As palavras proclamam os acontecimentos e estes dão sentido às palavras. Nesse ponto reside a importância da história bíblica e de sua estrutura, que reflete a história de um povo. Não é, porém, apenas esse povo o sujeito que fala, mas o é também o próprio Deus (cf. Ratzinger, 2005a, p. 144). Assim, Ratzinger afirma que:

> Só o sujeito do qual essa literatura nasceu, o povo de Deus peregrino, faz desta coleção literária, com toda a sua variedade e os seus aparentes contrastes, *um único* livro. Mas este povo sabe que não fala nem age por si, mas é devedor àquele que faz dele um povo: o próprio Deus vivo que lhe fala através dos autores de cada livro (Ratzinger, 2003, p. 180).

Segundo Ratzinger, a figura do autor, um dos dados mais importantes para a exegese histórica, está articulada da seguinte forma: o autor individual é sustentado pelo seu povo. Posteriormente, por meio de outros sujeitos pertencentes a esse mesmo povo, os livros passam por um processo de aperfeiçoamento (cf. Ratzinger, 2007a, I, p. 16-17). Nesse ponto, Ratzinger enxerga o valor da crítica da redação e da tradição (cf. DV, 12). Por meio desse processo se revela a transcendência, que opera de maneira profunda, purificando e fazendo evoluir por intermédio da obra do Espírito que guia os acontecimentos e as palavras (cf. Ratzinger, 2005a, p. 145). Por isso, Ratzinger considera importante que a hermenêutica abarque os aspectos diacrônicos, pois estes revelam o real autor e o sentido da evolução textual (cf. Ratzinger, 2007a, I, p. 14-15).

A reflexão quanto a esse processo de formação dos textos bíblicos revela a complexidade da interpretação, que se agrava ao prescindir da visão crente. Para Ratzinger, quem vive a fé desse mesmo povo, autor humano dos textos e está inserido neste processo é capaz de compreender realmente quem o opera; por isso, o intérprete deve levar em conta a fé para que realmente se possa falar de interpretação teológica. Isso não elimina o aspecto histórico, mas o eleva a uma nova dimensão (cf. Ratzinger, 2005a, p. 145).

Ratzinger apresenta a dupla dimensão da correta exegese bíblica: a histórica e a teológica, ao considerar a Bíblia como uma unidade, um livro Sagrado. Essa última exige que outras metodologias sejam utilizadas (cf. DV, 12). A *Dei Verbum* e o catecismo da Igreja Católica salientam a necessidade de levar em consideração as intenções originais dos autores, seu contexto e cultura, que proporcionam a sua forma de expressão. Mas, para que realmente seja teológica, a exegese deve levar em consideração a unidade vital entre o povo de Deus com o Antigo e Novo Testamento, o conteúdo e a unidade de toda a Escritura lidos na tradição viva de toda a Igreja, prestando atenção à analogia da fé (cf. Ratzinger, 2005a, p. 145-146). Nesse ponto, é possível que Ratzinger esteja também dirigindo uma crítica às teologias liberais que, em nome de uma objetividade histórica na interpretação bíblica, prescindem de todo o conteúdo do dogma, de tudo aquilo que o cristianismo sempre creu como verdade de fé acerca dos conteúdos centrais e fundamentais, como a dupla natureza de Jesus Cristo.

Ratzinger afirma que se pode reconhecer no catecismo da Igreja Católica uma visão correta da interpretação das Escrituras que leva em consideração as tendências da exegese atual. Cita como exemplo a exegese histórico-canônica, também no prefácio ao primeiro volume da obra *Jesus de Nazaré* (cf. Ratzinger, 2007a, I, p. 15-17), que enfatiza a unidade da Bíblia como princípio interpretativo, e, além disso, reconhece a importância metodológica das ferramentas sincrônicas e diacrônicas. Afirma também que o vínculo essencial da Escritura com a tradição é enfatizado por exegetas famosos da atualidade, nas mais diversas confissões cristãs, e que uma exegese separada da vida da Igreja e de suas experiências históricas torna-se uma mera hipótese (cf. Ratzinger, 2005a, p. 148-149). Observa-se que a hermenêutica de Ratzinger é de continuidade e união, não de ruptura, dissecação ou separação, e mais ainda, de aperfeiçoamento, nunca de desconstrução.

Ratzinger afirma que, a partir da complexidade da natureza bíblica, deduz-se que não se pode fixar o significado dos textos apenas pelas intenções históricas do primeiro autor, porquanto esse, na maioria das vezes, é estabelecido de forma hipotética. Como os textos foram formados em um processo de evolução, seu potencial de sentido se abre com amplitude cada vez maior, razão pela qual o texto não pertence a um autor particular (cf. Ratzinger, 2007a, I, p. 15). Por isso, ele não pode estar vinculado a apenas um momento histórico, pois ficaria preso ao passado. Ler a Escritura como unidade significa precisamente que, na história, encontra-se o presente e o futuro (cf. DV 11; Ratzinger, 2005a, p. 146-147).

Nosso autor afirma que a doutrina dos múltiplos sentidos da Escritura, a qual fora desenvolvida pelos Padres da Igreja e sistematizada na Idade Média, é novamente reconhecida como adequada. O primeiro deles, o sentido literal, ou seja, o sentido histórico-literário, busca apresentar o significado de acordo com o momento histórico do texto. O segundo é o sentido alegórico, que teve Orígenes como grande representante, foi pejorativamente rejeitado pela mentalidade científica moderna. A intenção dos padres ao buscar esse sentido era inserir os textos particulares no âmbito do conjunto e elevar o seu significado aos diferentes momentos históricos. O terceiro é o sentido moral, de modo que considera que a palavra de Deus é também orientação, a qual exige do leitor uma postura ética que abranja toda a sua vida. O quarto é o sentido escatológico, chamado pela tradição de anagógico, que destaca a relevância soteriológica dos fatos (cf. Ratzinger, 2005a, p. 147).

Ratzinger entende que essa compreensão da Bíblia, no contexto da história viva e continuada do povo de Deus, conduz a uma importante consideração a respeito da essência da fé cristã. O cristianismo não é uma religião do livro, uma vez que a fé não se refere apenas a um livro; assim, ele se configuraria a única e definitiva instância para o crente. No centro da fé cristã está uma pessoa, Jesus Cristo, Palavra viva de Deus, mediador da revelação e da salvação. A Sagrada Escritura só pode ser corretamente compreendida se mantida em uma relação vital com Ele (cf. Ratzinger, 2007a, I, p. 15). E, dado que Cristo edificou e edifica no presente a Igreja, o povo de Deus, seu organismo vivo, seu corpo, para que haja relação com Ele, é fundamental a relação com o seu corpo vivo, a comunidade eclesial, o autêntico proprietário humano da Bíblia (cf. Ratzinger, 2005a, p. 147-148). Assim, o autor salienta a Igreja como o local apropriado também para a interpretação da Bíblia (cf. Blanco, 2018a, p. 22-30) na qual a sincronia e a diacronia com o povo de Deus é experimentada. Fora desse contexto a Bíblia seria simplesmente uma coleção literária mais ou menos heterogênea. Por isso, não podem ser separadas Escritura, tradição e Igreja.

Na quarta tese que compõe a fundamentação da sua cristologia espiritual, Ratzinger fez uma afirmação que está fundamenta ainda mais o exposto nessa seção:

> A comunhão com a oração de Jesus inclui a comunhão com seus irmãos. O ser, o estar com sua Pessoa, que surge do participar em sua oração, constitui então essa companhia, esse ser-com, abarcador e entranhável, que Paulo denomina "Corpo de Cristo". Por isso, a Igreja – o "Corpo de Cristo" – é o verdadeiro sujeito do conhecimento de Jesus. Em sua memória o passado se faz presente, porque nela Cristo está vivo e presente (Ratzinger, 2007b, p. 31).

Jesus ensinou seus discípulos a orarem dizendo: "Pai nosso" (Mt 6,9). Nenhum homem pode referir-se a Deus como Jesus, apenas na comunidade que Jesus inaugurou, pois todos são criados por Deus uns para os outros; desse modo, assumir a paternidade de Deus é reconhecer esse fato. A verdadeira invocação humana de Deus como Pai só é feita se cada um está realmente voltado para o seu próximo (cf. Ratzinger, 2007b, p. 31).

Ratzinger entende que ainda que Jesus tenha tido uma relação singular com o Pai, ele não abandonou o modelo religioso de caráter comunitário, viveu, como mostram os Evangelhos, a tradição de fé do povo judeu. Sua relação com o Pai também era uma relação com Moisés e Elias (Mc 9,4); nesse diálogo ele superou a letra e abriu o espírito do Antigo Testamento para revelar o Pai no Espírito, mas essa superação não destruiu a tradição religiosa, levou-a à sua profundidade e a seu pleno cumprimento, renovando o povo de Deus, abrindo para todos o acesso ao Pai. Jesus transforma o antigo povo de Deus em novo, acolhendo os que creem nele na comunidade (cf. Ratzinger, 2005b, p. 115).

> Jesus entrou em um sujeito de tradição já existente, no povo de Deus de Israel, por meio de seu anúncio e de toda a sua pessoa, e nele fez possível a convivência, o ser com os demais, por meio de seu próprio e mais íntimo ato de ser: seu diálogo com o Pai. Esse é o conteúdo mais profundo daquele acontecimento com o qual ensinou seus discípulos a dizerem "Pai nosso" (Ratzinger, 2007b, p. 35).

Ratzinger afirma que estar com Jesus e vê-lo pressupõe comunhão em e com o sujeito da tradição viva que a ele está ligada, isto é, a Igreja. Sem ela, a mensagem de Jesus não poderia sobreviver e gerar vida nos tempos futuros da história humana. O Novo Testamento, como livro, pressupõe a Igreja como sujeito, pois cresceu nela e a partir dela. A fé da Igreja é responsável pela sua unidade interna, bem como com os escritos do Antigo Testamento. A união entre tradição e conhecimento de Jesus está patentemente visível nas páginas do Novo Testamento (cf. Ratzinger, 2005b, p. 116).

> Essa união do conhecimento religioso, do conhecimento de Jesus e de Deus com a memória comunitária da Igreja não separa nem dificulta de modo algum a responsabilidade pessoal da razão. Cria, melhor, o lugar hermenêutico da compreensão racional, ou seja, conduz ao ponto de fusão entre o eu e os demais, e assim se transforma no âmbito de compreensão. Essa memória da Igreja vive por ser enriquecida e aprofundada pela experiência do amor que adora, porém também pode ser purificada sempre de novo pela razão crítica. A eclesialidade da teologia, segundo resulta do dito, não é, portanto, nem coletivismo teórico cognoscitivo nem uma ideologia que viola a razão, sim um espaço hermenêutico que a razão necessita simplesmente para poder atuar como tal (Ratzinger, 2007b, p. 37).

Nessa citação, Ratzinger lança luz na questão hermenêutica; embora não use o termo hermenêutica da fé, o autor deixa deveras claro que a correta interpretação das Escrituras se dá na comunidade de fé. Essa comunidade de fé é uma espécie de espaço racional que proporciona a correta interpretação bíblica. Nessa passagem, Ratzinger também associa a hermenêutica à própria teologia, deixando implícito que a teologia é uma atividade hermenêutica e que essa hermenêutica é eclesial porquanto depende da tradição, ou seja, é uma hermenêutica da fé. Interessante notar que Ratzinger emprega o termo razão, mas, obviamente, a significância desse termo para nosso autor é aquele doado pela tradição filosófica mais clássica. Mas, apesar disso, ele entende que é necessário englobar na compreensão da razão teológica a tarefa hermenêutica, muito enfatizada pela teologia moderna e contemporânea. No entanto, como tudo o que Ratzinger reflete e aglutina em sua teologia – não poderia ser diferente com a hermenêutica – é preciso uma ressignificação crítica para que se possa realmente fornecer aquilo que ela tem de bom e de verdadeiro para ciência da fé.

### 4.4.2 Escritura e magistério. Fonte e guarda da teologia

O desejo de que a teologia se isole da Igreja e se constitua como uma ciência autônoma sem ligações com a autoridade eclesial, com a fé e com o magistério trouxe consequências muito graves à ciência da fé (cf. Ratzinger, 2016c, p. 39-43). Nesse âmbito, Ratzinger defenderá aquilo que sempre foi fundamental para o método teológico, a saber, o dogma e a palavra do magistério.

Ratzinger defende que o magistério tem relações com a exegese, pois está a serviço da Sagrada Escritura e da tradição, e essas estão englobadas em um horizonte maior, que é a divina revelação. Assim, salienta-se a autoridade do magistério da Igreja (cf. Ratzinger, 2003, p. 183) uma que, nela, vive a tradição que a alimenta e da qual a Igreja depende diretamente para desenvolver-se em um processo que recebe sua dinâmica do Espírito Santo (cf. Ratzinger, 2005a, p. 148). Em determinados casos em que a fé era posta de lado e os resultados da exegese e da teologia eram contrários ao dado de fé da Igreja, o magistério interferiu para salvaguardar a fé e o fez não apenas reafirmando a fé da Igreja, mas corrigindo certas concepções filosóficas e metodológicas e, sobretudo, reafirmando o que a Bíblia tem de especial: a natureza divina e transcendental da Palavra de Deus. O magistério é responsável e foi fundamental para que a Bíblia tivesse a sua justa hermenêutica (cf. Ratzinger, 2003, p. 175-187). Dessa forma, evidencia-se o quanto são importantes no pensamento de Ratzinger a fé da Igreja, a tradição e o magistério para uma crítica saudável e uma hermenêutica correta que possibilite à Bíblia apresentar o mais profundo do seu ser, a revelação de Deus. Somente assim a exegese pode dar a sua específica contribuição à teologia:

> A fé vem antes da teologia; ela é a busca de compreender a palavra que não foi inventada por nós, que desafia nosso pensar, mas nunca submerge nele. Esta palavra que antecede a pesquisa teológica é a medida da teologia; ela necessita de seu órgão próprio, o magistério, que Cristo entregou aos apóstolos e através deles a seus sucessores (Ratzinger, 2016a, p. 91).

A teologia, de acordo com as palavras de Ratzinger, é uma serva da fé sujeita ao magistério (cf. DV, 23). A partir de sua experiência pessoal, na condição de teólogo, nosso autor confessa que nunca buscou construir um sistema de teologia próprio e que sempre buscou pensar com a fé da Igreja e de seus grandes mestres. A teologia não é uma ciência como as outras, é ciência da fé, feita na comunidade de fé, a partir da fé e para a interpretação e explicação da fé, de modo que não prescinde do seu caráter missionário a serviço do evangelho e do reino de Deus.

> Não poderia conceber uma teologia puramente filosófica. O ponto de partida é, primeiro, a Palavra. Que acreditemos na palavra de Deus, que procuremos conhecê-la realmente e compreendê-la, e que pensemos com os grandes mestres da fé. A partir daí, minha teologia está um pouco marcada

> pela Bíblia e pelos Padres da Igreja, sobretudo por Santo Agostinho. Mas procuro, naturalmente, não me deter na Igreja antiga, mas ter presentes os grandes cimos da fé e também integrar o pensamento contemporâneo no diálogo (Ratzinger, 2005f, p. 54).

Um dos eixos metodológicos na cristologia de Ratzinger é a importância dada ao desenvolvimento do dogma cristológico nos grandes concílios ecumênicos, principalmente os dos primeiros séculos. Nosso autor entende o valor desses grandes acontecimentos da história da Igreja para a compreensão da cristologia devido ao valor que ele reconhece na tradição. Os dogmas são dados da revelação, pois são frutos da tradição, e, em virtude disso, iluminam o conteúdo da Bíblia e são por ela iluminados.

Segundo Vidal, em Ratzinger, com as formulações dogmáticas não se perde em matéria cristológica; pelo contrário, ganha-se consideravelmente. Uma cristologia atenta à herança eclesial não trai a história e o testemunho bíblico. O dogma está a serviço da Palavra de Deus, para uma verdadeira cristologia bíblica, por isso ajuda de forma precisa como instrumento heurístico de investigação teológica acerca da identidade de Jesus (cf. Vidal, 2009, p. 68).

Pode-se encontrar nessa convicção uma resposta de Ratzinger às críticas liberais aos dogmas. Como exemplo, pode-se ver a relação entre o título bíblico Filho de Deus e o dogma cristológico já presente no pensamento de Ratzinger desde *Introdução ao cristianismo*. Nessa obra, Ratzinger reflete acerca do tema com profundidade (cf. Ratzinger, 2005d, p. 161-170). O tema reaparece em seu texto "Pontos de referência cristológicos".

> O núcleo dos dogmas definidos nos primeiros concílios eclesiais consiste em afirmar que Jesus é o verdadeiro Filho de Deus, que possui a mesma essência do Pai e, por meio da encarnação, também possui a mesma essência que nós. Em última instância, essa definição é a interpretação da vida e da morte de Jesus, que sempre estiveram determinadas por seu diálogo filial com o Pai. Portanto, não é possível separar ou opor uma cristologia dogmática e outra bíblica, do mesmo modo que não se pode separar cristologia e soteriologia. Do mesmo modo, cristologia de cima e cristologia de baixo, teologia da encarnação e teologia da cruz configuram uma realidade indissolúvel (Ratzinger, 2007b, p. 38).

Ratzinger entende que os primeiros concílios, ao usarem o termo "Filho da mesma essência", buscavam traduzir o testemunho bíblico em linguagem filosófica e teológica. Ratzinger analisa a oposição, deveras difundida, segunda a qual a Escritura, de origem hebreia, e o dogma, de origem grega, vivem em duas culturas diferentes. De acordo com ela, a transformação dos testemunhos bíblicos em um pensamento marcado pela filosofia grega alterou o testemunho bíblico a respeito de Jesus, transformando-o em aporias filosóficas e interpretando-o como doutrina ontológica estranha à Escritura (cf. Ratzinger, 2007b, p. 38-39).

Segundo Ratzinger, o Concílio de Niceia, ao afirmar "da mesma essência do Pai", vai além da linguagem bíblica. Esse fato despertou diversas disputas desde a época de sua definição até nossos dias. Muitos o acusaram de desvio não apenas de linguagem, mas do modo de pensar bíblico. Só é possível responder a essa interpretação ao se precisar exatamente o que significa a expressão "da mesma essência". Ratzinger afirma que a expressão nada mais é do que a tradução da palavra "Filho" em linguagem filosófica. Mas qual o sentido dessa tradução quando aplicada a Jesus? A palavra "Filho" é de uso comum na linguagem religiosa. Porém, quando referida a Jesus ela ganha um sentido pleno e completamente novo, de modo que não se trata apenas de uma metáfora ou de um simbolismo.

Quando o Concílio de Niceia usa essa expressão, quer afirmar que a palavra "Filho" quando aplicada a Jesus, é segundo "... o máximo grau da realidade da palavra. Central do Novo Testamento, a palavra Filho, deve ser compreendida literalmente" (cf. Ratzinger, 2007b, p. 43). Assim, o Concílio não afirmou nada de novo, apenas defendeu o termo de todo o simbolismo. Jesus não é simplesmente designado "Filho de Deus", Ele o é. Dessa forma:

> Deus não permanece eternamente escondido sob nuvens de imagens que cobrem, mas que manifestam. Ele, sendo Filho, toca realmente os homens e se deixa tocar realmente por eles. Quando o Novo Testamento fala do Filho, rompe o véu das imagens da história das religiões e nos mostra a realidade, a realidade que podemos estar, viver e morrer (Ratzinger, 2007b, p. 44).

Ainda quanto aos dogmas cristológicos e sua relação com a cristologia bíblica, Ratzinger afirma:

> Para uma correta compreensão da unidade interior da teologia bíblica e da teologia dogmática, de teologia e vida religiosa, a denominada teologia neocalcedônica, recapitulada no terceiro Concílio de Constantinopla (680-681), cumpre um papel importante. Só a partir desta teologia se abre plenamente o sentido do dogma de Calcedônia (451) (Ratzinger, 2007b, p. 45).

Essa afirmação de nosso autor não consiste no fato de que ele faz uma escolha por uma corrente de interpretação do dogma cristológico, mas sim em uma opção que reflete a sua decisão em valorizar metodologicamente o conteúdo do dogma e da tradição da Igreja (cf. Uríbarri, 2014, p. 108-109).

A redescoberta do valor do dogma evidencia as relações existentes entre cristologia e soteriologia. Assim, Ratzinger dialoga com o que a teologia contemporânea afirma acerca delas. No debate a respeito de Cristo se fala da libertação, da salvação do homem. Nosso autor se pergunta o que, na verdade, liberta o homem e para quê? O que significa libertação? Pode o homem ser livre fora da verdade? Ratzinger afirma que para ser realmente livre o homem deve ser "como Deus" (cf. Ratzinger, 2005e, p. 11-39). Para ele, a verdadeira liberdade está na verdade. Querer ser como Deus é a medida de todos os programas de libertação da humanidade. Querer ser livre está na essência do homem. Uma verdadeira antropologia da libertação deve levar em consideração a seguinte pergunta: Como o homem chega a ser como Deus? Quando pensa a respeito de todas essas questões o homem toca no problema ontológico, que hoje está desprestigiado pelo pensamento positivista. As ciências atuais contribuíram para uma melhor compreensão do ser humano, porém não podem anular a questão fundamental acerca a origem e do destino do homem. Essas perguntas ligam-se à questão de Deus (cf. Ratzinger, 2007b, p. 39-41).

Dirscherl afirma que a "teologia de Ratzinger provém da cristologia. Em Cristo nos encontramos frente ao Deus feito homem, ante o amor encarnado de Deus em pessoa" (cf. Dirscherl, 2007, p. 99-100). Por intermédio de Cristo se dá o acesso humano a Deus. Uma exegese do Novo Testamento que deixe de lado essas questões erra no fundamental. Nesse ponto, Ratzinger considera que uma das afirmações mais importantes dos Evangelhos acerca do ser de Jesus, que se manifesta na oração, revelando-o como Filho, não somente toca o centro da questão fundamental do homem como também responde às suas questões acerca da libertação e da salvação. Por meio da inserção na oração de Jesus, o homem entra em contato com a verdade mais íntima do seu ser, tornando-se assim possível a sua divinização e, por conseguinte, sua verdadeira libertação.

> Quando se fala da relação filial de Jesus com seu Pai, tocamos no centro da pergunta pela liberdade e libertação do homem, sem a qual todo o mais se move no vazio. Uma libertação do homem sem divinização, sem tornar-se como Deus, engana o homem e sua aspiração ao infinito (Ratzinger, 2007b, p. 42).

Além de serem, segundo Ratzinger, pressupostos corretos para interpretação bíblica, os dogmas possibilitam entender as relações existentes entre a cristologia bíblica e a soteriologia. A análise da valorização metodológica dos dogmas cristológicos em sua teologia tem, aqui, a intenção de demonstrar a importância da tradição no seu pensamento como fator de compreensão do dado bíblico em toda a sua profundidade.

Ao apresentar esse aspecto do pensamento do teólogo alemão em conexão com temas soteriológicos, intentou-se mostrar como a compreensão bíblica em conexão com o dogma torna possível uma análise mais profunda das relações existentes entre cristologia e soteriologia bíblicas.

### 4.4.3 Magistério e dogma

Ratzinger identifica que a questão acerca do dogma também atingiu, nos dias de hoje, uma importância fundamental para o esclarecimento de aspectos importantes acerca do método e da natureza da teologia. O início do problema reside, segundo ele, na discussão cada vez maior do caráter condicionalmente histórico e cultural de toda a linguagem dogmática. A afirmação de que a fé não pode ser transmitida em fórmulas definitivas, mas, para que possa ser transmitida, o mesmo conteúdo precisa sempre ser verbalizado em novos termos, não é descartada completamente por Ratzinger, porém ele busca esclarecer em que sentido isso pode ser verdadeiro. Ratzinger entende que o dogma expressa as verdades de fé em linguagem humana e por isso mesmo abrem o espaço para novas formulações sem abandonar as antigas. Nosso autor identifica nessas teorias progressistas quanto à evolução e à historicidade do dogma uma espécie de intenção velada que objetiva principalmente descartar o magistério e o dogma como se fossem entraves para a teologia. Para ele, a fé cristã, por estar vitalmente relacionada com a verdade, deve ter um conteúdo bastante definido capaz de ser compreendido por qualquer ser humano, pois todos usufruem da capacidade existencial de serem atingidos pelas verdades mais profundas. O dogma e o magistério são necessários justamente por isso, pois, em determinados momentos, a Igreja precisa reafirmar as verdades de fé mais essenciais e imutáveis por meio de uma instância que é o magistério (cf. Ratzinger, 2016f, p. 77-80). No tocante a esse ponto, Ratzinger afirma:

> Então a própria Igreja precisa ter voz; precisa estar em condições de manifestar-se como Igreja e de distinguir a verdadeira fé. Isto significa que fé e teologia não são a mesma coisa, que cada uma possui uma voz própria, mas que a voz da teologia é dependente da voz da fé, e está relacionada com ela. Teologia é interpretação. Mas quando ela deixa de interpretar para, por assim dizer, atacar e modificar a substância, para dar a si própria um texto novo, então ela deixa de subsistir como teologia. Pois já não interpreta coisa alguma, e sim fala por si própria. Isto pode ser chamado de filosofia da religião, e como tal pode ser interessante, mas não possui mais razão nem autoridade para além da própria reflexão de quem fala. Fé e teologia são tão diferentes quanto texto e interpretação. A unidade baseia-se na fé, o

campo da variedade é a teologia. Neste sentido, precisamente o aderir à fé como ponto de referência comum torna possível a pluralidade na teologia (cf. Ratzinger, 2016f, p. 80).

Ratzinger afirma que a fé da Igreja não existe apenas como um conjunto de textos, mas os textos existem porque existe um sujeito correspondente no qual eles encontram sua razão de ser e sua razão interior, e essa razão é também a própria fé. Do ponto de vista histórico, nosso autor entende que a pregação dos apóstolos criou a Igreja como uma espécie de unidade histórica do sujeito. O sujeito se torna crente ao se unir a essa comunidade de tradição, de pensamento e de vida, de modo que chega, assim, a uma maneira específica de entender sua linguagem e seu pensamento. A fé é, a um só tempo, um crer com toda a Igreja, e, por conseguinte, o crer cristão é eclesial. Portanto, a apostolicidade da fé justifica a existência do magistério na Igreja como o resguardador da verdade, que sempre poderá ser apreendida de uma forma mais profunda. Ratzinger assume que quanto mais a linguagem humana se aproxima, por meio de analogias, assim como o foi na linguagem bíblica, à verdade, mais espaço ela abre para novas compreensões e aprofundamentos, os quais não desqualificam ou descartam as verdades dogmáticas de fé antigas, pois elas são os degraus da escada para se chegar a patamares de conhecimento teológicos e de fé cada vez mais altos (cf. Ratzinger, 2016f, p. 77-84).

Outra questão importante para a temática do magistério e do dogma reside, para Ratzinger, no fato de a teologia ter ganhado nova proeminência na Igreja como resultado da apropriação que os padres conciliares do Concílio Vaticano II fizeram da teologia de finais do século XIX e XX. Tal fato fez com que os teólogos se sentissem os verdadeiros mestres dos bispos. Segundo o que fora apresentado no segundo capítulo dessa tese, algumas teologias desse período foram reconhecidas como fecundas para Igreja, e, em virtude disso, serviram de inspiração para as novas reflexões acerca da fé e das questões refletidas nesse Concílio, mas a decisão do que seria apresentado como palavra do concílio continuou sendo prerrogativa dos bispos. No contexto cultural do pluralismo e da liberdade de pensamento, a figura do magistério passou a ser considerada um resquício de um passado autoritativo, ao passo que os teólogos passaram a ser compreendidos como representantes da liberdade de pensamento científico. Para Ratzinger, essa questão toca, no fundo, as relações entre fé e razão. Como já foi explicitado, o magistério tem a missão eclesial de guarda da fé, daquilo que Deus revelou aos homens na condição de palavra de salvação, de verdade para a humanidade, enquanto a teologia:

> É reflexão do que nos foi dito por Deus, do que foi pensado por Deus. Quando abandona essa base sólida, ela dissolve-se como teologia, e então torna-se inevitável a queda no ceticismo, a divisão da existência em racionalismo e irracionalismo (Ratzinger, 2016a, p. 89).

Apesar de o magistério gozar da proeminência e da palavra definidora nas questões de fé, segundo Ratzinger a teologia não é simplesmente uma função auxiliar do magistério. Ela não se limita a reunir argumentos para o que é apresentado pelo magistério. Pois, nesse caso, magistério e teologia estariam próximos da ideologia, a qual versa apenas acerca da conquista e da manutenção do poder. A teologia tem uma origem própria, que é dupla. A primeira está ligada ao dinamismo voltado para a verdade e para a compreensão que se encontra na fé, e a outra origem se encontra no amor, o qual deseja conhecer melhor a quem ama. Cada uma dessas origens está voltada para uma direção. A primeira, busca o diálogo externo; é missionário; busca o diálogo com toda a verdadeira racionalidade. A segunda, voltada para dentro, busca compreender, fundamentar e aprofundar-se na lógica e na profundidade da fé e, por isso, está tão ligada ao magistério (cf. Ratzinger, 2016a, p. 90).

Ratzinger também entende que o teólogo tem uma missão eclesial e uma relação de dependência vital com o povo de Deus como portador do senso da fé e como lugar comum de toda a fé, de todo o magistério e de toda teologia. Ratzinger relembra que os dogmas dos últimos 150 anos foram possíveis graças a essa ligação. Muitas conquistas dogmáticas de fé da Igreja só foram alcançadas porque o magistério e os teólogos se deixaram guiar pelo senso de fé (cf. Ratzinger, 2016a, p. 90). Esse fato é para Ratzinger um dos fundamentos da eclesialidade natural da teologia, sem a qual ela se perde. A teologia não se confunde com a ideia de um sujeito apenas. A igreja é o lugar onde são preservadas as experiências de fé feitas com Deus ao longo de toda a história. Se o teólogo se aparta dela, perde a pureza e a verdade da fé.

> Compreende-se, assim, que para o teólogo duas coisas sejam essenciais; por um lado o rigor metódico, que faz parte da atividade científica; o documento, então, aponta para a filosofia, e para as ciências históricas e humanas como parceiros privilegiados, e para o teólogo. Mas por outro lado ele necessita também de participação interior na vida da Igreja; da fé, que é oração, meditação, vida. É só dentro deste conjunto que existe teologia (Ratzinger, 2016a, p. 91).

A relação da teologia com o magistério surgirá de maneira inevitável, pois a Igreja precisa ter voz própria, que antecede a toda a teologia. Essa voz é também responsabilidade do magistério na condição de carisma de ensino, pregação e proclamação.

> A fé vem antes da teologia; ela é a busca de compreender a palavra que não foi inventada por nós, que desafia nosso pensar, mas que nunca submerge nele. Esta palavra que antecede a pesquisa teológica é a medida da teologia; ela necessita de seu órgão próprio, o magistério, que Cristo entregou aos apóstolos e através deles a seus sucessores (Ratzinger, 2016a, p. 91).

Para Ratzinger, a autoridade do magistério não anula o vigor da teologia, que, de fato, tem carisma diferente do seu; ao contrário, é graças também ao papel do magistério, em sua guarda da fé, que a teologia não se aparta da pureza da sua fonte, isto é, daquilo que a mantém.

> Quando a teologia se organiza pelo princípio da maioria e cria um magistério oposto que oferece aos fiéis formas de ação alternativas, deixa de realizar o que para ela é essencial. Passa a ser um fator político, manifesta-se em estruturas de poder e insiste no modelo político da maioria. Ao separar-se do magistério ela perde o chão debaixo dos pés, e quando se afasta do terreno do pensamento para o jogo do poder falsifica também sua natureza científica, dessa forma perdendo as duas bases de sua existência (Ratzinger, 2016a, p. 92).

Para Ratzinger, se se compreende a verdadeira natureza, o verdadeiro método e a verdadeira missão da teologia, não haverá oposição entre ela o magistério porquanto, munidos dessa noção, os teólogos serão capazes de compreender a importância vital do magistério para a fé da Igreja, pois fé e Igreja são as bases de toda e qualquer verdadeira teologia.

## 4.5 Considerações conclusivas

Para Ratzinger, o verdadeiro fundamento hermenêutico pode ser encontrado quando se alcança a consciência de que, quanto ao aspecto particular, existem método diferentes, porém com características semelhantes: um fundamento, que, quase sempre, expressa a filosofia do seu tempo (cf. Ratzinger, 2015b, p. 12). Se determinadas correntes exegéticas marcadas filosoficamente foram responsáveis por produzir teologias que abriram mão da fé defendida e propagada pela comunidade eclesiástica, é sinal de que seus pressupostos contrariam, ao menos em parte, a tradição de fé (cf. Ratzinger, 2015b, p. 12). Portanto, é possível afirmar que a hermenêutica correta deve ser fundamentada pela tradição de fé. Nesse sentido, para Ratzinger, é importante a noção de continuidade, isto é, de uma hermenêutica da continuidade. Do que essa tese analisou, Ratzinger não se aproxima ou deixa entrever em nenhum texto familiaridade com hermenêuticas da ruptura. Ao contrário, foi delas um crítico.

Ratzinger afirmou que: "O método histórico-crítico e outros métodos científicos mais recentes são importantes para a compreensão da Sagrada Escritura. De todos os modos, seu valor depende do contexto hermenêutico em que são empregados" (cf. Ratzinger, 2007b, p. 51). Logo, de acordo com o que foi apresentado no terceiro capítulo, é possível afirmar que Ratzinger entende que a capacidade hermenêutica é uma característica fundamental para se compreender melhor não só a própria razão como também a razão teológica. Se ele não está completamente de acordo com as filosofias hermenêuticas da contemporaneidade, ao menos reconhece uma de suas principais ideias: a interpretação é uma das potencialidades mais fortes da razão humana. Não é possível negar que Ratzinger tenha associado a hermenêutica às questões fundamentais acerca do método e da natureza da teologia, ao passo que também não é possível afirmar que tenha, de maneira explícita, adotado a hermenêutica filosófica e teológica à maneira de Claude Geffré e de Bultmann.

Com efeito, Ratzinger se pôs a questão: "Qual é a hermenêutica que conduz à verdade e como pode legitimar-se uma hermenêutica?" (cf. Ratzinger, 2007b, p. 55). Em seguida, respondeu que a legitimação de uma determinada hermenêutica, de acordo com a natureza científica do termo, é encontrada quando é capaz de clarificar, quanto menos violenta for e quanto mais respeitar os resultados em sua objetividade, desde sua lógica interna, tornando compreensível sua unidade interior. Quando uma hermenêutica age da maneira oposta, ela revela a sua invalidade. Para ele: "a hermenêutica que permite esse resultado é a hermenêutica da fé" (cf. Ratzinger, 2007b, p. 54-55). A partir dessa citação e do que já foi exposto, é possível aproximar Ratzinger à hermenêutica de corte mais tradicional, a qual foi unânime até a Modernidade filosófica.

Ratzinger afirmou que a hermenêutica da fé aplicada à interpretação bíblica se configura como a leitura das Escrituras na comunidade viva da Igreja, levando em consideração a eficácia histórica da Escritura que foi capaz de constituir essa mesma Igreja. Segundo ele, o texto não pode ser separado desse contexto vivo. Para ele, esse contexto é a própria tradição, a Igreja, a fé, a história da Igreja, a revelação. Outro dado que caracteriza a hermenêutica da fé é a necessidade de uma leitura canônica da Bíblia em que ela é lida como uma unidade e como um movimento dinâmico no qual cada passo obtém seu significado a partir de Cristo, a quem se dirige esse movimento. Nesse ponto específico, revela-se de forma clara a sua ideia de uma hermenêutica da continuidade em oposição a uma hermenêutica de ruptura. Por isso as questões histórico-críticas em cristologia foram para ele fundamentais, pois em sua grande maioria foram bastiões de uma crítica em favor de toda a ruptura com a cristologia firmada pela tradição teológica bimilenar representada pelos dogmas e pelos grandes concílios. Ratzinger afirma que esses traços configuram a hermenêutica da fé, que está baseada na lógica intrínseca das Sagradas Escrituras, e até mesmo, com a sua lógica de formação, permeada pela fé. Sem a fé, a Escritura não seria nem sequer Escritura, mas sim uma coletânea heterogênea de literatura que não poderia ter nenhum significado normativo hoje (cf. Ratzinger, 2019a, p. 593-594).

Para Ratzinger a hermenêutica da fé é capaz de conservar todo o testemunho das fontes. Ela tem o potencial de respeitar e avaliar positivamente toda a sua multiplicidade e diferença, pois tem a visão de unidade. As aparentes contradições encontram seu espaço. A doutrina das duas naturezas da Sagrada Escritura, a divina e a humana, abre um horizonte que une e configura as aparentes oposições da tradição e da Escritura, resultando, desse modo, em uma totalidade. A hermenêutica da fé, na amplitude de sua visão, transcende as diferenças culturais dos tempos e dos povos; não exclui nenhum povo ou cultura, mas insere-os na unidade superior da Palavra encarnada que os purifica e traz à tona sua verdadeira profundidade. Desse modo, a hermenêutica da fé pode unificar todo o mundo levando-o à plenitude de Deus. Ela não violenta a história, mas abre sua verdade, estando de igual forma aberta a toda verdade real (cf. Ratzinger, 2007b, p. 55).

Ratzinger vê a fé como uma chave hermenêutica. Nas palavras do nosso autor:

> Se ela [a exegese] deseja ser teologia, deve dar um passo além. Ela deve reconhecer que a fé da Igreja é aquela forma de "simpatia" sem a qual a Bíblia continua sendo um livro fechado. Ela deve chegar a reconhecer essa fé como uma hermenêutica, o espaço de compreensão, que não faz violência dogmática à Bíblia, mas exatamente permite a possibilidade única de a Bíblia ser ela mesma (Ratzinger, 1996, p. 139-140).

Ratzinger não emprega aqui a expressão hermenêutica da fé, porém quando afirma "fé como uma hermenêutica", quer que a fé seja o fundamento hermenêutico. Se para Ratzinger, fundamentado explicitamente e, por óbvio, na *Dei Verbum*, a Escritura é a alma da teologia e a hermenêutica da fé é o fundamento de toda exegese, torna-se claro o quanto a hermenêutica da fé é fundamental para o método teológico de Ratzinger. Nesse contexto, o autor parte de uma análise crítica da teologia de Bultmann, o qual afirmara que a teologia é simplesmente exegese bíblica. Nesse ponto em específico nosso autor faz uma conceção, ainda que com ressalvas, ao teólogo protestante. Ratzinger aceita o fato de que a teologia é interpretação e que a exegese é uma das disciplinas mais importantes, porém, segundo ele, na hermenêutica o fundamento deve ser a fé e não uma filosofia contemporânea.

Quando Ratzinger trata das teologias contemporâneas e as critica, observa-se que sempre toca na questão do emprego dos métodos histórico-críticos. Tal fato revela que para ele as teologias do presente tempo estão, em sua grande maioria, calcadas nesse método. Em virtude disse, para muitos teólogos a Igreja, o magistério, os dogmas e tradição foram deixados de lado, e são esses os elementos que Ratzinger considera fundamentais em sua hermenêutica da fé. Portanto, para ele, a hermenêutica da fé é o critério que cumpre o papel de princípio interpretativo e de referencial crítico para a compreensão da natureza da teologia e para a constituição de seu método. Tais pressupostos também estão de acordo com as suas afirmações de que a teologia é interpretação da fé.

# 5
# Conclusão

Em vista do objetivo principal, obteve-se a noção de que o método teológico de Joseph Ratzinger é, intencional e confessadamente, simples. Ele sempre se expressou em favor da simplicidade e da continuidade. Jamais arrogou para si qualquer forma de sofisticação; ao contrário, sempre foi humilde e baseou a sua reflexão no que já estava consolidado e afirmado pela tradição de fé da Igreja. Não buscou, com seu método ou com sua teologia, amoldar-se a uma forma específica de filosofia, apesar de defender ferrenhamente o valor desta para a fé e para a teologia. Em decorrência do primeiro objetivo específico, chegou-se à conclusão de que, ao fazer teologia, a qual é para ele uma ciência de natureza espiritual eminentemente interpretativa, Ratzinger sempre recorreu primordialmente às Escrituras. Com sua teologia, não buscou quer ser original, quer trazer qualquer espécie de novidade, de amoldamento ao pensamento do seu tempo; ao contrário, buscou responder ao presente, reafirmando a fé da Igreja, e, para tanto, à palavra do magistério, ao Dogma, à teologia que o precedeu e à filosofia. Em seu método, a palavra do magistério e o dogma são como uma espécie de controle de qualidade, um termômetro, um guia, uma régua. Isso não significa que tenha fugido da profundidade e tenha apenas cumprido a função de um mero replicador de conteúdos tradicionais, muito pelo contrário, pois é reconhecido justamente por ser um pensador que atingiu o cerne dos principais problemas da teologia contemporânea e a eles respondeu à altura. Atrelado a isso, nota-se que sua teologia, assim como a teologia dos primeiros padres, tem um caráter apologético, de defesa em favor da fé, que parte do pensamento humano e responde aos seus anseios mais profundos por meio da revelação divina.

Para Ratzinger, a teologia é também uma ciência especulativa, o que se mantém de acordo com a natureza interpretativa, pois, como se demonstrou no terceiro capítulo, a interpretação é também uma espécie de exercício especulativo. Assim, especular é buscar atingir conhecimentos novos por meio dos que já estão consolidados. A interpretação busca compreender o texto, para, de maneira mais aprofundada, alcançar novos conhecimentos. Além da natureza interpretativa, a teologia é uma ciência de natureza eclesial e espiritual; a prova disso é que nosso autor advogou amplamente em defesa da conversão e da fé como pressupostos fundantes, em defesa da Igreja como o lugar por excelência, bem como do dogma e do magistério. Ratzinger sempre declarou abertamente que as Sagradas Escrituras só são consideradas um livro especial por estarem em união indissolúvel com a comunidade que a criou, que a reconheceu e que a interpretou por meio da tradição.

A Sagrada Escritura é a alma, o centro, a principal fonte de toda a reflexão teológica, de modo que toda interpretação está, no fim, a serviço de sua elucidação. Desde os primórdios da história do método teológico, como buscou-se apresentar no segundo capítulo, a Bíblia figurava como tema dos principais debates, e assim o foi em todas as épocas. As principais questões teológicas estavam relacionadas às Sagradas Escrituras. Por isso, como evidenciado no quarto capítulo, a problemática do método histórico-crítico foi importante para atingir o cerne do seu pensamento. No segundo capítulo, ficou patente que a questão histórica adentrou a teologia de maneira mais intensa a partir do século XVIII, e que nos séculos XIX e XX tornou-se um pressuposto fundamental para o método teológico, de modo que atingiu frontalmente o papel das Escrituras para a teologia e a maneira como ela deveria ser tratada. No terceiro capítulo mostrou-se como, nesse mesmo período, a filosofia iniciou o processo de abandono da metafísica e da ontologia em direção ao positivismo e ao historicismo, fatos que igualmente atingiram a teologia. A esse respeito, Ratzinger defendeu e buscou mostrar a correta relação entre teologia e história. O tema da história está ligado ao da interpretação das Escrituras, que passou a ser considerada apenas mais uma fonte histórica de fatos passados. Ratzinger identificou e se opôs à corrente de teologia que sucumbiu a essa consideração. Tal problemática se inicia, para Ratzinger, com o abandono da metafísica e da ontologia; eis, portanto, sua compreensão de que a filosofia continua sendo essencial para o método teológico. O processo que se desdobra na teologia é também fruto do que ocorreu na filosofia, não obstante, como buscou-se demonstrar no segundo e terceiro capítulos, houve grande abertura para as novas filosofias e ciências por parte da própria teologia.

No terceiro capítulo, perseguindo de forma integrada e inseparável os objetivos específicos, buscou-se mostrar como a hermenêutica teológica está ligada a tais problemas; porque ela, como também a filosofia hermenêutica, são representantes de formalidades de pensamento que aderiram ao historicismo e ao abandono das filosofias mais tradicionais. A teologia hermenêutica é importante para a análise da compreensão da natureza da teologia e do método teológico de Ratzinger, pois os problemas e as questões que ela suscita são recepcionados e respondidos pelo autor. Além disso, essa corrente marcou de forma profunda a teologia contemporânea, tendo um círculo de alcance deveras próximo a Ratzinger. Exemplo disso é, no contexto alemão, as teologias Bultmann, de Ebeling e de Fuchs. Não é possível considerá-lo um integrante dessa corrente. Contudo, como visto, é possível afirmar que ele tem uma compreensão específica de que a teologia é uma ciência de caráter fortemente hermenêutico. O método da teologia hermenêutica protestante é dependente do histórico-crítico, e nisto Ratzinger afasta-se completamente dela, pois além de criticar o método, mesmo não tendo dele se afastado, mostrou que fazer teologia, além de interpretar as Escrituras, implica articular a interpretação histórica à fé da Igreja, ao magistério e ao dogma como instâncias mediadoras da verdade de fé. A teologia não se restringe a fazer análises de cunho histórico; ela consiste em demonstrar que a história bíblica aponta para algo muito maior. Uma das características que o une a tal vertente é a afirmação de que a teologia é uma ciência fortemente interpretativa, bem como a afirmação da centralidade das Escrituras para a teologia. Porém, ao contrário da teologia hermenêutica protestante, Ratzinger buscou reafirmar tais instâncias e defendê-las como pressupostos hermenêuticos fundamentais para a correta interpretação, em teologia, e para a própria teologia em si, pois apesar de ser uma ciência interpretativa, a teologia é também defesa da fé, e tal tarefa é realizada também por meio da reafirmação e da propagação das verdades já consolidadas. Em relação a este último aspecto, Ratzinger se opõem à teologia hermenêutica de cunho católico representada por Geffré. Tal corrente entende que as verdades precisam ser reformuladas e reinterpretadas em direção à evolução. Ratzinger aceita a evolução do dogma, mas não pela reinterpretação, e sim pelas novas aplicações que as verdades de fé estão aptas a fazer em novos contextos históricos, resultando em maior aprofundamento e compreensão das verdades de fé. Ou seja, o novo, o mais perfeito, o mais profundo, são alcançados ao se aprofundar e se reapropriar do que é mais antigo.

Ratzinger está próximo de Lonergan pelo fato de que tentou, tal como fora apresentado no terceiro capítulo, uma síntese entre a metafísica e a hermenêutica. Dessa forma, afirmou o caráter interpretativo da teologia em resposta às filosofias mais recentes. O que foi possível verificar é que a proximidade entre tais autores está basicamente restrita à aceitação de que a teologia é uma ciência de natureza interpretativa e de que a metafísica continua sendo uma filosofia imprescindível para a teologia. Ratzinger entende que muitos dos problemas enfrentados tanto pela teologia e quanto pela própria filosofia estão ligados à suposta morte da metafísica.

A interpretação das Escrituras deve estar em continuidade com a tradição. As Escrituras não são pretexto para desconstruí-la, para criar algo novo que lhe é independente. Segundo Ratzinger, grande parte da teologia moderna protestante, em algum nível, prescinde da tradição, em direção a um historicismo que acredita ser possível uma objetividade pura dos fatos passados. Um dos objetivos de Ratzinger é blindar a teologia católica de tal tendência. Qualquer espécie de pressuposto é interpretada de forma negativa. Nesse aspecto, Ratzinger está de acordo com as correntes de filosofia e de teologia hermenêutica que consideram a análise dos pressupostos como instrumento para uma interpretação mais eficaz e sóbria. Autores como Schleiermacher, Gadamer, Heidegger, Bultmann, Fuchs, Ebeling, Geffré e Lonergan buscaram mostrar que o intérprete deve atingir o pressuposto ideal para cada tipo de objeto a ser interpretado. Ratzinger concorda com tais afirmações, porém, no que tange ao pressuposto ideal, ele se afasta por completo dos autores citados, pois para nosso autor, o pressuposto, a chave que articula o todo, é a fé. Ratzinger afirma que os conteúdos da tradição e da fé são imprescindíveis para uma interpretação bíblica que deseja ser realmente teológica. Assim, em seu entender não existe uma teologia produzida apenas com os conteúdos da tradição, como também não existe outra produzida por meio de uma interpretação bíblica que não esteja em continuidade com a tradição de fé da Igreja. Em suma, é impossível compreender a noção de revelação separando-a de sua transmissão por meio da Escrituras e da tradição.

Acerca das relações entre a teologia e as outras ciências, Ratzinger entende que, assim como em relação à filosofia, a teologia precisa estabelecer, antes de qualquer diálogo, uma postura crítica. A tal tema também está ligada à compreensão da teologia como ciência cujo paradigma é aquele tal como é praticado pelas ciências naturais nas universidades. A ciência contemporânea baseia-se em hipóteses e dá passos baseando-se em conclusões que são, na verdade, afirmações prováveis, nunca verdades consolidadas de forma definitiva. Segundo Ratzinger, em decorrência disso, as ciências deixaram de anelar pela verdade e, nalguma medida, a teologia aderiu a tais pressupostos. Além disso, como fundamento geral, as ciências precisam de liberdade e, se a teologia é também uma ciência, também necessitará desse atributo. Assim, muitos consideram que, nesse sentido, o magistério e o dogma são entraves. Em resposta a essa crítica, Ratzinger afirma que a maior parte das ciências tem perdido de vista a verdade como objeto último do conhecimento. Para ele, a problemática em torno das ciências é um ponto de partida para reafirmar a natureza específica da teologia. Nosso autor quer demonstrar que a natureza e o método da teologia são diferentes dos métodos das demais ciências. Em seu método, Ratzinger não buscou um diálogo com as ciências da maneira como Teilhard de Chardin o fez com as ciências naturais, bem como o fizeram as teologias políticas representadas por Moltmann, Metz e pelas teologias da libertação em diálogo com as ciências sociais e políticas. Ratzinger afirmou, de maneira categórica, que a ciência precisa redescobrir a verdade como seu objeto. A prerrogativa da liberdade é frustrada ao perder-se de vista a verdade. A ciência é, para Ratzinger, um dos veículos que, assim como a filosofia, apresenta os anseios mais profundos da humanidade, aos quais apenas a revelação divina tem a resposta.

No método teológico de Ratzinger, a filosofia cumpre um papel importante, sendo responsável pela aproximação à razão humana, como também expressa o caráter missionário e científico da teologia. Em sua teologia, a forma filosófica de pensar cumpre um papel crítico com relação à própria filosofia. Para Ratzinger, um dos principais valores da filosofia reside no fato de que ela torna possível a permanência da atitude interrogante no ser humano, mantendo-o aberto às questões quanto ao seu fim, ao seu propósito, ao seu início, ou seja, às perguntas mais fundamentais acerca da vida humana. Se ela perde essa característica, precisa ser criticada a fim de que possa fornecer à teologia um ambiente aberto às respostas que só a fé cristã pode oferecer. A hermenêutica figura entre as principais temáticas filosóficas da atualidade. A teologia anterior a Ratzinger buscou responder a esse fato, como demonstrado no terceiro capítulo, o que resultou na corrente de teologia hermenêutica, que possuiu considerável força no ambiente alemão; tais fatos, como foi possível observar, não foram ignorados por Ratzinger, ao contrário, ensejaram, no pensamento de nosso autor, matéria para embate e para uma nova contextualização da natureza, do método e da missão da teologia.

Ao compreender a teologia como hermenêutica da fé, Ratzinger está em diálogo profundo e crítico com as principais correntes teológicas do século XX e do momento presente. Com processo analítico rigoroso, ele acolhe as contribuições que considera válidas, refuta argumentativamente o que nelas considera incompatível com a natureza eclesial e missionária da teologia e propõe uma forma de fazer teologia que esteja apta ao diálogo com os principais desafios de nosso tempo. A partir dessa compreensão hermenêutica revisada e crítica, o autor realiza um tratamento metodológico peculiar das fontes do saber teológico e dá uma importante contribuição para a discussão do método teológico.

# Posfácio

## Das nossas perguntas às respostas do Mestre

Muito ainda se sente das consequências do pensamento que se manteve em evidência pelos últimos séculos a respeito da relação entre as Sagradas Escrituras e o dogma de fé, as quais promoveram não só verdadeiro antagonismo cronológico entre as realidades que foram descritas pelo Novo Testamento, mas também o aparecimento tardio de opiniões e de argumentações que pretensiosamente deveriam constar como influências da filosofia e da cultura pagã, numa espécie de contaminação do pensamento original deixado por Jesus Cristo.

A possibilidade de se alcançar um conceito fidedigno e confiável passou a ser sustentada pelo dever camuflado de um método hipotético com a finalidade de se filtrar os ensinamentos cristãos de qualquer interferência posterior, pelo menos na medida em que a hermenêutica bíblica continuasse a lançar mão dos critérios de ortodoxia e de antiguidade.

Todavia, para onde estávamos sendo levados se aquilo que parecia ser índice de ortodoxia e antiguidade, objetivamente, já não era mais aquilo que os primeiros cristãos entendiam por ortodoxia e por antiguidade? Observando os Padres da Igreja dos primeiros séculos, notaremos que aquilo que usualmente concebiam como antigo não se determinava por algo condicionado ao fato do seu conteúdo pertencer a tradições seculares ou milenares, mas se mantinha como um conceito resultado da precedência do *Logos* divino à autoridade dos autores e mestres da história. Desse modo, Justino Mártir afirmava que Cristo era mais velho do que Moisés e do que Platão, elencando, assim, o cristianismo, o judaísmo e a filosofia a partir de uma escala axiomática comum de verdades hierárquicas e interdependentes (I Apol. 59,1-6).

Por isso, ao defender que "não se deve estimar nenhum homem acima da verdade" (II Apol. 8-9,6), insiste que não devem ser revestidos de autoridade aqueles anciãos que ensinam suas doutrinas, mas agem com perversidade e impiedade (I Apol. 2,2). Logo, para os antigos, o critério de antiguidade não se sustentava apenas quanto à experiência dos anciãos e dos presbíteros, nem tampouco quanto à opinião, ao convencimento ou à demonstração de suas doutrinas.

Em contrapartida, parece ser óbvio que, para o cristianismo hodierno, o acesso à "verdade" acabou se tornando algo que depende ainda mais do critério de antiguidade com base nos métodos historiográficos e, ao mesmo tempo, de modo que não mais importa a questão acerca da moralidade dos autores ou das fontes em questão.

Onde permanece, então, a confiança da fé que sustentou a profissão do apóstolo ao afirmar que não há alternativa, senão permanecer junto do mestre para garantir a certeza das palavras de vida eterna? (Jo 6,68). O anseio destas palavras, no mínimo, nos posiciona entre o critério de antiguidade e o critério de ortodoxia. Consola-nos, em meio à turbulência e às reações que promovem a suspeição do dogma, saber que nesse versículo não estão apenas todas as respostas que deveríamos encontrar, refletir e ruminar, mas, sobretudo, as mais frágeis e insignificantes perguntas que pudemos ter feito até então: "Senhor, a quem iremos?". De fato, é nesta pergunta que estão representados todos os questionamentos, lúcidos ou medíocres, para que fique claro que, quando isso dependeu de qualquer um de nós, sempre a única motivação foi conduzir-nos à certeza de que o que nos cabe é continuarmos perguntando em meio às nossas buscas.

Nesse sentido, em qualquer resposta verdadeira e sem sombra de falsidade que tenhamos encontrado, ali coube só a Cristo continuar protagonizando aquilo que Pedro tinha professado. Aliás, quantas respostas guardamos em nossos corações sem perceber que sinceramente representam mais as nossas dúvidas que nossas certezas! Onde quer que tenhamos criado questionamentos motivados pela prepotência e pela audácia de construir respostas, humildemente devemos deixar que isso se transforme em uma nova pergunta diante do único que é digno de desenrolar as folhas seladas da vida eterna. Em poucas palavras: da pergunta ao dogma, da resposta às Escrituras constata-se que uma realidade jamais existiu sem a outra.

Para Raniero Cantalamessa (cf. Milano, 2006), é possível encontrar, já na literatura do Novo Testamento, o mais antigo intervalo entre o dogma de fé e o *kerygma* do anúncio. A pregação cristã se concentrou na proclamação daquilo que tinha acontecido com Jesus de Nazaré, a saber, o conteúdo do *kerygma* que, em sua forma mais antiga e simples, destacava apenas os fatos acontecidos: Ele morreu pelos nossos pecados (1Cor 15,3). Ele foi crucificado (Mc 16,6). No próprio *kerygma* bíblico é possível reconhecer um desenvolvimento ulterior mais amplo: nasceu da Virgem, padeceu sob Pôncio Pilatos, sofreu e foi flagelado, foi crucificado e morreu na cruz, desceu à mansão dos mortos, ressuscitou ao terceiro dia e subiu aos céus.

Notamos duas coisas nessa estrutura do *kerygma*: em primeiro lugar, tudo que se diz está vinculado aos acontecimentos históricos e aos fatos mais importantes da vida de Jesus Cristo. Em segundo lugar, a produção dos símbolos de fé pelos primeiros concílios da Igreja não alienou o *kerygma*, mas o aglutinou às afirmações dogmáticas como base fundamental dos argumentos em favor da fé.

Ainda no processo de produção dos escritos do Novo Testamento, considera-se que o desenvolvimento das formas mais antigas do *kerygma* tenha ocorrido com a adição das formas mais antigas do dogma, isto é, àquele anúncio primordial que enaltecia os principais acontecimentos acerca da morte e da ressurreição de Cristo foi-se somando uma série de títulos teológicos de origem veterotestamentária como quando, por exemplo, é afirmado: "Deus constituiu Senhor e Cristo, este Jesus a quem vós crucificastes" (At 2,36) e, mais à frente no processo de desenvolvimento, "... se a tivessem conhecido, não teriam crucificado o Senhor da Glória" (1Cr 2,8).

Nos últimos anos, a busca quanto ao Jesus das Escrituras tem amadurecido a consciência de que não pode haver um Cristo de fé sem um Jesus histórico, e vice-versa. O *Kyrios* e o Messias não são adendos por causa da experiência pós-pascal, já que o ressuscitado é o conteúdo principal do anúncio querigmático, que, por si mesmo, é baseado exclusivamente em fatos históricos.

Honestamente, apenas devemos atestar que o processo de formulação histórica dos dogmas da fé contou com a tendência da "desescatologização" ou com o processo de "ontologização", que consiste em se afastar dos fundamentos do *kerygma* – sem rejeitá-los – para abraçar a argumentação dos títulos cristológicos, segundo a implicância e a relevância sapiencial que condicionou a Igreja a *ontologicamente* se deter mais acerca de quem Jesus Cristo é (*Logos* encarnado, Filho eterno, Senhor etc.) do que acerca do que ele em fez *na plenitude dos tempos* (sofreu, morreu, ressuscitou etc.).

A pesquisa que se conclui com a publicação deste material extraordinário, que nos presenteia o Dr. Thadeu de Oliveira, faz-nos mergulhar nos temas da hermenêutica, da teologia e do método segundo o pensamento colossal de Joseph Ratzinger, nosso querido papa Bento XVI. Tornam-se patentes séculos de dilemas que foram se acumulando por causa de nossas questões diante dos textos sagrados da Bíblia. Se a leitura e a interpretação dos textos bíblicos não fossem extremamente difíceis, não haveria necessidade de alguém se levantar para indicar o seu sentido.

Com isso, a conclusão desta pesquisa nos motiva de maneira muito otimista, já que é um convite profundo para que o leitor amadureça a sua própria consciência diante da graça de olhar para a fé e para a teologia como dons do próprio Senhor e Deus.

Enfim, não posso deixar de evidenciar o que mais admirei no processo de produção deste estudo, que pude acompanhar desde seus primeiros rascunhos.

A missão do Dr. Thadeu de Oliveira é muito importante na medida em que conduz a produção de uma literatura que auxilia a hermenêutica e a exegese bíblica promovida entre as confissões evangélicas e alcançando possíveis leitores de fé protestante. Quando se escolhe Ratzinger para sustentar tal iniciativa, além dos benefícios ecumênicos que surgem com isso, além da audácia de compreender um autor complexo até mesmo para os mais refinados acadêmicos católicos e além do fato de encontrar uma originalidade que corresponde aos anseios e às necessidades pastorais que o Dr. Thadeu de Oliveira desempenha, é possível que tudo isso ainda contribua para que o mistério de Cristo, com a sua salvação e revelação, seja traduzido de forma simples e precisa, sem que tenhamos de nos afastar de sua profundidade e complexidade.

Agradeço ao Dr. Thadeu e a Dom Catelan pela confiança em me permitir ler este estudo para a defesa da tese de doutorado e os parabenizo pelo brilhante resultado.

*Andre Luiz Rodrigues da Silva*
Doutor em Ciências e Teologias Patrísticas
pelo Instituto Patrístico Agostiniano de Roma
Docente do PPG em Teologia da Pontifícia
Universidade Católica do Rio de Janeiro
E-mail: leleur@yahoo.it

# Referências


ALVES, A.; MOREIRA, J. (orgs.). *The Salamanca School*. Londres: Continuum, 2010.

ALVES, C. *Método teológico e ciência*. São Paulo: Loyola, 2019.

ANSELMO. *Por que Deus se fez homem?* São Paulo: Novo Século, 2003.

ARANGUREN, L. *et al. Diccionario de Hermenéutica*. Una obra interdisciplinar para las ciencias humanas. Dirigido por Ortiz-Osés; A. Lanceros, P. Bilbao: Universidad de Deusto, 2004.

ARMELLA, V. El aristotelismo de la primera etapa de la Universidad de Salamanca. *In*: ARMELLA, V.; ZORROZA, I. (orgs.). *Francisco de Vitória en la Escuela de Salamanca y su proyección em Nueva España*. Navarra: Eunsa, 2014.

AZUA, J. *Hermenéutica e fundamentación última en la filosofía*. De Heidegger a Habermas. Barcelona: Herder, 1994.

BAENA, G. El método antropológico trascendental. *In*: BAENA, B. *Los métodos en teología*. Bogotá: PUJ, 2007a.

BAENA, G. *et al. Los métodos en teología*. Bogotá: PUJ, 2007b.

BEUMER, J. *El método teológico*. Madri: BAC, 1977.

BINGEMER, M. C. L. *Teologia Latino-Americana*. Raízes e ramos. Petrópolis: Vozes; Rio de Janeiro: Editora PUC-Rio, 2017.

BLANCO, S. Presentación. *In*: KEMPIS, S. (org.). *Leyendo la Biblia con el papa Benedicto*. Madri: Cristiandad, 2018a.

BLANCO, S. *Bento XVI*. Um mapa de suas ideias. São Paulo: Molokai, 2018b.

BLEICHER, J. *Hermenêutica contemporânea*. Lisboa: Edições 70, 1980.

BOFF, C. *Teoria do método teológico*. Petrópolis: Vozes, 1998.

BORDONI, M. Riflessioni introduttive. *In*: SANNA, I. *Il sapere teologico e il suo metodo*. Bolonha: EBD, 1993.

BRAVO, J.; SCHOKEL, L. *Apuntes de hermenéutica*. Madri: Trotta, 1994.

BRAY, G. *História da interpretação bíblica*. São Paulo: Vida Nova, 2017.

BROWN, C. *Filosofia e fé cristã*. São Paulo: Vida Nova, 2007.

BULTMANN, R. *Crer e compreender*. São Leopoldo: Sinodal, 2001.

BULTMANN, R. *Historia de la tradición sinóptica*. Salamanca: Sigueme, 2000.

BULTMANN, R. *Teologia del Nuovo Testamento*. Brescia: Queriniana, 1985.

BULTMANN, R. Le problème de l'herméneutique. *In*: *Foi et compréhension*. Paris: Seuil, 1970.

CASTAGNOLA, L.; PADOVONI, U. *História da filosofia*. São Paulo: Melhoramentos, 1977.

CODA, P. Il ruolo della ragione nei diversi modelli teologici: verso um modelo ermeneutico di teologia? *In*: SANNA, I. *Il sapere teologico e il suo metodo*. Bolonha: EBD, 1993.

CONGAR, Y. *Teologia*. Una riflessione storica e speculativa sul concetto di teologia cristiana. Vaticano: Lateran University Press, 2011.

CONGAR, Y. *Igreja e papado*: Perspectivas históricas. São Paulo: Loyola, 1997.

CORETH, E. *Questões fundamentais de hermenêutica*. São Paulo: Edusp, 1973.

CROCE, V. *Tradizione e ricerca*. Il metodo teologico di San Massimo il Confessore. Milão: Pubblicazioni dell'Università Cattolica del Sacro Cuore, 1974.

CROWE, F. Introduction. *In*: LONERGAN, B. *Collected Works*. Vol. 1. Nova York: Herder & Herder, 1967.

DELPERO, C. *Génesis y evolución del método teológico*. Cidade do México: Paulinas, 2001.

DÍAZ, R. El pensamiento de Joseph Ratzinger sobre los métodos de interpretación de la Escritura. *Diálogos de teología*, Valência, v. 8, n. 8, p. 69-84, jan.-abr. 2006.

DÍAZ, V. *Hermenéutica y fenomenología*: Husserl, Heidegger y Gadamer. Valência: EDICEP, 2006.

DIRSCHERL, E. Dios y el hombre como seres relacionales. La figura conceptual teológica y antropológica de Joseph Ratzinger a partir de la cristología. *In*: MEIER-HAMIDI, F.; SCHUMACHER, F. (orgs.). *El teólogo Joseph Ratzinger*. Barcelona: Herder, 2007.

FERNÁNDEZ, L. *Los caminos de la teología*. Historia del método teológico. Madri: BAC, 1998.

FERRARIS, M. *Historia de la hermenéutica*. Cidade do México: Siglo Veintiuno, 2002.

FISICHELLA, R. Verità fede e ragione in J. Ratzinger. *Path; Aspetti del pensiero teologico di Joseph Ratzinger*, Cidade do Vaticano, v. 6, n. 1, p. 27-43, jan.-jun. 2007.

FITZMYER, J. *A interpretação da Escritura*. Em defesa do método histórico-crítico. São Paulo: Loyola, 2011.

FORTE, B. *A teologia como companhia, memória e profecia*. São Paulo: Paulinas, 1991.

GANHO, M. A filosofia reflexiva de Jean Nabert. *Revista portuguesa de filosofia*, Braga, v. 50, n. 1-3, p. 173-178, jan.-set. 1994.

GEFFRÉ, C. A teologia fundamental como hermenêutica. *Revista de teologia e ciências da religião da Unicap*. Recife: Unicap, v. 8, n. 2, p. 9-33, jul.-dez. 2009.

GEFFRÉ, C. *Crer e interpretar*. A virada hermenêutica da teologia. Petrópolis: Vozes, 2004.

GEFFRÉ, C. *Como fazer teologia hoje.* Hermenêutica teológica. São Paulo: Paulinas, 1989.

GEFFRÉ, C. *Un nouvel âge de la théologie.* Paris: Cerf, 1972.

GEORGE, T. *Teologia dos reformadores*. São Paulo: Vida Nova, 1993.

GHIBERTI, G. L'interpretazione della Scrittura nella Chiesa nella teologia di J. Ratzinger. *Path; Aspetti del pensiero teologico di Joseph Ratzinger*, Cidade do Vaticano, v. 6, n. 1, p. 45-64, jan.-jun. 2007.

GILBERT, P. *Introdução à teologia medieval*. São Paulo: Loyola, 1999.

GIUSTINIANI, P. *Bernard Lonergan.* São Paulo: Loyola, 2006.

GONZAGA, W. A Sagrada Escritura, a alma da sagrada teologia. *In*: FERNANDES, L.; LIMA, M.; MAZZAROLO, I. (orgs.). *Exegese, teologia e pastoral*: relações, tensões e desafios. Rio de Janeiro: Editora PUC-Rio, 2012.

GRABMANN, M. *Storia del metodo scolastico.* Vols. I, II. Florença: Nuova Italia, 1980.

GRABMANN, M. *Historia de la filosofía medieval*. Madri: Labor, 1928.

GRECH, P. Il Cardinale Ratzinger e l'esegesi attuale. *In*: *Path; Aspetti del pensiero teologico di Joseph Ratzinger*, Cidade do Vaticano, v. 6, n. 1, p. 65-77, jan.-jun. 2007.

GRENZ, S.; MILLER, E. *Teologias contemporâneas.* São Paulo: Vida Nova, 2011.

GRENZ, S.; OLSON, R. *A teologia do século XX e os anos críticos do século XXI*. Deus e o mundo numa era líquida. São Paulo: Cultura Cristã, 2013.

GRONDIN, J. *Paul Ricœur*. São Paulo: Loyola, 2015.

GRONDIN, J. *Hermenêutica.* São Paulo: Parábola, 2012.

GRONDIN, J. *Introducción a la metafísica*. Barcelona: Herder, 2006.

GRONDIN, J. *The philosophy of Gadamer*. Chesram: AP, 2003.

GRONDIN, J. *Introdução à hermenêutica filosófica.* São Leopoldo: Unisinos, 1999.

GUTIÉRREZ, J. Los métodos de la teología en la Edad Media. *In*: GRUPO DIDASKALIA. Los métodos en teología. Bogotá: Pontificia Universidad Javeriana, 2007.

HABERMAS, J. *Teoría de la acción comunicativa.* Complementos y estudios previos. Madri: Trotta, 1997.

HALL, C. A. *Lendo as Escrituras com os Pais da Igreja*. Viçosa: Ultimato, 2000.

HENRIQUES, M. *Bernard Lonergan e o insight*. São Paulo: É Realizações, 2011a.

HENRIQUES, M. *Bernard Lonergan*: uma filosofia para o século XXI. São Paulo: É Realizações, 2011b.

JAEGER, W. *La teologia dei primi pensatori greci*. Florença: Nuova Italia, 1967.

JAPIASSÚ, H.; MARCONDES, D. *Dicionário básico de filosofia*. Rio de Janeiro: Zahar, 2008.

JOÃO PAULO II. Discurso de sua Santidade o papa João Paulo II sobre a Interpretação da Bíblia na Igreja. *In*: PONTIFÍCIA COMISSÃO BÍBLICA. *A interpretação da Bíblia na Igreja*. São Paulo: Paulinas, 2010.

KELLY, J. *Patrística*. Origem e desenvolvimento das doutrinas centrais da fé cristã. São Paulo: Vida Nova, 1994.

KÖRTER, U. *Introdução à hermenêutica teológica*. São Leopoldo: Sinodal, 2009.

LIMA, M. L. C. A interpretação da Sagrada Escritura: eixo hermenêutico segundo J. Ratzinger – papa Bento XVI. *Atualidade teológica*, Rio de Janeiro, v. 22, n. 58, p. 159-186, jan.-abr. 2018.

LIMA, M. L. C. *Exegese bíblica*: teoria e prática. São Paulo: Paulinas, 2014.

LONERGAN, B. *Método em Teologia*. São Paulo: É Realizações, 2012.

LONERGAN, B. *Insight* – Um estudo sobre o conhecimento humano. São Paulo: É Realizações, 2010.

LONERGAN, B. La filosofía y el fenómeno religioso. *Revista Universitas Philosophica*, Bogotá, v. 14, n. 27, p. 131-158, jul.-dez. 1996.

LONERGAN, B. *Method, Journal of Lonergan Studies*, v. 2, n. 2, 1984. Disponível em: www.lasalle.org.ar/sap/lonergan/textosdelecturadebernardlonergan.htm. Acesso em: 12 jul. 2020.

LONERGAN, B. Theology in its new context. *In*: RYAN. W; TYRRELL, B. (eds.). *A second collection*. Londres: Darton Lorman, 1974.

LONERGAN, B. *La teología y otras disciplinas (Una mente despierta). Conferencia en el Thomas More Institut de Montreal (25 fev. 1969)*. Disponível em: www.lasalle.org.ar/sap/lonergan/textosdelecturadebernardlonergan.htm. Acesso em: 12 jul. 2020.

MALLERAIS, B. *La fede in pericolo per la ragione*. Ermeneutica di Benedetto XVII. Torino: IMUV, 2011.

MARCONDES, D. *Raízes da dúvida, ceticismo e filosofia moderna*. Rio de Janeiro: Zahar, 2019.

MARCONDES, D. *As armadilhas da linguagem*. Rio de Janeiro: Zahar, 2017.

MARCONDES, D. *A pragmática na filosofia contemporânea*. Rio de Janeiro: Zahar, 2005.

MARCONDES, D. *Filosofia analítica*. Rio de Janeiro: Zahar, 2004.

MARTÍNEZ, F. *Los caminos de la teología*. Historia del método teológico. Madri: BAC, 1998.

MARTÍNEZ, M. Bernard Lonergan, un itinerario metodológico para la teología. *In:* BAENA, B. *Los métodos en teología*. Bogotá: Editorial PUJ, 2007.

MCDERMOTT, G. *Grandes teólogos*. Uma síntese do pensamento teológico em 21 séculos de Igreja. São Paulo: Vida Nova, 2013.

MEDINA, G. Los métodos de la teología de la liberación. *In*: BAENA, B. *Los métodos em teología*. Bogotá: PUJ, 2007.

MILLER, E.; GRENZ, S. De volta ao essencial: Karl Barth. *In*: MILLER, E.; GRENZ, S. *Teologias contemporâneas*. São Paulo: Vida Nova, 2011.

MILLER, E.; GRENZ, S. Jesus Cristo e a mitologia: Rudolf Bultmann. *In*: MILLER, E.; GRENZ, S. *Teologias contemporâneas*. São Paulo: Vida Nova, 2011.

MONDIN, B. *Os grandes teólogos do século XX*. Vol. 1. Os teólogos católicos. São Paulo: Paulinas, 1979.

MONDIN, B. *Os grandes teólogos do século XX*. Vol. 2. Os teólogos protestantes e ortodoxos. São Paulo: Paulinas, 1979.

MORESCHINI, C. *I Padri Capaddoci*. Storia, letteratura, teologia. Roma: Città Nuova, 2008.

MOUNCE, W. *Léxico analítico do Novo Testamento*. São Paulo: Vida Nova, 2013.

MURA, G. L'ermeneutica come verità e metodo: Lonergan. *In*: MURA, G. *Ermeneutica e verità* – Storia e problemi della filosofia dell'interpretazione. Roma: Città Nuova, 1997.

MURA, G. Veritá e questione ermeneutica. *In*: SANNA, I. *Il sapere teologico e il suo metodo*. Bolonha: EBD, 1993.

MURA. G. *Ermeneutica e verità* – Storia e problemi della filosofia dell'interpretazione. Roma: Città Nuova, 1990.

OLSON, R. *História da teologia cristã*. 2000 anos de tradição e reformas. São Paulo: Vida, 2001.

PALMER. R. *Hermenêutica*. Lisboa: Edições 70, 1999.

PANNENBERG, W. *Filosofia e teologia*. Tensões e convergências de uma busca comum. São Paulo: Paulinas, 2008.

PANNENBERG, W. *Teoría de la ciencia y teología*. Madri: Cristiandad, 1981.

PONTIFÍCIA COMISSÃO BÍBLICA. *A interpretação da Bíblia na Igreja*. São Paulo: Paulinas, 1999.

POZZO, G. Método. *In*: FISICHELLA, R.; LATOURELLE, R. *Dicionário de teologia fundamental*. Petrópolis: Vozes, 2017.

PRONIEWSKI, A. *Hermenêutica teológica de Joseph Ratzinger*. Lugano: Tese Lugano, 2014.

RATZINGER, J. A discussão acerca do "Espírito da Liturgia". IV. Teologia da Liturgia. *In*: *Joseph Ratzinger Obras Completas Volume XI. O fundamento sacramental da existência cristã*. Brasília: Edições CNBB, 2019a.

RATZINGER, J. *Escatologia* – Morte e vida eterna. São Paulo: Molokai, 2019b.

RATZINGER, J. *De revelatione Dei et hominis in Jesu Christeo facta*. La revelación de Dios y el hombre en Jesucristo revelación, oct. de 1962. Borrador de un nuevo esquema sobre la revelación, em común con K. Rahner, oct.-nov. de 1962. *In*: RATZINGER, J. *Joseph Ratzinger Obras Completas Volume VII/1*. Madri: BAC, 2017a.

RATZINGER, J. *De Voluntate Dei erga hominien*. La voluntad de Dios con el hombre: Borrador de um nuevo esquema sobre la revelación, oct. de 1962. *In*: RATZINGER, J. *Joseph Ratzinger Obras Completas Volume VII/1*. Madri: BAC, 2017b.

RATZINGER, J. El poder de Dios. Nuestra esperanza. *In*: RATZINGER, J. *Joseph Ratzinger Obras Completas Volume X*. Madri: BAC, 2017c.

RATZINGER, J. Introducción y comentario al Proemio, a los capítulos I,II,VI de la Constitución sobre la divina Revelación *Dei Verbum*. *In*: RATZINGER, J. *Joseph Ratzinger Obras Completas Volume VII/2*. Madri: BAC, 2017d.

RATZINGER, J. La única fonte de la revelación. Borrador para la intervención ante la 19º congregación general, del 14 de noviembre de 1962, sobre el esquema: "*De fontibus revelationis*" (y las observaciones complementarias expuestas ante la 21º congregación general el 17-11-1962). *In*: RATZINGER, J. *Joseph Ratzinger Obras Completas Volume VII/1*. Madri: BAC, 2017e.

RATZINGER, J. A instrução sobre a vocação do teólogo na Igreja. *In*: RATZINGER, J. *Natureza e missão da teologia*. Petrópolis: Vozes, 2016a.

RATZINGER, J. Fé, filosofia e teologia. *In*: RATZINGER, J. *Natureza e missão da teologia*. Petrópolis: Vozes, 2016b.

RATZINGER, J. Fundamento espiritual da teologia na Igreja. *In*: RATZINGER, J. *Natureza e missão da teologia*. Petrópolis: Vozes, 2016c.

RATZINGER, J. Natureza e liberdade do sistema acadêmico. *In*: RATZINGER, J. *Natureza e missão da teologia*. Petrópolis: Vozes, 2016d.

RATZINGER, J. *Natureza e missão da teologia*. Petrópolis: Vozes, 2016e.

RATZINGER, J. O pluralismo como questionamento à Igreja e à teologia. *In*: RATZINGER, J. *Natureza e missão da teologia*. Petrópolis: Vozes, 2016f.

RATZINGER, J. Comprensión de la revelación y teología de la historia de san Buenaventura. *In*: RATZINGER, J. *Joseph Ratzinger Obras Completas Volume II*. Madri: BAC, 2015a.

RATZINGER, J. Origem e natureza da igreja. *In*: RATZINGER, J. *Compreender a Igreja hoje*. Vocação para a comunhão. Petrópolis: Vozes, 2015b.

RATZINGER, J. As novas problemáticas surgidas nos anos 1990. Sobre a situação da fé e da teologia hoje. *In*: RATZINGER, J. *Fé, verdade e tolerância* – O cristianismo e as grandes religiões do mundo. São Paulo: Ramon Lluull, 2007, p. 109-128.

RATZINGER, J. *Jesus de Nazaré* – Do batismo no Jordão à transfiguração. São Paulo: Planeta, 2007a.

RATZINGER, J. Puntos de referencia cristológicos. *In:* RATZINGER, J. *Miremos al traspasado*. Santa Fé: Fundación San Juan, 2007b.

RATZINGER, J. *Lembranças da minha vida*. São Paulo: Paulinas, 2006.

RATZINGER, J. ¿El Catecismo de la Iglesia Católica está a la altura de la época? Meditaciones diez años después de su promulgación. *In:* RATZINGER, J. *Caminos de Jesucristo*. Madri: Cristiandad, 2005a.

RATZINGER, J. El redentor de todos los hombres. La unicidad y universalidade de Cristo y de su Iglesia. *In*: RATZINGER, J. *Caminos de Jesucristo*. Madri: Cristandad, 2005b.

RATZINGER, J. El rostro de Cristo en la Sagrada Escritura. "Quien me ve a mí está viendo al Padre" (Jn 14,9). *In:* RATZINGER, J. *Caminos de Jesucristo*. Madri: Cristandad, 2005c.

RATZINGER, J. *Introdução ao cristianismo*. São Paulo: Loyola, 2005d.

RATZINGER, J. Jesucristo hoy. *In*: RATZINGER, J. *Un nuevo canto para el Señor*. Salamanca: Sígueme, 2005e.

RATZINGER, J. *O sal da terra* – O cristianismo e a Igreja Católica no século XXI. Um diálogo com Peter Seewald. Rio de Janeiro: Imago, 2005f.

RATZINGER, J. Che cos'è la teologia? Discurso de ringraziamento in ocasione del conferimento del titolo di dottore "honoris causa" da parte della Facoltà teológica dell'Università di Navarra a Pamplona. *In:* RATZINGER, J. *La Comunione nella Chiesa*. Milão: San Paolo, 2004a.

RATZINGER, J. Fede e Teologia. Discorso in occasione del conferimento del titolo di dottore "honoris causa" in teologia da parte della Facoltà teológica de Breslavia/Wroctaw. *In*: RATZINGER, J. *La Comunione nella Chiesa*. Milão: San Paolo, 2004b.

RATZINGER, J. Meditación previa sobre el sentido permanente del Año Jubilar 2000. *In*: RATZINGER, J. *Caminos de Jesucristo*. Madri: Cristiandad, 2004c.

RATZINGER, J. La relación entre magistério de la Iglesia y exégesis. *In*: GRANADOS, C.; SÁNCHEZ NAVARRO, L. *Escritura e Interpretación*. Madri: Palabra, 2003.

RATZINGER, J. As dimensões do problema. Comentários às teses 1-8 da sessão plenária de 1972 da comissão teológica internacional acerca da unidade da fé e do pluralismo teológico. *In*: COMISSÃO TEOLÓGICA INTERNACIONAL. *O pluralismo teológico*. As igrejas e as culpas do passado. São Paulo: Loyola, 2002.

RATZINGER, J. Interpretação bíblica em crise: Sobre a questão dos fundamentos e a abordagem da exegese hoje. *In*: POTTERIE, I. D.L. (org.). *Exegese cristã hoje*. Petrópolis: Vozes, 1996.

RATZINGER, J. Il problema della storia dei dogmi nella teologia cattolica. *In*: RATZINGER, J. *Natura e compito della teologia*. Milão: Jaca Book, 1993.

RATZINGER, J. L'interpretazione biblica in conflito. Problemi del fondamento ed orientamento dell'esegesi contemporanea *In:* LA POTTERIE, I. et al. *L'esegesi cristiana oggi*. Casale Monteferrato: Pieme, 1991.

RATZINGER, J. La fe como conversión – metanoia. *In*: RATZINGER, J. *Teoría de los principios teológicos*. Materiales para una teología fundamental. Barcelona: Herder, 1985a.

RATZINGER, J. La Iglesia y la teología científica. *In*: RATZINGER, J. *Teoría de los principios teológicos*. Materiales para una teología fundamental. Barcelona: Herder, 1985b.

RATZINGER, J. *Teoría de los princípios teológicos* – Materiales para una teologia fundamental. Barcelona: Herder, 1985.

RATZINGER, J. ¿Qué es teología? *In*: RATZINGER, J. *Teoría de los principios teológicos.* Materiales para una teología fundamental. Barcelona: Herder, 1985c.

RATZINGER, J. Revelação e tradição. Ensaio de análise do conceito de tradição. *In*: RAHNER, K.; RATZINGER, J. *Revelação e tradição*. São Paulo: Herder, 1968.

RIGOBELLO, A. La crisi della ragione e la sua etá ermeneutica. *In*: SANNA, I. *Il sapere teologico e il suo metodo*. Bolonha: EBD, 1993.

RORTY, R. *Filosofia e espelho da natureza.* Rio de Janeiro: Relume, 1995.

RUH, U. Joseph Ratzinger, crítico de la Modernidad. *In*: MEIER-HAMIDI, F.; SCHUMACHER, F. (orgs.). *El teólogo Joseph Ratzinger*. Barcelona: Herder, 2007.

SANNA, I. *Il sapere teologico e il suo metodo.* Bolonha: EBD, 1993.

SCHLEIERMACHER, F. *Hermenêutica*: Arte e técnica da interpretação. Petrópolis: Vozes, 2014.

SÖDING, T. Diversidad y unidad de la Sagrada Escritura como perspectiva y tarea de la exegeses. Una lectura de la *Dei Verbum*. *In*: *Revelación Tradición y Escritura. A los cincuenta años de la* Dei Verbum. Madri: BAC, 2017.

SÖDING, T. Invitation to Friendship "Jesus of Nazareth" by Joseph Ratzinger. *In:* ESTRADA, B.; MANICARDI, E.; TÀRRECH, A. *I Vangeli*: Storia e Cristologia. La ricerca di Joseph Ratzinger – Benedetto XVI. Roma: Libreria Editrice Vaticana, 2013.

SÖDING, T. El alma de la teología. Su unidad a partir del espíritu de la Sagrada Escritura, en Dei Verbum y en J. Ratzinger. *Communio*: Revista Internacional de Pensamiento y Cultura, Madrid, v. 7, n. 7, p. 37-54, jul.-set. 2007a.

SÖDING, T. La vitalidad de la Palabra de Dios. *In*: MEIER-HAMIDI, F.; SCHUMACHER, F. (orgs.). *El teólogo Joseph Ratzinger.* Barcelona: Herder, 2007b.

TILLICH, P. *História do pensamento cristão.* São Paulo: ASTE, 2015.

TILLICH, P. *Perspectivas da teologia protestante nos séculos XIX e XX*. São Paulo: Aste, 2010.

URÍBARRI, B. G. Jesucristo, mediador y plenitude de toda la revelación. *In*: DELAGUA, P. A. (org.). *Revelacíon Tradición y Escritura* – A los cincuenta años de la "Dei Verbum". Madri: BAC, 2017, p. 80-118.

URÍBARRI, B. G. La oración de Jesús según J. Ratzinger, teólogo y papa. Líneas maestras de una cristología espiritual. *In*: CATELA, I. M. (ed.). *La oración, fuerza que cambia el mundo*. Madri: BAC, 2016.

URÍBARRI, B. El neocalcedonismo de Joseph Ratzinger. Implicaciones para la teología de la unción y de la voluntad humana de Cristo. *In*: ESNAOLA, M. *et al*. *La unción de la Gloria:* En el Espíritu, por Cristo, al Padre. Homenaje a Mons. Luis F. Ladaria, sj. Madri: BAC, 2014.

URÍBARRI, B. G. Para una interpretación teológica de la Escritura. La contribución de J. Ratzinger – Benedicto XVI. *In*: TERRAZAS, S. M. *El pensamiento de Joseph Ratzinger.* Teólogo y papa. Madri: San Pablo, 2009.

URÍBARRI, B. G. Mirar al Jesus real. *In*: *Razón y Fe, vol. 256*, Septiembre/Octubre. 2007, p. 123-140.

VATICANO I. *Constituição Dogmática Dei Filius*. De 24 abr. 1870. Disponível em: https://www.vatican.va/archive/hist_councils/i-vatican-council/documents/vat-i_const_18700424_dei-filius_it.html. Acesso em: 28 mar. 2023.

VATICANO II. *Decreto sobre a atividade missionária da Igreja* Ad Gentes. Disponível em: https://www.vatican.va/archive/hist_councils/ii_vatican_council/documents/vat-ii_decree_19651207_ad-gentes_po.html. Acesso em: 28 mar. 2023.

VATICANO II. *Constituição Dogmática sobre a divina revelação* Dei Verbum. Disponível em: https://www.vatican.va/archive/hist_councils/ii_vatican_council/documents/vat-ii_const_19651118_dei-verbum_po.html. Acesso em: 28 mar. 2023.

VATICANO II. *Constituição pastoral sobre a Igreja no mundo atual Gaudium et Spes*. Disponível em: https://www.vatican.va/archive/hist_councils/ii_vatican_council/documents/vat-ii_const_19651207_gaudium-et-spes_po.html. Acesso em: 28 mar. 2023.

VATICANO II. *Decreto sobre formação sacerdotal Optatam Totius*. Disponível em: https://www.vatican.va/archive/hist_councils/ii_vatican_council/documents/vat-ii_decree_19651028_optatam-totius_po.html. Acesso em: 28 mar. 2023.

VIDAL, T. Mirar a Jesús y "ver" al Hijo de Dios; hecho hombre para nuestra Redención. Aportación de J. Ratzinger a la Cristología contemporánea. *In*: MADRIGAL, T. *El pensamiento de Joseph Ratzinger*. Teólogo y papa. Madri: San Pablo, 2009.

VILANOVA, E. *Storia della teologia cristiana.* Dalle origini al XV secolo. Vol. 1. Roma: Borla, 1991.

VILANOVA, E. *Storia della teologia cristiana.* Preriforma, Riforme, Controriforma. Vol. 2. Roma: Borla, 1991.

VILANOVA, E. *Storia della teologia cristiana.* Secoli XVIII, XIX e XX. Vol. 3. Roma: Borla, 1991.

VISSCHERS, L. El método de la teología según la Escritura. *In*: BEUMER, J. *El método teológico.* Madri: BAC, 1977.

VOLPI, F. *El Nihilismo*. Buenos Aires: Biblos, 2005.

WEGNER, U. *Exegese do Novo Testamento*. Manual de metodologia. São Leopoldo: Sinodal, 1998.

YECID, T. *Exégesis diacrónica de la Biblia.* Método histórico-crítico. Bogotá: Uniminuto, 2012.

ZORROZA, M. Francisco de Vitoria y Domingo de Soto: relación y comparación de sus respuestas a una problemática común. *In*: ARMELLA, V.; ZORROZA, I. (orgs.). *Francisco de Vitória en la Escuela de Salamanca y su proyección em Nueva España.* Navarra: Eunsa, 2014.

Conecte-se conosco:

facebook.com/editoravozes

@editoravozes

@editora_vozes

youtube.com/editoravozes

+55 24 2233-9033

www.vozes.com.br

Conheça nossas lojas:
www.livrariavozes.com.br

Belo Horizonte – Brasília – Campinas – Cuiabá – Curitiba
Fortaleza – Juiz de Fora – Petrópolis – Recife – São Paulo

Vozes de Bolso

**EDITORA VOZES LTDA.**
**Rua Frei Luís, 100 – Centro – Cep 25689-900 – Petrópolis, RJ**
**Tel.: (24) 2233-9000 – E-mail: vendas@vozes.com.br**